21世纪高职高专规划教材·市场营销系列

职业院校基于工学结合“理实一体化”规划教材

现代市场调查与预测：
理论、实务与技能实训

赵 轶 编著

中国人民大学出版社
·北京·

前 言

随着大数据时代的到来，市场信息已经渗透到当今的每个行业和业务领域，成为一种重要的生产要素。人们通过多种手段，不遗余力地对海量数据进行挖掘和运用，预示着新一波生产率增长和消费者剩余浪潮的到来。显然，企业进行市场调查的目的、作用与方式也已经被重新审视并拓展到前所未有的高度。可以说，大数据对企业的数据驾驭能力提出了新的挑战，也为企业获得更为深刻、全方位的洞察能力提供了前所未有的空间与潜力。基于此，我们深感“市场调查与预测”课程改革的必要性和迫切性。

随着我国经济发展进入新常态，更加重视中高端技术技能人才培养就成为职业教育的必然选择。我们深知，高等职业教育主要是为中小企业培养一线的业务人员或基层管理者，因而“市场调查与预测”课程内容的重心必须下移。课程开发不能机械照搬本科的模式，也不能将随意性强、缺乏科学界定的所谓“必需、够用”作为课程建设的标准，而是必须从职业实际出发，分析高职毕业生对应的职业工作岗位任务，有针对性地进行内容归纳和选择。我们不能把市场调查项目总监的职业工作内容一股脑儿地塞给高职学生，也不能将市场调查与预测基础知识零散地提供给高职学生。我们应该既能清晰地界定高职学生对应职业岗位的技能要求，还应该为学生提供一个职业工作内容整合的框架，使其能够看到适合自身的“完整意义上的职业工作整体”。这样，学生的学习难度会降低，学生学习的目的性、积极性会更强。我们必须遵循职业教育规律，寻找课程资源；遵循职业成长规律与学习规律，编排课程内容；运用职业教育技术，进行课程的设计与实施，在课程的开发中实现“工学结合”，进而形成一个系统化的课程开发与教学活动过程。

本教材是国家首批 28 所示范性高职院校建设成果。教材是课程的重要构成要素，是连接课程理念和教学行为的重要桥梁，也是综合体现各种课程要素的教学工具。与传统学科的教材相比，本教材在整体定位与设计方面具有以下特点：

(1) 以职业活动过程为导向。本教材遵循职业教育规律，以市场调查与预测职业活动过程为导向设计教材内容，建立起知识与职业工作之间的紧密联系，在“完整呈现”职业工作的同时，也使独立、零散的学科知识内容得到有机衔接，形成了理论教学与实践教学高度一体化的新型课程内容，实现了学科课程向工作活动导向课程的跨越。

(2) 以职业工作任务为载体。本教材根据职业分析成果校准教材内容，以高度概括的市场调查职业工作任务为载体组织课程内容，形成以工作任务为中心、以实践操作为主线、以理论知识为背景的课程内容结构，实现了课程内容由学科结构向工作结构的转变。

(3) 以职业工作内容为情境。职业教育课程生活化、情境化是职业教育技术的基本要求，只有这样，才能摆脱“黑板上开商场”的窘境。为此，本教材设计了一系列职业活动情境，将学生置于职场中，使教学活动由传统意义上的“教师讲、学生听”的被动行为逐步向学生的主动探索行为（完成某项活动）转变。伴随着工作过程，学生可以完成“资讯、决策、计划、实施、检查、评价”的学习过程，同时在职业氛围中鲜活地实现了职业教育的育人功能。

（4）以职业技能证书为参照。本教材在编写过程中，由行业、企业技术专家组成课程开发小组，科学概括职业典型工作任务，根据职业成长规律，确立学习情境素材并参与教材设计，使学习目标具体、明确、系统，学习内容新颖、取舍合理，学习内容结构清晰、层次分明，信息传递高效简洁，在方便学生职业技能养成的同时，也兼顾了学生获取相应职业资格证书的需要。

本教材由国家示范性高职院校建设领导组成员闫文谦教授审定，赵轶编写，实训基地专业人士韩建东参与了课程开发、教材框架研讨以及内容的确定。在教材编写过程中，我们参阅了国内外一些专家学者的研究成果及相关文献，多家管理咨询公司为课程开发、横向课题的研发提供了实践的便利。教育部职业技术教育中心研究所、中国市场学会、北京师范大学成人与职业教育研究所、荷兰南方高等专业大学林堡国际商务学院的一些课程专家，以及零点研究咨询集团上海零点公司总经理杨铁女士对课程开发提出了许多宝贵的建议，在此一并表示衷心的感谢。

作为一种探索，尽管我们力求完美，但由于对市场调查职业活动的认识、理解和分析难免存在偏差，书中不免存在错漏之处，敬请读者不吝赐教。

编　者

2016 年 11 月

目录

任务 1

市场调查活动认知

知识目标

(1) 认知市场调查的含义。
(2) 认知市场调查的类型。
(3) 认知市场调查的起源与发展。
(4) 认知市场调查的工作内容。

能力目标

(1) 能描述市场调查的作用。
(2) 能说明不同市场调查类型的差异。
(3) 能结合实际认识市场调查职业。

任务描述

市场调查与预测是现代企业经营管理活动中的一项基础性工作，随着市场竞争的加剧，其作用越来越突出，市场调查也成为企业市场营销职业群中极具挑战性的职业之一。

在职业学习活动中，作为市场调查与预测的初学者，首先要认识市场调查的含义和市场调查职业活动的起源。在此基础上，从经济意义的角度认识市场调查的作用及特征，认识市场调查工作及职业活动，并初步理解市场调查活动过程。

任务解析

根据市场调查职业工作活动顺序和职业能力分担原则，“市场调查活动认知”学习任务可以分解为以下子任务。

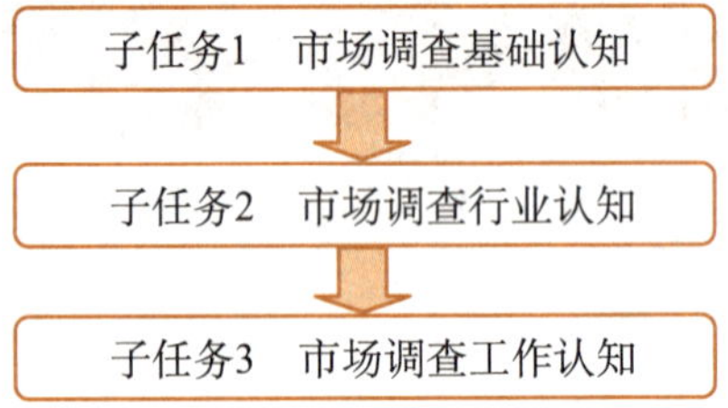

调查故事

北京市一名在校大学生想购买一台笔记本电脑，他（她）会怎么做呢？他（她）可能会先上网浏览相关电商网站的一些电子产品信息，也可能向同学、朋友或家人进行咨询，比较分析，以确定哪一款笔记本电脑的功能、款式等最适合自己，也可能会去电脑城，经现场试用、与商家谈定价格并最终成交。毫无疑问，这一过程就是一项简单的市场调查活动。

在企业经营中，市场调查是必做的功课。1987 年 11 月 12 日，肯德基进入北京，中国第一家店——前门店开业。截至 2014 年 12 月底，肯德基在中国已开设了近 5 000 家连锁餐厅。陌生的国度、陌生的人群、迥然不同的风俗习惯，要想在中国创业一举成功，市场调查的作用非同寻常。

在开店之前，为了考察北京的市场，肯德基公司总部一位执行董事亲自在北京的几条主要街道上用秒表测了行人流量，大致估算出了不同街道上每日的客流量。接着，他利用暑期，临时招聘了一些经济类专业的大学生，派这些临时职员在北京设置品尝点，邀请不同年龄、不同职业的人免费品尝肯德基炸鸡，尤其是在北海公园这座皇家园林中也设置了品尝点，利用风景秀丽、游人众多的特点，广泛征求意见。他们在公园东南边的小餐厅内布置了一个舒适典雅的就餐环境。餐厅内，顾客边享用美味的炸鸡，边回答大学生提出的问题：“您觉得这鸡块做得老了还是嫩了？”“鸡块外表是否酥软？”“鸡块水分多了还是少了？”“胡椒味重了还是轻了？”“是否应加点辣椒？”“还应加点什么调味料？”“鸡块大小是否合适？”……

感悟：对于企业而言，市场调查如同情报收集之于军队，都是战略决策与战术设计的重要依据。准确性越高，时效性越强，其正面的支持作用就越明显！

子任务1

市场调查基础认知

任务提示：认识市场调查，特别是从经济意义的角度认识市场调查的作用及特征，在此基础上认识市场调查工作及职业活动，并理解市场调查活动过程。

在竞争激烈的市场中，一些企业的成功常常令人叹服。美国麦当劳公司原本是一家名不见经传的快餐店，如今它已经成为拥有三万多家分店的国际快餐经营集团。麦当劳北京第一家分店于1992年4月23日开业，但早在1984年年底，美国麦当劳总部就派出专家，对中国河北、山西等地上百种马铃薯成分逐一进行调查分析，确定其是否能够作为麦当劳的专用马铃薯。仅仅是一个薯条的原料，麦当劳就如此兴师动众，可见其对市场调查的重视程度。由此，我们也就不难理解其成为国际快餐业巨无霸的原因了。

经历了三十多年的改革开放，我国经济和世界经济之间已经形成了一种“我中有你、你中有我”的深度融合关系。仿佛在不经意之间，世界知名跨国公司的产品和服务就已经充斥了我们的生活，诸如肯德基、麦当劳、耐克、阿迪达斯、苹果、沃尔玛、家乐福等。同时，我国的一些企业如联想、华为、海尔等，也纷纷跨出国门，争夺国际市场。在竞争日趋激烈的今天，市场机会稍纵即逝，越来越多的优秀企业认识到，市场信息是一种资源，是一笔财富，掌握了市场信息，就意味着叩开了成功的大门。

在信息化时代，企业要掌握有用的市场信息，就必须借助专门的方法。市场调查就是企业收集、整理、分析和研究相关市场信息，为市场营销决策提供依据的重要手段，同时也是企业满足目标顾客需求、降低经营风险、提高竞争力的必要途径。

因此，作为企业市场营销活动的重要环节，在认识市场调查之前，我们有必要简要回顾一下市场与市场营销活动的含义及二者之间的关系。

一、市场认知

根据已有的知识，我们应该知道，在漫长的人类社会发展过程中，曾经出现过三次大的社会分工，每一次社会分工都是社会生产力发展推动的结果，而市场的出现与社会分工有着密切的联系。在历史的长河中，正是因为人类商业活动的盛行，加速了社会分工和商品生产的发展，从而出现了“哪里有商品生产和商品交换，哪里就有市场”的情形。

（一）一般意义的市场

在我国古代，为方便饮水、清洗货物，最初的交易都是在井边进行的，即所谓的“因井为市”。于是，市场常常被称作“市井”。随着时间的推移，“市井”一词几经变化，先后又被引申为“街市、乡里、城邦、民众”等意，而作为专门从事买卖活动的“市井”则明确定义为“市场”。可见，从古代开始，市场就是进行商品交换的场所。

由此，我们可以这样理解：一般意义上的市场就是专指商品买卖的场所。如数码科技市场、图书文化市场、服装批发市场、蔬菜批发市场、五金工具市场等。当然，生活中的这些市场已为我们所熟知。

（二）经济学意义的市场

从经济学意义上来讲，“市场”一词不仅仅只是场所，还包括在此场所进行交易的行为。如买方和卖方之间的关系、交易活动以及交易方式，同时也包括由买卖关系引发出来的卖方与卖方之间的关系以及买方与买方之间的关系等。特别是随着现代信息技术的发展，市场已经不再是真实的场所和地域，当今许多买卖都是通过电子商务平台来实现的。

由此，从微观的角度，人们也将市场看作商品或服务的现实购买者与潜在购买者需求的总和，主要包括以下三个基本要素，即：有某种需求的人、为满足这种需求所具有的购买能力和购买欲望。写成一个等式表示为：市场＝人口＋购买力＋购买欲望，如图 1－1 所示。

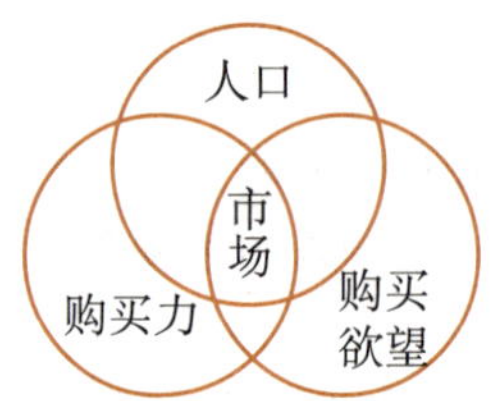

图 1－1　市场的构成要素

1. 人口

需求是人的本能，对物质生活资料及精神产品的需求是人类维持生命的基本条件。因此，哪里有人，哪里就有需求，就会形成市场。人口的多少决定着市场容量的大小；人口的状况影响着市场需求的内容和结构。构成市场的人口因素包括总人口、性别、年龄结构、家庭户数、家庭人口数、民族、宗教信仰、职业、文化程度、地理分布等多种具体因素。

2. 购买力

购买力是指人们支付货币购买商品或劳务的能力。人们的消费需求是通过利用手中的货币购买商品实现的。因此，在人口状况既定的条件下，购买力就成为决定市场容量的重要因素之一。市场的大小直接取决于购买力的高低。一般情况下，购买力受到人均国民收入、个人收入、社会集团购买力、平均消费水平、消费结构等因素的影响。

3. 购买欲望

购买欲望是指消费者购买商品的愿望、要求和动机。它是把消费者的潜在购买力变为现实购买力的重要条件。倘若仅具备了一定的人口和购买力，而消费者缺乏强烈的购买欲望或动机，商品买卖仍然不能发生，市场也无法现实地存在。因此，购买欲望也是市场不可缺少的构成因素。

市场的这三个要素相互制约、缺一不可，它们共同构成企业的微观市场，而市场营销活动正是为了满足这种微观市场的消费需求。

二、市场营销认知

市场营销并非遥不可及！在我们的日常生活中，经常可以看到、听到并运用到各种各样的营销方式。如多种传媒广告铺天盖地，充斥我们的生活；我们通过与人交流、求职或组织某一活动，说服别人接受自己或自己的主张等。可以说，我们自身每天都自觉或不自觉地处在营销活动的氛围中。那么，从企业的角度看，市场营销会是怎样的呢？

（一）市场营销的含义

市场营销是指企业在调查了解消费者需求的基础上，根据消费者需求开发相应的产品或服务，以满足消费者的需求，并通过与消费者进行交换，以实现企业经营目标的过程。这一过程包括市场调查、选择目标市场、产品开发、产品定价、渠道选择、产品促销、产品储存与运输、产品销售、提供服务等一系列经营活动。

（二）市场营销工作

从企业的角度，我们可以把市场营销职业活动看成一个抽象的活动过程。这一过程包括分析市场机会、选择目标市场、确定市场营销策略和市场营销活动策划与管理。

1. 分析市场机会

企业营销人员通过发现消费者现实的和潜在的需求，寻找各种“环境机会”，即市场机会。

2. 选择目标市场

对市场机会进行评估后，企业对进入的市场进行细分，分析每个细分市场的特点、需求趋势和竞争状况，并根据本公司优势，选择自己的目标市场。

3. 确定市场营销策略

为了满足目标市场的需要，企业对自身可以控制的各种营销要素如质量、包装、价格、广告、销售渠道等进行优化组合，形成市场营销组合设计。

4. 市场营销活动策划与管理

在营销活动中，企业通过制订市场营销计划，组织实施市场营销活动，并对营销过程加以控制。

（三）市场营销体系

从市场营销角度来看，所谓市场营销体系，是指依据企业的营销目标，围绕“顾客”这一中心，科学、动态、适时地运用一系列营销手段，提供商品或服务的管理活动体系。通俗地讲，就是通过收集市场信息，确立营销目标，并运用多种方法和途径生产、销售商品或服务，来满足目标消费群体的需求。由此，我们可以深刻理解市场信息在企业市场营销这一活动中的基础地位和重要程度。

在这一体系中，如果简单地将卖方称为产业或行业，将买方称为市场，那么，两者之间的关系如图1-2所示。

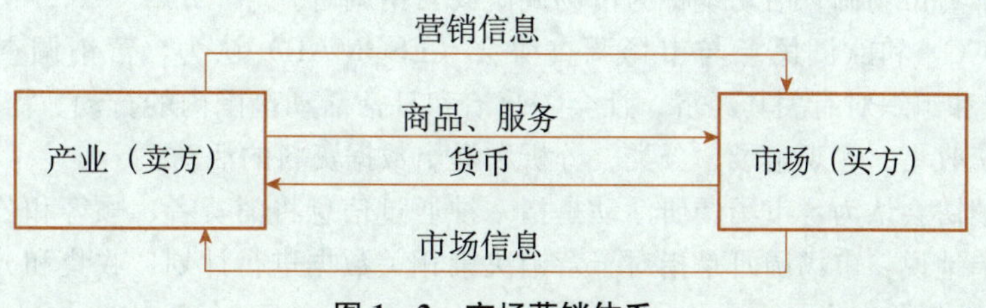

图1-2　市场营销体系

由图1-2可知，在市场营销体系中，企业将商品、服务以及营销信息（产品、服务的供应信息）传递给市场；相反的，企业又从市场中获得了货币与市场信息（消费者需求、喜好信息）。可见，在市场营销体系中，既有商品、服务与货币的交换，又有供需信息的交换。

重要概念1-1　市场信息

市场信息是指在某一特定的时间和条件下，同商品交换以及与之相联系的生产和服务有关的各种消息、情报、数据、资料的总称，是商品流通运行中物流、商流运动变化状态及相互联系的表现特征。

显然，市场是市场信息的发源地，而市场信息是市场营销体系中产生的各种信息、数据，是对市场上各种经济关系和经营活动的客观描述和真实反映。市场营销决策科学与否，建立在企业能否充分掌握市场信息的基础之上。

随着互联网技术的发展和大数据时代的到来，市场信息作为一种资源的价值将被提升到前所未有的高度。随之而来的是，企业无法使用传统流程或工具处理或分析那些超出正常处理范围的数据集。

在未来，如何从类型多样的巨量数据中快速获得有价值的信息，将是企业竞争的新制高点。

三、市场调查认知

随着经济全球化的逐步深入，竞争日益激烈，市场变得更加复杂和变幻莫测，中国企业走向国际市场已不仅仅是一种选择，而且已成为生存的必需。凭借有限、分散的信息，把握市场未来发展动态变得越来越困难。只有通过市场调查，才能帮助企业清晰地了解市场活动的现状及未来，了解本企业与竞争对手的差异，为科学决策提供依据。

在现实生活中，没有人能够天才地将一个企业一帆风顺地运营下去，世界上一些著名的企业家也不例外。在竞争激烈的市场上，企业的任何经营决策都存在不确定性和风险，只有通过有效的市场调查，掌握足够的市场信息，才能顺应市场需求变化趋势，了解企业所处的生存、发展和竞争环境的变化，增强企业的应变能力，把握经营的主动权，创新营销组合，识别新的市场机会，实现预期的经营目标。所以，市场调查是现代企业一项重要的基础工作，也是企业营销管理的重要组成部分。

（一）市场调查的含义

在国外，通常将市场调查活动统称为市场调研或营销调研。

国际商会（ICC）和欧洲民意与市场调查协会（ESOMAR）认为，营销调查（Marketing Research）是指个人和组织对有关其经济、社会、政治和日常活动范围内的行动、需要、态度、意见、动机等情况的系统收集、客观记录、分类、分析和提出数据资料的活动。

美国市场营销协会认为，市场调研活动是指一种通过信息将消费者、顾客和公众与营销者联结起来的职能。简单地说，市场调研是指对于营销决策相关数据进行计划、收集和分析，并把分析结果向管理者沟通的过程。

我们认为，市场调查是企业营销活动的先导，是通过有计划地收集信息数据资料，并进行分析，以发现市场机会，为营销决策提供依据的过程。

重要概念 1-2　市场调查

市场调查是指为了形成特定的市场营销决策，采用科学的方法和客观的态度，对市场营销有关问题所需的信息，进行系统的收集、记录、整理和分析，以了解市场活动的现状和预测未来发展趋势的一系列活动过程。

我们可以从以下三个方面的特点来进一步理解市场调查的含义。

1. 市场调查目的的针对性

市场调查的目的是了解、分析和判断企业市场营销管理中是否存在问题，或解决已经存在的问题，预测未来发展趋势，从而为企业制定特定的营销决策服务，并非对市场营销的所有问题笼统、盲目地进行调查。

2. 市场调查方法的科学性

市场调查活动必须采用科学的方法，如信息收集方法的选择、流程的设计、执行的技巧与严谨度、采集到数据的处理方法和分析方法等。市场调查活动只有运用科学的方法进行组织、实施和管理，才能获取可信度较高的调查结果，也才能做出比较正确的市场决策。

3. 市场调查过程的关联性

市场调查活动是一个系统化的工作，包括调查活动的设计与组织，所需信息资料的收集、整理和分析，调查报告的出具等。这一系列工作环环相扣、紧密联系，互相依存又互相影响，共同构建了市场调查活动的全过程。

课堂思考： 我们应该如何理解市场调查目的的针对性、方法的科学性以及过程的关联性？

（二）市场调查的作用

在市场竞争更加激烈的今天，作为市场的主体，企业不再一味关注销售本身，而是更需要收集确切的市场信息，以便制定出进一步的营销策略。如我们的消费者是谁？他们需要什么？竞争对手正在做什么？等等。市场调查的作用主要体现在以下几个方面。

1. 市场调查是企业市场营销活动的起点

企业的营销活动是从市场调查开始的，通过市场调查识别和确定市场机会，制订营销计划，选择目标市场，设计营销组合，对营销计划的执行情况进行监控和信息反馈。在这一过程中，企业每一步都离不开市场调查，都需要通过市场调查为决策提供信息。在针对某些问题进行决策时，如进行产品策略、价格策略、分销策略、广告和促销策略的制定等，只有通过具体的调查活动，才能获得决策依据。

2. 市场调查是企业进行决策检验和修正的依据

企业可依据市场调查获得的资料，检验企业的计划和战略是否可行，有无疏忽和遗漏，是否需要修正，并提出相应的修改方案。通过了解、分析市场信息，可避免企业在制定营销策略时发生错误，或帮助营销决策者了解当前营销策略以及营销活动的得失，以便进行适当修正。只有在实际了解市场的情况下，才能有针对性地制定出切实可行的市场营销策略和企业经营发展策略。

课堂思考：我们应该如何理解市场调查在营销决策过程中的作用？

3. 市场调查可以使企业及时发现顾客需求

随着市场经济的发展，消费者需求变化越来越快，产品的生命周期日趋缩短，市场竞争更加激烈。对于企业来说，能否及时了解市场变化情况，并适时适当地采取应变措施，是企业能否取胜的关键。企业通过市场调查，可以发现市场中未被满足或未被充分满足的需求，确定本企业的目标市场。同时，可以根据消费者需求的变化特点，开发和生产适销对路的产品，并采取有效的营销策略和手段，将产品及时送到消费者手中，满足目标顾客的需要。

案例 1-1

欧元票夹

2002 年元旦，欧元正式流通。在此两年前，浙江海宁长虹皮件公司通过国际市场调研，捕捉到欧元各种票面的纸币尺寸都要比原来十几个欧洲国家的纸币尺寸大得多这一重要信息，进而预测，欧元流通面将达 3 亿人，撇开儿童不算，至少有 2 亿人需要换新的票夹。另外，欧元辅币要比原来欧洲各国的辅币值钱，人们会对其较为看重，因而对盛放欧元辅币的“角子包”的需求量也将大增。虽然欧洲厂商也在设计欧元专用钱包，但由于工作量太大和生产成本过高，远远满足不了当地市场需求。从 2001 年 5 月起，长虹皮件公司抓紧开发了 40 多款、230 万只欧元专用票夹，及时投放欧洲市场，很快就销售一空。由于适销对路、价廉物美，该公司源源不断地接到了欧元票夹和“角子包”的大订单。这时，一直不了解欧元尺寸的我国其他皮件厂商，只能眼睁睁地看着独具慧眼的浙商“捡走了巨大的欧元皮夹子”。

评析：市场调查可以使企业及时发现新的市场需求。海宁长虹皮件公司的成功正是因为在前期做了认真细致的市场调研，进而发现了潜在的顾客需求。

4. 市场调查有利于企业随时了解市场环境的变化

随着竞争的加剧，企业所面临的市场总是不断地发生变化，而促使市场发生变化的因素很多，如产品、价格、分销、广告、推销等市场因素和有关政治、经济、文化、地理条件等市场环境因素。这两类因素往往又是相互联系和相互影响的，并不断地发生变化。企业为适应这种变化，就只有通过广泛的市场调查，及时了解各种市场因素和市场环境因素的变化，从而有针对性地采取措施，通过对市场因素，如价格、产品结构、广告等的调整，去应对市场竞争。通过市场调查，企业可以了解市场营销环境的变化，可以及时调整自己的产品、价格、渠道、促销和服务策略，与竞争对手展开差异化竞争，逐渐确立自己的竞争优势。同时，企业还可以通过收集竞争对手的情报，了解竞争对手的优势和弱点，然后扬长避短，有的放矢地开展针对性营销，从而增强企业的竞争能力。

案例 1-2

“小狗”能卖多少钱

“安静的小狗”是一种猪皮便鞋，由美国沃尔弗林环球股份公司生产。20 世纪 60 年代末，这种鞋在美国家喻户晓。当“安静的小狗”问世时，该公司为了了解消费者的心理，采取了欲取先予的策略：先把 100 双鞋子无偿地送给 100 位顾客试穿 8 周。8 周后，公司通知顾客收回鞋子。如果谁想留下，每双鞋付款 5 美元即可。其实，公司并非真的想收回鞋子，而是想进行一次调研：5 美元一双的猪皮便鞋是否有人愿意买？

结果，绝大多数人把鞋子留下了。得到这个有利的信息，该公司便大张旗鼓地进行推销。最终，公司将价格定为 7.5 美元，销售了几万双“安静的小狗”。

评析：通过巧妙的市场调查，这家公司获得了广大消费者能够接受的“安静的小狗”的销售价格。

5. 市场调查可以为企业整体宣传策略提供信息支持

市场宣传推广需要了解各种信息的传播渠道和传播机制，以寻找合适的宣传推广载体和方式以及详细的营销计划，这也需要市场调查来解决，特别是在快速变化的环境下，过去的经验只能减少犯错误的机会，更需要适时的信息更新来保证宣传推广的到位。通常在市场宣传推广中，还需要引用强力机构的市场信息支持，如在消费者认同度、品牌知名度、满意度、市场份额等方面提供企业的优势信息，以满足进一步的需要。

任务资讯 1-1

市场调查的功能

市场调查具有三种功能，即：描述、诊断和预测。

(1) 描述。描述功能是指收集并陈述事实。例如，某个行业的历史销售趋势是什么样的、消费者对某产品及广告的态度如何。

(2) 诊断。诊断功能是指解释信息或活动。例如，解释改变包装会对销售产生什么影响，换句话说，解释为了更好地服务顾客和潜在顾客，应该如何对产品、服务、提供物进行调整。

(3) 预测。预测功能是指预测市场未来发展是怎样的。例如，企业如何更好地利用持续变化的市场中出现的机会。

对企业来讲，通过市场调查可以了解市场，发现企业市场营销机会，促进新产品、新市场开发，提高企业的竞争能力，保持和巩固忠实顾客。但是，市场调查的作用是为企业市场营销提供参考的信息，并不能代替决策。

课堂测评

测评要素	表现要求	已达要求	未达要求
知识点	能掌握市场、市场调查的概念		
技能点	能初步认识市场调查活动的过程		
任务内容整体认识程度	能概述市场、市场营销与市场调查的关系		
与职业实践的联系程度	能描述市场调查知识与技能的实践意义		
其他	能描述与其他课程、职业活动等的联系		

子任务 2

市场调查行业认知

任务提示：认识市场调查，特别是从经济意义的角度认识市场调查行业及特征，在此基础上，认识市场调查工作的起源及发展过程，并理解其历史意义与我国的职业环境。

作为一种获取市场信息的手段，市场调查与预测活动是随着市场经济的发展与成熟而出现的。从本质上讲，市场经济就是一种通过货物或服务的交换，以市场作为资源配置的基础方式，实现分散决策的经济体制。市场经济固有的缺陷，导致市场信息不对称、市场不完全竞争等情形时有发生。为了降低经营风险，众多企业开始想方设法、千方百计地捕捉市场信息，力图做到紧跟或把握市场潮流。于是，现代意义上的市场调查活动就由此诞生了。

美国是市场经济发展比较成熟的国家，市场调查与预测活动使其企业管理者避免了大量经营风险，获得了较大竞争优势，大量的美国企业以及企业产品也因此称雄于世界。由此，市场调查活动在世界范围得以广泛传播开来。

一、市场调查的产生与发展

在美国，一些企业首先引入了市场营销的管理理念。作为市场营销活动的先导步骤，市场调查业务由此产生。

（一）市场调查的萌芽期：20 世纪前

早期的市场调查活动是在具有政治意义的民意调查基础之上出现的。最早有记载的调查活动是 1824 年 8 月由美国的《宾夕法尼亚哈里斯堡报》（*Harrisburg Pennsylvanian*）进行的一次选举投票调查；同年稍后，美国的另一家报纸《罗利星报》（*The Raleigh Star*）对在北卡罗莱那州举行的具有民众意识的政治会议进行了民意调查；最早有记载的以营销决策为目的的市场调查活动是在 1879 年由 N. W. Ayer 广告公司进行的。此次调查活动的主要对象是本地官员，内容是了解他们对谷物生产的期望水平，调查的目的是为农业设备生产者制订一项广告计划。第二次系统的市场调查是 20 世纪初由杜邦公司（E. I. du Pont de Nemours and Company）发起的，该调查对其推销人员提交的有关顾客特征的调查资料进行了系统整理和分析。非常有趣的是，当时负责收集并报告数据的推销人员认为这纯属一项额外的书面工作，因而感到异常愤怒。

大约在 1895 年，学术研究领域开始关注市场调查。当时，美国明尼苏达大学的心理学教授哈洛·盖尔（Harlow Gale）将邮寄调查引入了广告研究。他设计并寄出了 200 份问卷，最后收到了 20 份完成的问卷，回收率为 10%。随后，美国西北大学的 W. D. 斯考特（Walter Dill Scott）将实验法和心理测量法应用到广告实践中。

（二）市场调查的成长期：1900—1950 年

进入 20 世纪后，消费和生产的激增促使市场经济向更大范围拓展，了解消费者需求，以及消费者对产品的态度这一需求应运而生。于是，生产商、专业的调查机构和一些学院先后涉足市场调查活动。1905 年，美国宾州大学首先开设了一门“产品的销售”的课程。1911 年，柯蒂斯出版公司（Curtis Publishing Company）建立了第一家正式的调查机构，该机构的调查领域主要是汽车业。从 1911 年开始，美国的佩林（Charles Coolidge Palin）首先对农具销售进行了研究，接着对纺织品批发和零售渠道进行了系统调查，后来又亲自访问了美国 100 个大城市的主要百货商店，系统收集了第一手资料并著书立说，其中《销售机会》一书就是非常著名的一部，书中有美国各大城市的人口地图、分地区的人口密度、收入水平等资料。佩林是第一个在美国的商品经营上把便利品和选购品区分开来，又提出了分类的基本方法的人。因为佩林为销售调查做出的巨大贡献，人们推崇他为“市场调研”这门学科的先驱，美国市场营销协会（American Marketing Association，AMA）每年召开纪念佩林的报告会。

在佩林的影响下，美国橡胶公司、杜邦公司等一些企业纷纷建立组织，开展系统的市场调研工作。1929 年，在美国政府和有关地方工商团体的共同配合下，对全美进行了一次分销普查（Census of Distribution），这次普查被美国看作市场调查工作发展的里程碑。后来，这种普查改称商业普查（Census of Business），至今仍定期进行。这些普查收集和分析了各种各样的商品的信息资料，如各商品的分销渠道的选择状况、中间商的营销成本等，它可以称得上是对美国市场结构的最完整的体现。

与此同时，在美国先后出版了不少关于市场调查的专著，如芝加哥大学教授邓楷所著的《商业调查》（1919 年），弗立得里克所著的《商业调查和统计》（1920 年），怀特所著的《市场分析》（1921 年）。1937 年，美国市场营销协会组织专家编写了《市场调查技术》，20 世纪 40 年代，在 Robert Merton 的领导下又创造了“焦点小组”方法，使得抽样技术和调查方法取得了很大进步。

20 世纪 30 年代，问卷调查法得到广泛采用，30 年代末期，市场调查成为大学校园普及性的课程。另外，大众传媒的发展和第二次世界大战的爆发，促使市场调查由不成熟的学科演变为明确的行业，除了正常的经济领域的研究外，大量的社会学家也同时进行了战争影响下的消费行为调查研究。

（三）市场调查的成熟期：1950 年至今

第二次世界大战的硝烟散尽后，严峻的现实也摆在了人们面前。战争的波及面非常广，最明显的表现就是世界范围内消费需求的不足，商品交易由卖方市场向买方市场转变。激烈的竞争迫使生产商千方百计地去获取更多更好的市场情报，生产者不再能够轻易地卖出其生产的任何产品。生产设备、广告费用、存货成本的上涨以及其他一些因素使得产品的竞争力日益下降。这时，通过市场调查发现市场需求，然后再生产适销对路的产品满足这些需求就变得越来越重要。

与此同时，市场调查活动方式方法的创新、调查结论可信度的提升也成为理所应当的要求。20世纪50年代中期，依据人口统计特征进行的市场细分研究和消费者动机研究出现了，市场细分和动机分析的综合调查技术又进一步促进了利益细分技术等的发展。在20世纪60年代，先后提出了许多描述性和预测性的数学模型，如随机模型、马尔科夫模型和线性学习模型。更为重要的是，20世纪60年代初计算机的快速发展，使得调查数据的分析、储存和提取能力大大提高。行为科学作为一个新的领域，也在市场调查中得到广泛应用。所有这些都为市场调查的形成、发展和成熟打下了坚实的理论和实践基础。到了20世纪90年代，美国所有大公司中，约73%的公司设有正规的市场调查与研究部门，负责调查、预测和咨询等工作，并且在进入每一个新市场之前，都要对新市场进行调查。

案例1-3

反应迟钝的吉列

美国吉列公司是一家非常著名的公司，然而，在1963年至1964年，由于推出新产品时动作迟缓，结果让对手钻了空子，使吉列马失前蹄。

1962年，吉列的高级蓝色刀片受到许多消费者的青睐，这种表面覆盖了一层硅的刀片，能防止头皮屑黏附在刀片上而妨碍剃须，所以，它即使比一般的刀片贵40%，也被消费者看好，成为吉列刀片生产中主要的利润来源。

这时，英国有家叫威尔金森的小公司开发出了一种不锈钢剃须刀片。这种刀片制造工艺合理，刀刃锋利，不易被腐蚀且使用寿命长，可重复使用15次之多，而一般的碳素刀片只能使用3～5次。但威尔金森的生产能力有限，主要在英国销售，因而一直没有引起吉列的注意。

然而，美国利特尔埃弗夏普公司注意到了这种新产品，立即开始从英国引进。1963年，它以低价高质开始赢得顾客。但吉列却错误地认为，虽然不锈钢刀片的使用寿命是吉列高级蓝色刀片的4倍，却不如高级蓝色刀片好用，刮同样的胡子，不锈钢刀片需要1.5磅的压力，而高级蓝色刀片只需要1磅的压力，所以吉列认为顾客还是会看好高级蓝色刀片，迟迟不愿进行不锈钢刀片的开发和研究。

直到当年秋天，在利特尔埃弗夏普大量侵蚀吉列原先占有的市场以后，吉列才转向制造不锈钢刀片。但这时的不锈钢刀片市场早已被美国、英国的领先者瓜分完毕，吉列每夺回1%的市场占有率都必须付出巨大的代价。

资料来源：屈云波.品牌营销[M].1版.北京：企业管理出版社，1996.

评析：不注意收集市场信息，不认真加以分析，必然会铸成大错。

二、市场调查的行业现状

市场调查行业是为了实现管理目标而进行信息收集和数据分析的行业，它的存在对于政府、广大企业、广告商和媒体，以至整个社会都有着不可或缺的重大意义。

（一）国外的市场调查

据美国市场营销学会统计，截至 2012 年，美国市场调研公司排名前 50 位的公司中，全球著名的尼尔森公司以营业收入 104.86 亿美元雄踞首位。尼尔森总部位于美国纽约，在全球超过 100 个国家和地区建立了分支机构，提供市场动态、消费者行为、传统和新兴媒体监测及分析。

欧盟一些国家也十分重视市场调查。例如，在欧盟，有 1 500 多家市场调查公司和咨询机构，其中，荷兰人口几百万，调查机构就有 500 家之多；法国有 300 多家；英国有 400 多家，伦敦市就有 60 多家商业调查机构，拥有多种数据资料，如《官方统计指南》《年度统计摘要》《地区统计摘要》《社会统计》《家庭开支调查》等，可以为企业或个人提供全方位或专项的调查服务。在欧盟 1 500 家调查机构和咨询公司中，约有 611 家调研组织在 ESOMAR 目录上被标有“充分信息”字样。

在欧盟，英国特恩斯市场研究公司（Taylor Nelson Sofres，TNS）是全球最大的专项市场研究公司，拥有最优秀的电视收视率分析软件，在欧洲同样拥有数十年的电视观众调查经验，为全球 110 多个国家或地区提供有关市场调查、分析、洞察和咨询建议服务。TNS 总部位于伦敦，员工超过 10 000 人，于 1992 年进驻中国市场，是最早在中国从事市场研究的国际性研究公司之一。二十多年来，TNS 在中国已成长为中国地区最成功和享有盛誉的市场研究公司。

日本也是市场调查开展较快的国家，比较著名的市场研究机构是排名第一的英德知联恒市场研究公司。该公司于 2011 年 3 月由“英德知”和“联恒”合并而成，研究涉及多种行业，主要业务内容为快速消费品、汽车、医药、IT 等。研究方法有专项研究、网络调查、零售研究等。此外，在日本除了一些非常著名的企业拥有自己的调查机构外，还有其他一些官方、半官方和民间机构在收集世界各地的政治、经济、军事和社会情报。从一定意义上来说，第二次世界大战后，日本之所以能够在短时间内创造出世界经济发展史上的“东亚奇迹”，与其重视市场调查有很大的关系。

以发达国家为代表的市场调研活动非常活跃，发达国家从事市场调研的机构众多，从业人员专业化程度较高，同时采用了大量的新技术，大大提高了市场调研的效率。显然，随着经济全球化的发展，市场经济的支配地位进一步加强，商品贸易竞争的加剧和服务市场的进一步细分已成为必然趋势，这将为市场调研行业提供更大的发展空间。

任务资讯 1-2

倾听消费者的呼声

凯斯（Case）公司是一家建筑设备和农场设备制造商。1991 年和 1992 年，其营业损失达到 90 万美元。1994 年，公司聘用了一位新的首席执行官琼·皮埃尔·罗索（Jean Pierre Rosso）。他得知公司自 20 世纪 80 年代以来，从未将顾客意见纳入它的产品设计决策中，与之相反，产品是为适应工厂生产能力而发展起来的，这造成了产品滞销，比如一种新型拖拉机马力太低，不能满足消费者的需要。当经销商发现他们的凯斯产品积压时，交易关系恶化，这又进一步损害了公司的销售。

罗索认识到，公司必须扭转营销观念，由过去的生产导向转变为市场导向。用公司营销部负责人文森特·巴拉巴的话来说，公司各部门的想法和消费者的想法应该有一个“结合点”。于是，公司多次请教消费者，将凯斯的设备与主要竞争者——约翰·迪尔和卡特皮勒的设备逐项进行比较，公司的工程师和营销人员对使用竞争者产品的客户和潜在客户进行访问，询问产品特征、优势和问题。然后，把收集的资料纳入新的产品设计。罗索的营销调研信息提高了决策的科学性，使公司的净收入在1994年翻了两番，销售增长了14%。1995年，收入达到42亿美元。1996年上半年，凯斯的收入和利润比1995年均高出20%。显然，凯斯通过营销调研来“倾听消费者的呼声”，制定、改进和评估营销活动，最终取得了良好的效果。

资料来源：阿尔文·C.伯恩斯，罗纳德·F.布什.营销调研［M］.6版.于洪彦，金钰，汪润茂，译.北京：中国人民大学出版社，2001.

（二）中国的市场调查

市场调查是市场经济的产物。由于长期处于计划经济体制下，我国的市场调查业起步较晚，发展较慢。

在我国，市场调查为企业服务始于20世纪80年代中期。由于当时市场意识淡薄，专业人才缺乏，导致市场调查的市场需求量很小。直到1999年，世界市场调查业的总营业额约为146亿美元，我国市场的营业额约为1.33亿美元，仅占世界市场的1%。

随着社会主义市场经济体制的正式确立，我国的市场体系也在逐步形成，市场调查与市场预测业务也有了较大的发展空间。1992年至2001年，许多具有统计系统背景的公司脱颖而出，包括北京华通、中怡康、美兰德、精诚兴、赛诺、上海恒通，以及曾在统计局从业的人员创办的市场调查公司，如丰凯兴、华联信、格兰德、贝斯特等，全国各地均有统计系统的市场调查与咨询服务公司。我国民营市场调查公司也占有相当大的市场，如零点、新华信、新生代、勺海等。我国加入世贸组织之后，大批的海外市场调查公司纷纷登陆我国本土，它们在绝对数量上并不多，但在技术、资金、人才方面占有很大优势。据统计，全球前20位的市场调查公司已有近半进入了中国市场，其中，Gallup、MBL、RI、NOP、AC Nielsen、Ipsos、Millward Brown、Taylor Nelson Sofres、NPD等影响很大。据品牌排行杂志统计，2013年，我国市场调查公司综合实力排名前五的公司分别为益普索中国、TNS中国（北京特恩斯市场研究咨询有限公司）、央视市场研究股份有限公司（CTR）、AC尼尔森中国、零点研究咨询集团。

经过近三十多年的发展，我国的市场调查业已从单一数据采集业务发展到提供中高端的研究甚至营销咨询服务；从最初集中在北京、上海、广州三地，发展到具有一定数量的遍布全国各地的市场调查与咨询服务公司；从各行其道，发展到全行业统一与国际接轨，执行ESOMAR全球性的服务与质量准则；从以纸质问卷为主的面访方式发展到使用CATI、CAPI、E-Survey、People Meter等先进仪器和技术的快速准确的调查手段。

随着我国经济进一步融入全球一体化，我国将为更多的跨国公司敞开大门，同时中国企业走出去也成为生存的必需，这将为我国的市场调查业提供更大的市场。

任务资讯1-3

互联网成为市场调查的重要平台

在市场营销中，无论是开拓新市场还是研发新产品，市场调查是不可或缺的重要步骤。传统的市场调查费时费力费钱，网络的出现，无疑为市场调查提供了新的工具。网络市场调查有以下四个优点：第一，网络市场调查实时、互动。网上调查是开放的，任何网民都可以进行投票和查看结果，而且在投票信息经过统计分析软件初步自动处理后，可以即时查看阶段性的调查结果。网络的最大好处是交互性，因此在进行网络调查时，被调查对象可以及时就问卷相关问题提出自己更多的看法和建议，可减少因问卷设计不合理导致的调查结论偏差。第二，网络市场调查无时空、地域限制。网络市场调查是24小时全天候的调查，这就与受区域制约和时间制约的传统调研方式有很大不同。第三，网络市场调查便捷性和低费用。实施网络调查节省了传统调查中耗费的大量人力和物力。第四，网络市场调查更为可靠和客观。实施网络调查，被调查者是在完全自愿的原则下参与调查的，调查的针对性更强，因此，问卷填写信息更可靠，调查结论更为客观。

课堂测评

测评要素	表现要求	已达要求	未达要求
知识点	能了解市场调查的产生		
技能点	能初步认识市场调查发展过程中的调查技术		
任务内容整体认识程度	能概述并认识市场调查与经济发展的关系		
与职业实践的联系程度	能描述社会专业市场调查公司实际业务		
其他	能联系其他课程、职业活动等		

子任务3

市场调查工作认知

任务提示：认识市场调查，特别是从经济的角度认识市场调查工作的类型及特征，在此基础上，认识市场调查工作的内容及操作程序，并理解其实践意义。

市场调查工作是市场营销活动的一个重要环节，它把消费者、客户、公众和营销者通过信息连接起来，利用这些信息，企业可以识别、定义市场机会和可能出现的问题，制定、优化营销组合并评估其效果。

在大数据时代，企业进行市场调查的目的、作用与方式也应被重新审视并拓展到前所未有的维度。可以说，信息爆炸对企业的数据驾驭能力提出了新的挑战，也为企业市场调查工作提供了前所未有的空间与潜力。

一、市场调查的类型

（一）消费者市场调查和产业市场调查

按市场购买主体划分，市场调查可分为消费者市场调查和产业市场调查两种类型。

1. 消费者市场调查

消费者的购买目的是满足个人或家庭的生活需要。消费者市场调查的目的主要是了解消费者需求数量和结构及变化。消费者的需求数量和结构的变化受到多方面因素如人口、经济、社会文化、购买心理和购买行为等的影响。对消费者市场进行调查，除直接了解需求数量及结构外，还必须对诸多的影响因素进行调查。

2. 产业市场调查

产业市场的购买目的是生产出新的产品或进行商品转卖。产业市场是初级产品和中间产品的消费市场，涉及生产领域和流通领域。产业市场调查主要是对市场商品供应量、产品的经济寿命周期、商品流通渠道等方面的内容进行调查。

（二）全面调查和抽样调查

按调查对象的范围划分，市场调查可分为全面调查和抽样调查两种类型。

1. 全面调查

全面调查也称普查，是指对调查对象全体或对涉及市场问题的对象进行逐一的、普遍的、全面的调查。全面调查的优点是全面、精确，适用于取得调查总体的全面系统的总量资料，如我国的人口普查。然而，全面调查的缺点也十分明显，全面调查费时、费力、费资金，所以适合在被调查对象数量少，企业人力、财力、物力都比较雄厚时采用。

2. 抽样调查

抽样调查也称抽查，是指从目标总体中选取一定数量的样本作为调查对象进行调查。其特点是以较少的时间、费用，获得一定的调查结果，用以推测市场总体情况。抽样调查的样本少，调查者人数要求就少，时效性就得以提高，并且可以通过对调查者进行培训来提高调查的准确率。同时，抽样调查也是一种重要的调查方法，我们将在以后的任务中详细介绍。

（三）探索性调查、描述性调查、因果关系调查和预测性调查

按调查性质划分，市场调查可分为探索性调查、描述性调查、因果关系调查和预测性调查四种类型。

1. 探索性调查

探索性调查又称试探性调查或非正式调查，是指当调查的问题或范围不明确时所采用的一种方法。它主要是用来发现问题、寻找机会，解决“可以做什么”的问题。探索性调查一般采用文献资料收集、小组座谈会或专家座谈会等调查方法。例如，企业发现最近一段时间某产品的销售量下降了，当具体原因不明时，企业只能采用探索性调查，在小范围内找一些专家、业务人员、用户等以座谈会的形式进行初步询问调查，或参考以往类似的调查资料发现问题所在，为进一步调查做准备。

2. 描述性调查

描述性调查是指进行事实资料的收集、整理，把市场的客观情况如实加以描述和反映。描述性调查通常会描述被调查者的人口统计学特征、习惯偏好和行为方式等。通过描述性调查来解决诸如

“是什么”的问题，它比探索性调查更深入、更细致。

3. 因果关系调查

因果关系调查是指为了了解市场各个因素之间的相互关联，进一步分析何为因、何为果的一种调查类型。其目的是要获取有关起因和结果之间联系的证据，用来解决诸如“为什么”的问题，即分析影响目标问题的各个因素之间的相互关系，并确定哪些因素起主导作用。

4. 预测性调查

预测性调查是指对未来市场的需求变化做出估计，属于市场预测的范围。所以，常用一些预测模型来进行定量分析。

上述四种调查类型是相互联系、逐步深入的。探索性调查主要是发现和提出问题；描述性调查主要是说明问题；因果关系调查主要是分析问题；预测性调查主要是估计问题发展的趋势。

（四）连续性调查、一次性调查和定期调查

按调查时间划分，市场调查可分为连续性调查、一次性调查和定期调查三种类型。

1. 连续性调查

连续性调查是指对所确定的调查内容接连不断地进行调查，以掌握其动态发展的状况。例如，定期统计报表就是我国定期取得统计资料的重要方式，它有国家统一规定的表格和要求，一般由上而下统一布置，然后由下而上提供统计资料。

2. 一次性调查

一次性调查是指针对企业当前所面临的问题，组织专项调查，以尽快找到解决问题方法的一种调查方式。企业的很多专项调查都属于一次性调查，如新产品命名调查、顾客满意度调查、市场营销组合调查、广告效果调查、竞争对手调查等。

3. 定期调查

定期调查是指企业针对市场情况或业务经营情况，每隔一定时期所进行的调查。这个时间是固定的，每次都是这个时间。

（五）文案调查、实地调查和网络调查

按收集资料的方法不同划分，市场调查可分为文案调查、实地调查和网络调查三种类型。

1. 文案调查

文案调查又称二手资料调查，是指对已公开发布的资料、信息加以收集、整理和分析的一种调查类型。其优点是简单、快速、节省经费；其缺点是缺乏时效性，即不一定适合当前的情况。

2. 实地调查

实地调查又称第一手资料调查，是指调查员直接向被调查者收集第一手资料，再加以整理和分析，写出调查报告。实地调查包括观察法、访问法和实验法等。实地调查所花费的人力、时间和费用较文案调查要大得多。

3. 网络调查

网络调查是指在互联网上针对特定营销环境进行简单调查设计、收集资料和初步分析的活动。网络调查分为两种方式：一种是利用互联网直接进行问卷调查等方式收集一手资料；另一种方式是利用互联网的媒体功能，从互联网上收集二手资料。

二、市场调查的内容

市场调查是企业营销活动的开始，又贯穿其全过程，那么，市场调查的内容究竟有哪些呢？市场调查的内容涵盖市场营销活动的整个过程，从识别市场机会、选择目标市场、制定营销策略到评价营销效果，都可能成为市场调查的对象。具体来讲，市场调查的内容主要包括市场环境调查、市场需求调查、市场营销活动调查和市场竞争调查，具体如图 1－3 所示。

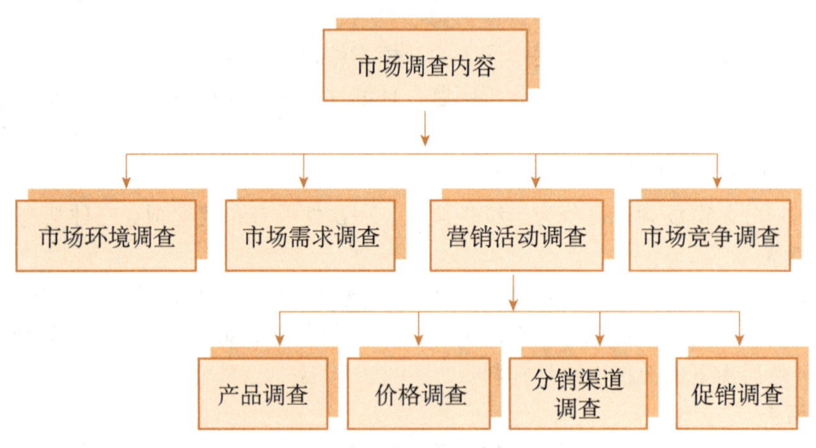

图 1－3　市场调查的内容

（一）市场环境调查

市场环境调查是指对影响企业生产经营活动的外部因素所进行的调查。它是从宏观上调查和把握企业运营的外部影响因素及产品的销售条件等。对企业而言，市场环境调查的内容基本上属于不可控制的因素，包括政治法律、经济技术、社会文化、人口和自然环境等，它们对所有企业的生产和经营都会产生巨大的影响。因此，每一个企业都必须对主要的环境因素及发展趋势进行深入细致的调查研究。

1. 政治法律环境

政治环境是指企业面临的外部政治形势、状况和制度，分为国内政治环境和国际政治环境。对国内政治环境的调查，主要是分析政府方针政策，政策的制定与调整及其对市场、企业产生的影响。法律环境的调查是分析研究国家和地区的各项法律、法规，尤其是其中的经济法规。随着买方市场的形成，消费者组织对企业营销活动的影响日益增强，企业管理者在市场活动中必须认真考虑消费者利益，为消费者提供良好的产品和服务。

2. 经济技术环境

经济环境是指企业面临的社会经济条件及其运行状况、发展趋势、产业结构、交通运输、资源等情况。经济环境是制约企业生存和发展的重要因素。经济环境调查具体包括：收入因素、消费支出、产业结构、经济增长率、货币供应量、银行利率、政府支出等因素，其中收入因素、消费结构对企业营销活动的影响较大。

企业技术环境是指随着科学技术的发展，商品的市场生命周期迅速缩短给企业经营带来的影响。新兴科技的发展、新兴产业的出现，可能给某些企业带来新的市场机会，也可能给某些企业带来环境威胁。

课堂思考：如果你是一家电子消费品制造企业的总经理，在进行经济技术环境调查时，你关心的问题主要有哪些？

3. 社会文化环境

文化是一个复杂的整体概念，它通常包括价值观念、信仰、兴趣、行为方式、社会群体及相互关系、生活习惯、文化传统和社会风俗等。文化使一个社会的规范、观念更为系统化，文化解释着一个社会的全部价值观和规范体系。在不同国家、民族和地区之间，文化的差别要比其他生理特征更为深刻，它决定着人们独特的生活方式和行为规范。

文化环境不仅建立了人们日常行为的准则，也形成了不同国家和地区市场消费者态度和购买动机的取向模式。社会文化环境调查对企业经营也至关重要。

4. 人口环境

人是构成市场的首要因素，哪里有人，哪里就产生消费需求，哪里就会形成市场。人口因素涉及人口总量、地理分布、年龄结构、性别构成、人口素质等诸多方面，处于不同年龄段的人、处于不同地区的人，消费模式就不同。企业应重视对人口环境的研究，密切关注人口特征及其发展动向，及时调整营销策略以适应人口环境的变化。

5. 自然地理环境

一个国家和地区的自然地理条件与企业的经营活动密切相关，也是影响市场的重要环境因素。自然环境主要包括气候、季节、自然资源、地理位置等。一个国家和地区的海拔高度、温度、湿度等气候特征，影响着产品的功能与效果。人们的服装、食品也受气候的明显影响。地理因素也影响着人们的消费模式，还会对经济社会发展、民族性格产生复杂的影响。企业市场营销人员只有熟悉不同市场的自然地理环境差异，才能搞好市场营销。

国内运动品牌市场环境调查

2013年，曾经缔造快速增长神话的国内运动品牌陷入了前所未有的发展危机，在推出关店、裁人、降价等诸多“断臂疗伤”式措施后，行业也从欣欣向荣转瞬进入寒冬。据国内运动服装品牌2013年二季度订货会显示，包括安踏、特步、匹克在内的各家企业的订单额同比均出现了不同程度的下滑。其中，特步订单额下滑15%～20%，安踏同比下滑15%～25%，匹克下滑幅度更高，达20%～30%。

市场调查显示，本土运动服装品牌面临困境的原因主要是：一方面，2013年我国宏观经济走势较低迷，消费者购买力水平下滑，市场对运动服装的需求不振；另一方面，本土运动服装品牌注重规模扩张而忽视了品牌形象的提升，导致同质化竞争严重。我国本土运动品牌应该从粗放式发展道路转移至集约式发展道路上来，否则此困境还将长期持续。

评析：2013年以来，我国经济增速趋缓，市场环境的变化已经影响到运动品牌服装的销售。

（二）市场需求调查

消费者是市场活动的主体，是企业产品的最终购买者和服务对象。消费者市场调查是指在对市场环境研究的基础上，运用各种市场调查技术和方法，对消费群体通过认知、态度、动机、选择、决策、购买、使用等阶段实现自身愿望和需要的研究。消费者市场调查主要包括消费者需求调查、消费者购买行为调查以及消费者满意度调查三个方面。

1. 消费者需求调查

消费者需求调查的内容主要包括：消费者基本情况分析、具体特征、变动情况和发展趋势等，如对消费者的年龄、性别、文化程度、职业、婚姻状况、个人收入、家庭收入、是否独生子女等众多基本变量的了解与分析。通过对这些信息的收集，挖掘出消费者的潜在需求，帮助企业正确地进行产品定位和目标市场定位，减少企业在产品选择和市场选择上的失误。

2. 消费者购买行为调查

消费者购买行为调查的内容主要包括：使用和购买的产品类型、使用和购买的包装规格、使用和购买的频率、使用和购买的时间、使用和购买的地点、使用和购买的场合、使用和购买的数量、购买金额、使用方法等。通过分析消费者行为、动机及其影响因素，可作为企业产品市场定位以及营销决策的重要依据。

3. 消费者满意度调查

消费者满意度调查的内容主要包括：满意率、顾客忠诚度、顾客抱怨以及他人推荐率等重要评价指标。通过对这些信息的收集，考察消费者对企业产品和服务的满意程度。一般情况下，满意度调查是连续性的定量研究。

（三）营销活动调查

营销活动调查主要是指企业在营销活动各个环节上所进行的调查活动，主要涉及产品调查、价格调查、分销渠道调查和促销调查等几个方面的内容。

1. 产品调查

产品调查的内容主要包括：品牌忠诚度、品牌价值、包装、产品生命周期、新产品创意与构思、新产品市场前景、产品售后服务等。产品决策是市场营销中最重要的决策之一，其主要目的是为企业制定产品决策提供依据。

2. 价格调查

价格调查的内容主要包括：定价目标和定价方法、影响定价的因素、价格调整的策略、顾客对价格变化的反应等。

案例 1-5

56 美元购买 1956 年型汽车

1956 年，福特汽车公司生产了一种新型汽车，称作“1956 年型汽车”。这种汽车上市之后，竞争力很差，销路不畅，艾柯卡管理的地区销售情况更差。针对这种情形，他深入当地，了解居民的性格、情感、生活习惯以及当地的风土人情和经济状况；然后，它采取了一种新的销售办法：压低汽车的分期付款金额，凡购买1956年型汽车的顾客，先交总售价20%的现金，在以后的三年内，每月付款56美元，这样就大大地消除了顾客的疑虑及抗拒心理，也解决了顾客财力方面的困难。

评析：作为4P策略的一部分，产品价格策略也应建立在详细的市场调查基础之上。

3. 分销渠道调查

分销渠道调查的内容主要包括：分销渠道的结构和覆盖范围、渠道选择的效果、影响渠道设计的主要因素、经销商分布与关系处理、物流配送状况和模式以及窜货管理等。

4. 促销调查

促销调查的内容主要包括：广告、人员推销、销售促进和公共关系等调查，上述每一方面又包含了许多具体的内容。广告调查是促销调查中最重要、也是最常见的调查。它主要包括广告诉求调查、广告媒体调查和广告效果调查等。广告诉求调查就是调查广告对象的性别、年龄、收入状况、生活方式、购买习惯、文化程度、价值观念和审美意识等。广告媒体调查就是调查媒体的传播范围和、媒体被收听和收看情况、媒体的费用和使用条件，以及媒体的适用性和效果等。广告效果调查即调查广告受众、产品知名度、消费者态度、品牌使用习惯、购买欲望与行为等。

（四）市场竞争调查

市场竞争调查主要侧重于企业与竞争对手的比较研究。通过对成本和经营活动的比较，找出本企业的竞争优势，从而扬长避短、避实就虚地开展经营，提高企业的竞争能力。市场竞争调查的内容主要有两点：第一，对竞争形势的一般性调查。如不同企业的市场占有率、经营特征、竞争方式、同行业竞争结构和变化趋势等；第二，针对某一具体竞争对手的调查，如竞争对手的业务范围、资金状况、经营规模、人员构成、组织结构、产品品牌、性能、价格、经销渠道等。

任务资讯 1-4

分类市场调研可以提供的信息

市场需求调研能提供的信息包括：市场、细分市场的规模；能用于预测的市场趋势；品牌份额；顾客特征和购买动机；竞争对手的品牌份额。

促销调研能提供的信息包括：最恰当的促销方式；最有效的促销材料和手段；最适合的媒体；通过最有效的沟通方式实现促销目标。

产品调研能提供的信息包括：新产品开发的机会；产品的设计要求；与竞争对手相比较的优劣势；产品包装。

分销调研能提供的信息包括：合适的分销方式；合适的渠道成员；仓库和零售点的最佳位置。

销售调研能提供的信息包括：销售方法和销售技术；划分销售区域；合适的薪酬方式；销售培训要求。

三、市场调查的程序

市场调查的程序是指调查工作过程的阶段和步骤。市场调查工作应该遵循系统、科学的工作程序，才能提高工作效率，顺利完成调查任务。市场调查程序通常根据调查内容的繁简程度，调查时间、地点、预算、调查方式，以及调查人员的职业经验来确定。一般来说，根据调查活动中各项工作的自然顺序和逻辑关系，市场调查过程可分为调查准备、调查实施、资料整理和调查报告四个阶段，每个阶段又可分为若干具体步骤。市场调查程序如图 1－4 所示。

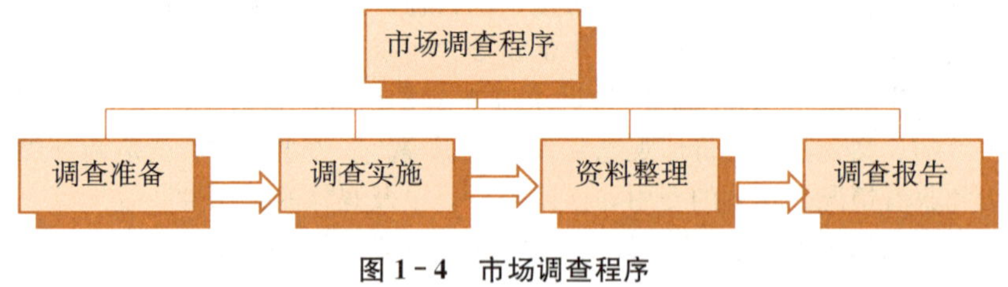

图 1－4　市场调查程序

（一）调查准备

市场调查准备阶段的主要工作就是确定调查目标、形成调查研究假设并确定需要获得的信息，主要解决调查目的、范围和调查力量的组织等问题，并制订出切实可行的调查计划。调查准备的主要工作具体包括以下内容。

1. 确定调查目标，拟定调查项目

这项工作解决为什么要进行调查、调查要了解什么问题、了解这些问题后有什么用处及应该收集哪些方面的信息资料等问题。

2. 确定收集资料的范围和方式

这项工作主要确定收集什么资料，向谁收集资料，在什么时间、什么地点收集资料，是实地调查收集第一手资料还是文案调查收集第二手资料，是一次性调查还是多次性调查，是普查还是抽查等问题。

3. 设计调查表和抽样方式

调查表或问卷应简明扼要、突出主题，抽样方式和样本量大小应满足调查的目的要求，也要便于统计分析。

4. 制订调查计划

调查计划应包括采用什么调查方法、人员如何安排、如何分工协作、调查工作的进度以及调查费用的预算等。在有些情况下，需要编写成市场调查项目建议书供企业审阅。

重要概念 1－3　市场调查项目建议书

市场调查项目建议书是指调查人员通过对调查项目、方式、资料来源及经费预算等内容的确定，按所列项目向企业提出调查建议，对调查过程进行简要说明，供企业管理人员审阅。市场调查项目建议书完全是从调研者的角度出发对调查过程的说明，但由于要提供给企业，一般内容都比较简明、易懂。

（二）调查实施

调查实施阶段就是收集相关的信息资料，包括与市场、竞争对手、经济形势、政策与法律等方面相关的信息资料。收集资料阶段主要是进行实地调查活动。实地调查即调查人员按计划规定的时间、地点及方法具体地收集有关资料，不仅要收集第二手资料，而且要收集第一手资料。实地调查的质量取决于调查人员的素质、责任心和组织管理的科学性。这是调查工作的一个非常重要的阶段。组织实地调查要做好以下两方面的工作。

1. 市场调查项目管理

实地调查是一项较为复杂、烦琐的工作。要按照事先划定的调查区域确定每个区域调查样本的数量、调查员的人数、每位调查员应访问样本的数量及访问路线；明确调查员的工作任务和工作职责，做到工作任务落实到位，工作目标、责任明确。

2. 市场调查人员管理

调查项目领导组成员要及时掌握实地调查的工作进度，协调好各个调查员的工作进度；要及时了解调查员在访问中遇到的问题并帮助解决，对于调查中遇到的共性问题提出统一的解决办法。要做到每天调查结束后，调查员首先对填写的调查问卷进行自查，然后由督导员对调查问卷进行检查，找出存在的问题，以便在后面的调查中及时改进。

案例 1-6

番茄酱的失败

美国的一家公司在得知日本市场上买不到番茄酱后，就向日本运进了大量的畅销品牌的番茄酱。然而，这一营销举措最终失败了。不幸的是，该公司仍没有弄明白为什么在日本没有能够将番茄酱销售出去。

事实上，进行一次市场调查就会获知番茄酱滞销的原因：在日本，黄豆酱才是最受欢迎的调味品。

评析：市场调查不应该是想当然的，必须脚踏实地，认真收集市场信息，才可能做出科学的营销决策。

（三）资料整理

实地调查结束后，即进入调查资料的整理和分析阶段，收集好已填写的调查问卷后，由调查人员对调查问卷进行逐份检查，剔除不合格的调查问卷，然后将合格的调查问卷统一编号，以便于调查数据的统计。资料整理主要是对所获得的原始信息资料进行加工编辑、审核、订正、分类汇总、加工整理，并依据一定的统计方法进行技术分析和数据处理。在加工编辑之前，要对获得的资料进行评定，剔除误差，保证信息资料的真实性和可靠性。如果发现不足或存在问题，应及时拟定再调查提纲，进行补充调查，以保证调查结果的完整性和准确性。调查数据的统计可利用 Excel 软件完成。将调查数据输入计算机，经 Excel 软件运行后，即可获得已列成表格的大量的统计数据。利用统计结果，即可按照调查目的的要求，针对调查内容进行全面的分析工作。

（四）调查报告

市场调查的最后阶段是根据整理后的调查资料进行分析论证，得出结论，然后撰写市场调查报告，并在调查报告中提出若干建议方案，供企业在决策时参考。

撰写调查报告是市场调查的最后一项工作内容，市场调查工作的成果将体现在最后的调查报告中，调查报告将提交给企业决策者，作为企业制定市场营销策略的依据。市场调查报告要按照规范的格式撰写。一个完整的市场调查报告由题目、目录、概要、正文、结论和建议、附件等组成。报告的写作应力求语言简练、明确、易于理解，内容讲求适用性，并配以图表进行说明。如果是技术性的报告，因其读者大多数是专业人员或专家，因此，要力求推理严密，并提供详细的技术资料及资料来源说明，注重报告的技术性，以增强说服力。在提出了调查的结论和建议后，不能认为调查过程就此完结，而应继续了解其结论是否被重视和采纳、采纳的程度和采纳后的实际效果以及调查结论与市场发展是否一致等，以便积累经验，不断改进和提高调查工作的质量。

课堂测评

测评要素	表现要求	已达要求	未达要求
知识点	能了解市场调查的类型、内容		
技能点	能初步认识市场调查的工作程序		
任务内容整体认识程度	能概述并认识市场调查工作		
与职业实践的联系程度	能描述市场调查实际业务		
其他	能联系其他课程、职业活动等		

任务1小结

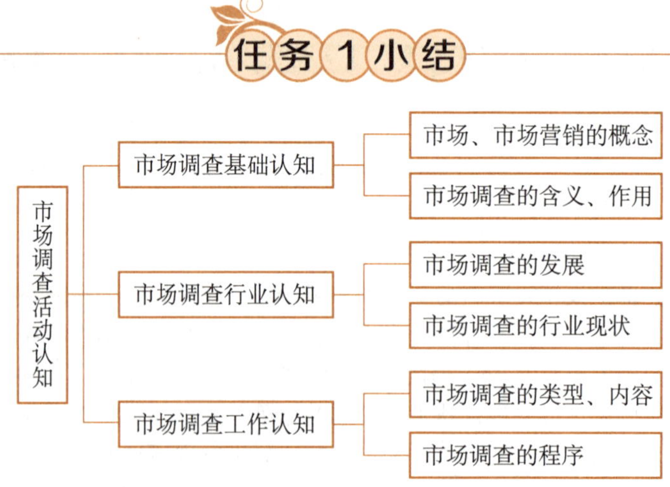

教学做一体化训练

重要概念

市场信息　市场调查　市场调查项目建议书

课后自测

□单项选择

1. 在市场营销体系中，企业将商品、服务以及(　　)传递给市场。

A. 市场信息　B. 营销信息　C. 供需信息　D. 需求信息

2. 市场调查活动的科学性主要是指(　　)。

A. 调查必须采用科学的方法　B. 调查必须获取科学的调查结论

C. 调查必须具有关联性　D. 调查必须具有针对性

3. 市场调查是企业市场营销活动的(　　)。

A. 起点　B. 终点　C. 中间环节　D. 边缘工作

4. 市场调查的出现与(　　)密切相关。

A. 市场经济的发展　B. 计划经济的发展　C. 政府推动　D. 企业自发行动

5. 我国市场调查行业出现于(　　)。

A. 20 世纪 50 年代　B. 20 世纪 80 年代中期　C. 20 世纪 90 年代　D. 21 世纪初

6. 大数据主要是指(　　)。

A. 数据的体积较大　B. 数据的来源多样，数量与形式庞杂

C. 大写的数据　D. 许多企业的数据

□多项选择

1. 你在购买笔记本电脑前，会进行哪些市场调研活动？(　　)。

A. 上网查询相关信息　B. 电话咨询厂家　C. 请教同学或朋友　D. 去商场看样品

2. 只有通过对与市场营销有关的信息进行系统的(　　)，才能形成特定的市场营销决策。

A. 收集　B. 记录　C. 整理　D. 分析

3. 市场调查在营销管理活动中的作用是(　　)。

A. 营销管理活动的起点　B. 能够帮助企业留住现有顾客

C. 可以使企业随时了解市场行情　D. 可以为企业产品质量改进提供参考意见

4. 按调查性质划分，市场调查的类型有(　　)。

A. 探索性调查　B. 描述性调查　C. 因果关系调查　D. 预测性调查

5. 市场调查的内容主要包括(　　)。

A. 市场环境调查　B. 市场需求调查　C. 市场营销活动调查　D. 竞争者调查

6. 市场调查过程可分为(　　)等几个阶段。

A. 调查准备　B. 调查实施　C. 资料整理　D. 调查报告

□判断

1. 市场调查与市场营销有时可以互相替代。(　　)
2. 在国外，将市场调查和市场预测活动统称为市场调研。(　　)
3. 市场调查获得的大量信息资料是企业经营决策的重要依据。(　　)
4. 在实践中，市场调查就是对市场营销的所有问题笼统、盲目地进行调查。(　　)
5. 市场调查活动是随着市场经济的产生和发展而出现的。(　　)
6. 市场调查中的重点调查耗费较多、时间较长，且不能及时提供必要的资料。(　　)

□简答

1. 简述市场调查的含义。
2. 简述市场调查的作用。
3. 市场调查有哪些主要分类?
4. 简要概括我国市场调查行业的发展状况。
5. 为什么说我国的市场调查前景广阔?
6. 结合实践，谈谈我国的市场调查所面临的问题。

案例分析

市场调查帮助王永庆立业

台湾著名企业家王永庆早年因家境贫寒读不起书，只好去做买卖以补贴家用。16 岁时，他在嘉义开了一家米店，当时小小的嘉义已有米店近 30 家，竞争非常激烈。当时仅有 200 元资金的王永庆只能在一条偏僻的巷子里租了一个小铺面。由于他的米店开办最晚，规模又小，更谈不上知名度，所以没有任何竞争优势。在刚开张的日子里，米店的生意很冷清。当时，一些老字号分别占据了周围较大的市场，而王永庆的米店因规模小、资金少，没法做大宗买卖；而专门搞零售呢？那些地段好的老字号米店在经营批发的同时，也兼做零售，没有人愿意到他这个地段偏僻的米店来买米。王永庆曾背着米挨家挨户去推销，但效果也不太好。

王永庆感觉到要想让自己的米店在市场上立足，就必须有一些别人没做到或做不到的优势才行。经过仔细的调查之后，王永庆很快从提高米的质量和服务上找到了突破口。

20 世纪 30 年代的台湾，农村还处在手工作业状态，稻谷收割与加工的技术很落后，稻谷收割后都是晒在马路上，然后脱粒，沙子、小石子之类的杂物很容易掺杂在米里面。在做米饭之前，都要经过一道淘米的程序，但是这些沙子、小石子很难被彻底清除掉，吃饭时总硌牙，经常有人因此而抱怨，连大的米店里卖的米也是如此。

王永庆从顾客的抱怨中找到了自己应该改进产品质量的信息。他带领两个弟弟一起动手将夹杂在米里的杂物拣出来，然后再出售。这样，王永庆米店所卖的米的质量显然就要高一个档次，因而深受顾客好评，米店的生意也日渐红火起来。

此时，王永庆又将目光投向了别处。20 世纪 30 年代，电话在台湾还没有普及，没有现在的电话订购，大部分人买米都是自己到街上的米店去买，自己运送回家。有顾客反映，由于平时太忙，自己在煮饭时才发现米已经没有了，只好饿着肚子再去米店买米回家；经过长时间观察，王永庆还发现，一些家庭由于年轻人整天忙于生计，且工作时间很长，不方便前来买米，买米的任务只能由老年人来承担。对于一些上了年纪的老年人，非常不便；另外，就米店而言，要等客人上门才有生意做，太被动了。王永庆注意到了这些情况，于是他决定打破常规，主动送货上门。这一方便顾客的服务措施大受欢迎。当时还没有送货上门一说，增加这一服务项目等于是一项创举。王永庆米店的生意更加红火了。

但是，王永庆并不因此满足，他将目光又一次投向了更加精细的服务。即使是在今天，送货上门充其量是将货物送到客户家里并根据需要放到相应的位置就算完事。那么，王永庆是怎样做的呢？

每次给新顾客送米，王永庆就拿出随身携带的小本细心地记下这户人家米缸的容量，并且问明这家有多少人吃饭，有多少大人、多少小孩，每人饭量如何，依据这些资料大致估计该户人家下次买米的时间，到了这个时间段，不等顾客上门，他就主动将相应数量的米送到客户家里。

在送米的过程中，王永庆还了解到，当地居民大多数家庭都以打工为生，生活并不富裕，许多家庭还未到发薪日时就已经囊中羞涩。由于王永庆是主动送货上门的，要货到付款，有时碰上顾客手头紧，弄得大家都很尴尬。为解决这一问题，王永庆采取按时送米，约定到发薪之日再上门收钱的办法，极大地方便了顾客。

有了知名度后，王永庆的生意很快红火起来。这样，经过一年多的资金积累和客户积累，王永庆便自己开办了一家碾米厂，在临街处租了一间比原来大好几倍的房子，临街的一面用来做铺面，里间用作碾米厂。就这样，王永庆从小小的米店生意开始了他后来问鼎台湾首富的事业。

资料来源：汪中求.细节决定成败[M].北京：新华出版社，2004.

阅读材料，回答以下问题：

1. 王永庆的米店为什么能够成功？王永庆如何通过市场调查留住了顾客？

2. 本案例对大型企业的营销管理有什么启示？

同步实训

□实训 1　市场调查观察

实训目的：认识市场调查的经济意义。

实训内容：(1) 列举自己生活中的调查事例；(2) 讨论一个企业市场调查案例并写出报告。

实训组织：学生分小组，列举较为典型的日常生活调查活动，并写出书面的观察结论报告。

实训总结：学生小组交流不同的观察结果，教师根据观察报告、PPT 演示、讨论分享中的表现分别对每组进行评价打分。

□实训 2　市场调查认知

实训目的：通过实训演练与操作，初步认识市场调查工作。

实训内容：(1) 仔细观察自己所熟悉的商家（场），分析它们是如何进行市场调查的？(2) 由教师设定题目，走访大型的购物中心或超市，分析市场调查对其日常经营活动的影响。

实训组织：学生分小组，观察不同行业的企业调查活动，并写出书面的观察结论报告。

实训总结：学生小组交流不同行业的观察结果，教师根据观察报告、PPT 演示、讨论分享中的表现分别对每组进行评价打分。

□实训 3　市场调查行业认知

实训目的：通过实训演练与操作，初步认识市场调查行业。

实训内容：(1) 教师引领学生参观访问实训基地企业市场研究部门，了解其工作内容；(2) 教师引领学生参观访问社会专业市场调查公司，了解其工作内容与方式。

实训组织：学生分小组，观察企业调查活动，并写出书面的观察结论报告。

实训总结：学生小组交流观察结果，教师根据观察报告、PPT 演示、讨论分享中的表现分别对每组进行评价打分。

学生自我学习总结

通过任务 1 的学习，我能做如下总结：

一、主要知识点

从任务 1 中，我获取的知识点有：

（1）

（2）

二、主要技能

从任务 1 中，我获取的技能有：

（1）

（2）

三、主要原理

市场调查在市场营销决策中的地位与作用是：

（1）

（2）

四、相关知识点

任务 1 涉及的主要知识点有：

（1）市场调查与市场的关系是：

（2）市场调查与市场营销的关系是：

（3）市场调查行业发展状况是：

五、学习成果检验

完成任务 1 学习的成果：

（1）完成任务 1 学习的意义有：

（2）我学到的知识有：

（3）我学到的技能有：

（4）我对市场调查的初步印象是：

任务 2

市场调查活动准备

知识目标

(1) 认识市场调查机构。
(2) 认识市场调查从业人员。
(3) 认识市场调查机构的选择。
(4) 认知市场调查的目标。

能力目标

(1) 能体会市场调查人员道德要求。
(2) 能说明不同市场调查项目的接洽过程。
(3) 能结合实际初步确定市场调查目标。

任务描述

市场调查活动是一项系统性的工作，项目一旦启动，具体工作内容千头万绪。因此，市场调查的准备工作的好坏关系到整个活动能否顺利进行。

市场调查活动准备工作主要包括人员准备、市场调查项目确定、市场调查目标确立。在此基础上，市场调查机构要根据企业市场调查项目委托的要求，开始为市场调查整体工作的设计做准备。

任务解析

根据市场调查职业工作活动顺序和职业能力分担原则，“市场调查活动准备”学习任务可以分解为以下子任务。

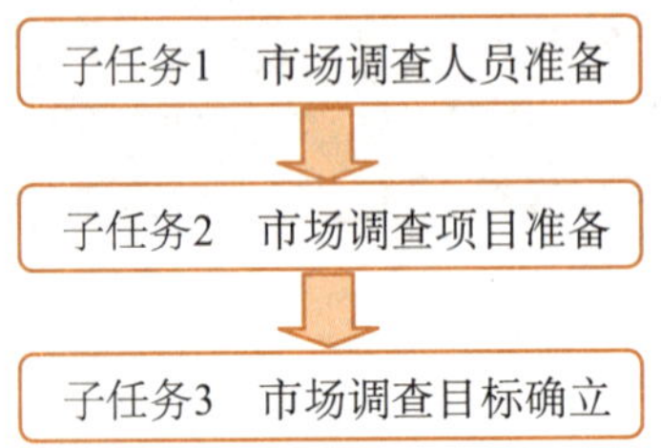

调查故事

历史上，日本汽车制造企业为了将产品打入美国市场可谓费尽心机。1957 年，丰田汽车开始出口美国。最初几天的热烈反应掩盖了日本人对美国市场的不了解：这些丰田车在日本狭窄多弯的马路上跑起来性能表现优异，可是，一旦在美国的高速公路上时速超过 80 千米，发动机就开始抖动，功率急剧下降；车内设计也不符合美国人的生活习惯等。

在以后的三年间，丰田汽车在美国市场的销量急剧下降，丰田公司被迫暂停向美国出口轿车。时隔不久，一位衣冠楚楚的日本人来到纽约，以学英语为名，住进了一个普通的美国家庭。在每天的生活中，他除了学习以外，每天都在做笔记，美国人居家生活的种种细节，包括吃什么食物、看什么电视节目等，全在他的记录之列。

三个月后，那位日本人走了。没过多久，丰田公司就推出了针对当时美国家庭需求而设计的价廉物美的旅行车。该车在每一个细节上都考虑了美国人的需要，如美国男士（特别是年轻人）喜欢喝玻璃瓶装饮料而非纸盒装的饮料，日本设计师就专门在车内设计了能冷藏并能安全放置玻璃瓶的柜子。直到该车在美国市场推出时，丰田公司才在报上刊登了它们对美国家庭的调查报告，并向那户人家致歉，同时表示感谢。正是通过这样细致的调研工作，丰田公司很快掌握了美国汽车市场的情况。此后十年，丰田汽车在美国的市场份额进一步扩大，1980 年，丰田汽车在美国的销售量达到 58 000 多辆，占美国进口汽车总额的 25%。

感悟：经过充分准备的市场调查活动才能取得良好的效果。显然，丰田汽车公司正是通过潜心研究美国市场，抓住了汽车滞销的症结，重新对汽车进行了设计并取得了成功。通过任务 2 的学习，你能否发现确定市场调查目标在调查活动中的意义呢？

子任务 1

市场调查人员准备

任务提示： 认识市场调查人员，特别是从职业的角度认识市场调查业务活动中会有哪些专业人员，这些人员归属于哪些机构，有哪些素质要求，这也是市场调查活动准备首先要考虑的问题。

在企业经营管理活动中，市场调查业务活动一般会采取两种方式进行：第一，由企业内部市场研究部门自行组织人员进行调查；第二，将市场调查业务部分或全部委托给社会上专业的市场调查公司进行。

从市场调查工作流程的规范性与专业性来讲，社会上的专业市场调查公司显然要优于企业内部的市场研究部门，同时，专业市场调查公司是以第三方的视角去研究市场，得出的结论更加客观。一般情况下，企业内设的市场研究部门通常会完成一些小型、常规的市场调查业务，而一些大型、综合的市场调查业务通常会聘请社会专业市场调查机构来完成。与之相对应的是，企业需要付给社会市场调查机构一定的服务费用。

改革开放以来，我国的市场调查行业经历了从无到有、快速发展的过程。2001 年 4 月，中国信息协会市场研究分会（China Marketing Research Association，CMRA）在广州宣告成立，被认为是我国市场调查行业发展的里程碑。从此以后，市场调查行业有了自己合法的组织，并与国际同行开始了广泛的合作与交流。目前，市场调查机构和人员已经呈现出专业化、多元化、产品化和实用化等趋势，从已经开展的市场调查业务来看，其范围之广、内容之细，已大大超出人们的想象。

一、市场调查机构

随着我国社会主义市场经济的发展，市场调查工作日益受到重视，很多企业都在内部设有自己的市场调查机构，如市场部或开发部，也聘请专业的调查公司、咨询公司做顾问。当企业觉得有必要时，还可以聘请企业外部的专业性市场调查机构来进行市场调查。于是，专业的市场调查公司也逐渐增多，形成了众多市场调查（咨询）公司群雄逐鹿的局面。因此，我们提及市场调查主体时，一般意味着两种类型：企业自身市场研究机构与社会专业市场调查机构。基于业务活动的典型性，本书主要介绍后者。

重要概念 2-1 市场调查机构

市场调查机构是指受企业委托，专门从事市场调查的单位或组织。在我国，企业外部的市场调查机构主要有以下一些类型：各级政府统计组织建立的调查机构，新闻单位、大学和研究机关的调查机构，外资调查机构，民营调查机构。

(一) 市场调查机构的类型

在我国，社会上专业的市场调查机构主要有以下几种类型。

1. 各级政府部门调查机构

我国最大的市场调查机构为国家统计部门，国家统计局、各级统计主管部门和地方统计机构通过统计报表和专业调查队伍专门调查等手段收集和管理市场调查资料，便于企业了解市场环境变化及发展，指导企业的微观经营活动。国家统计局在对从事涉外调查的机构进行资格认定等方面进行管理的同时，还设有调查处、研究室和情报所，负责组织城市、农村基本情况信息收集。

2. 学术型调查机构

新闻单位、高校、科研院所的学术型调查机构也都开展独立的市场调查活动，定期或不定期地收集和发布一些市场信息。国内学术型市场调查机构主要集中于高校，高校市场调查做得比较好的有中国传媒大学和中山大学等。

3. 外资调查机构

外资市场调查与咨询公司，如盖洛普、AC尼尔森、国际市场研究集团（Research International，RI）等，直接服务于大型跨国公司，同时为中国的市场潜力所吸引。由海外总部承接全球性的委托单实施中国市场调查，是外资市场调查与咨询公司的重要客户来源。

4. 民营调查机构

此类市场调查与咨询公司大多为管理者以股份制的方式创办，投资人和经营人一体化。比较成规模的有华南、零点、勺海等。民营调查机构反应迅速、服务意识较强；民营调查机构一般采用项目主任负责制，即除了统计分析等技术性很强的环节外，一个项目从设计到报告撰写都由一位研究人员负责，这样有利于最大限度地激发个人的积极性和责任心，但也使调查项目的质量与项目主持人的个人素质密切相关。民营调查机构能够满足客户的特别需要，对于某些难度较大的调查项目，民营公司往往比外资调查机构、政府部门调查公司做得更好，因为它获得信息的手段较前两类公司要灵活得多。

任务资讯 2-1

零点调查

零点调查（零点研究咨询集团）成立于1992年，其业务范围为市场调查、民意测验、政策性调查和内部管理调查。零点调查接受海内外企事业单位、政府机构和非政府机构的委托，独立完成各类定量与定性研究课题。零点调查是广为受访对象、客户和公众所知的专业服务品牌。多年的发展经验使该公司更了解客户的需求，从而能为客户提供更有针对性的服务。其业务项目有数千项，涉及食品、饮料、医药、个人护理用品、服装、家电、IT、金融保险、媒体、房地产、建材、汽车、商业服务、娱乐、旅游等三十多个行业。“HORIZON”（零点）为受中国法律与《马德里国际公约》保护的国际注册服务商标。

(二)市场调查机构职业道德要求

专业市场调查机构在接受企业委托，开展业务活动的同时，应注意树立良好的信誉，尤其要遵守如下职业道德规范。

1. 维护委托人利益

维护委托人利益主要包括：(1) 保持受委托的关系，永远寻求并保护委托人的利益；(2) 将所有调查信息包括处理过程和结果看作委托人独有的财产；(3) 在发布、出版或使用任何调查信息或数据之前，必须获得委托人的允许或批准；(4) 拒绝与那些希望调查发生偏差以得到某些不当利益的委托人发生任何联系，拒绝接受这类委托人的项目委托；(5) 固守调查研究的科学标准，并且不隐瞒任何事实真相。

课堂思考：为什么要求市场调查机构必须维护委托人的利益？违反职业道德要求会出现哪些情形？

2. 保护被调查者隐私

保护被调查者隐私主要包括：(1) 保护被调查者的隐私权和匿名权，事先承诺不暴露他们的身份；(2) 绝不允许委托人去识别调查者的身份以报复那些作反向回答的人；(3) 除非被调查者知道在参加之前要先与他们接触，否则不能要求他们说出自己的身份；(4) 认识到拒绝调查者或他人识别委托人的身份在适当时候是合法的。

二、市场调查人员

市场调查人员是指为本组织或受托为其他组织从事市场调查、市场研究、信息分析及相关活动的人员，如市场专员、市场调查员、市场调查分析师等。市场调查人员是调查工作的主体，其数量和质量直接决定着市场调查的结果。随着全球一体化和市场经济的不断完善，市场调查分析作为一项技能或职业越来越受到社会的关注。

(一)市场调查人员的基本素质

市场调查也和其他工作一样，承担具体工作的“人”的素质会对工作的效果产生直接的影响。作为一名优秀的市场调查人员，应该具备相应的品德、业务、心理和身体素质，具体表现在以下三个方面。

1. 思想品德素质

一个具有良好的思想品德素质的调查人员，应该能够做到以下几点：(1) 熟悉国家现行的有关方针、政策和法规，具有强烈的社会责任感和事业心；(2) 具有较高的职业道德修养；(3) 工作认真细致，在调查工作中具有敏锐的观察能力，不放过任何有价值的资料；(4) 谦虚谨慎、平易近人，容易得到被调查对象的配合，从而能够获得真实的信息。

2. 业务素质

业务素质主要包括：(1) 阅读能力，即理解问卷的意思，能够没有停顿地传达问卷中的提问项目和回答项目；(2) 表达能力，即调查人员在调查过程中能够将要询问的问题表达清楚；(3) 观察能力，即具有敏锐的观察能力，判断被调查者回答的真实性；(4) 书写能力，即能够准确、快速地将被调查者的回答记录下来；（5）应变能力，即市场调查人员要能够随机应变，适应不同类型的人的特点。

3. 心理和身体素质

拥有健康的体魄，是做好一件事的基础，市场调查工作也不例外。在市场调查活动中，实地访问，资料的归纳、整理、计算等工作都需要有良好的心理和身体素质，这样才能保持良好的工作状态，以应付各种类型的受访对象，机智灵活地处理各种各样的随机事件。

（二）市场调查人员的知识要求

市场调查整个工作过程涵盖了统计、经济、管理、心理学等多方面的知识，从个人知识要求看，主要集中在以下几个方面。

1. 市场营销知识

市场调查是营销工作的起点，最终目的是使营销效果更加明显，因此，市场调查人员需要具备基本的市场营销知识，包括商品学、消费心理学、企业可能采用的营销技巧等。只有这样，才能使调查活动有的放矢。

2. 市场调查知识

市场调查人员必须掌握调查工具，熟悉调查程序、调查手段等，只有这样，市场调查人员才能在业务活动中处理各种可能出现的问题。如设计方法无法运用时选用替代方法收集信息资料。

3. 管理学知识

市场营销不仅仅是企业营销部门的工作，同时还和整个企业管理层息息相关，市场调查也应该关注企业管理方面。企业所有的人事变动、财务运行、企业发展战略等透露的信息都是市场调查人员要关注的焦点，而这一切都是以企业管理为基础。一个市场调查人员只有了解企业管理的精髓，才可能了解自己的企业和竞争对手的企业的运转状况和运转方式及原因，并做客观分析。

4. 行业知识

市场调查是针对行业进行的，隔行如隔山，即使是经验再丰富、资历再深的调查人员也不可能了解所有的行业。作为调查分析师，通常情况下，必须至少长期关注一个行业的发展动态，做到知己知彼，才能在调查活动中少走弯路。

任务资讯 2-2

2013 年中国市场调研公司前十强

（1）益普索（中国）市场研究公司。益普索（Ipsos）是全球领先的市场研究集团，于 2000 年进入中国，在上海、北京、广州、成都、武汉 5 个城市设有办公室，拥有专业人员约 1 500 名，营业额超过 10 亿元人民币。服务范围覆盖了快速消费品、金融、汽车、IT、电信、医药保健等众多行业。

（2）北京特恩斯市场研究咨询有限公司（TNS 中国）。TNS 是 Kantar 集团的一员，Kantar 集团是全球最大的洞察、信息和咨询集团之一。专长领域包括：汽车、消费者零售指数研究与定制化的消费者研究、金融、科技。

（3）CTR 市场研究公司。它是中国领先的市场研究公司，其服务方向为：消费者固定样组、个案、媒介与产品消费形态、媒介策略、媒体广告及新闻监测。

(4) 上海尼尔森市场研究有限公司。该公司提供全球领先的市场资讯、媒介资讯、在线研究、移动媒体监测、商业展览服务以及商业出版资讯。

(5) 零点研究咨询集团。它于 1992 年成立，以民意调查起家，在中国国内拥有较高的知名度。其业务主要定位在消费者研究、品牌研究、评估性研究、产品与营销研究四大研究领域。

(6) 艾瑞咨询集团。它成立于 2002 年，公司总部在上海。专长领域主要是为行业公司提供咨询服务、网络用户行为研究、网络广告监测分析等，并通过各类年会和搭建媒体网站平台，为业内专业人士提供更多的交流和沟通的平台，促进行业经济的发展。

(7) 慧聪研究。它成立于 1993 年，是中国大陆最早的市场研究机构之一。2010 年以来，以满意度研究、产品研究、渠道建设为主打产品，以行业研究为特色，覆盖 ICT 产品整个生命周期。

(8) 达闻通用市场研究有限公司。它成立于 1998 年，是一家以品牌整合研究为主的科学创新型市场研究公司。达闻通用提供以品牌整合研究为核心的新产品及新市场研究、品牌定位及广告传播研究、零售及购物体验研究、满意度提升及舆论研究等研究咨询服务。

(9) 捷孚凯市场研究集团。它是全球前四大市场研究公司之一，于 1993 年进入中国市场。专长领域为零售监测。其零售监测覆盖科技产品、家居产品、光学产品（眼镜、镜片等）、汽车用品、运动产品等产品领域。

(10) 英德知联恒市场咨询（上海）有限公司。它成立于 2011 年 3 月，由英德知市场咨询（上海）有限公司（2002 年成立）和上海联恒市场研究有限公司（1997 年成立）合并组成。主要业务为快速消费品、汽车、医药、IT 等。研究方法有专项研究、网络调查、零售研究等。

课堂测评

测评要素	表现要求	已达要求	未达要求
知识点	能掌握市场调查机构的含义		
技能点	能初步认识市场调查人员的素质要求		
任务内容整体认识程度	能概述并认识市场调查机构的类型		
与职业实践的联系程度	能描述市场调查人员的职业要求		
其他	能联系其他课程、职业活动等		

子任务 2

市场调查项目准备

任务提示：认识市场调查项目来源，特别是从职业的角度认识市场调查活动中的调查项目从何而来，市场调查服务中的需方与供方是如何接洽并形成业务委托关系的。

在激烈的市场竞争中，一个企业发现日常营销活动出现了问题，或者是感觉现有营销策略需要改进，此时，市场调查的需求就可能出现。如果是小型项目，企业内部的市场研究人员即可完成；如果是大型项目，则需要考虑委托企业外部专业市场调查机构来进行。这时，市场调查项目准备活动主要就是企业和专业市场调查公司进行接洽，商谈项目合作事宜。

市场调查项目准备包括两个方面：第一，企业从自身需求角度选择专业的市场调查公司；第二，市场调查公司作为调查服务的提供方，主动向企业承揽市场调查业务。

一、企业选择市场调查公司

当企业自身市场调查力量薄弱，或对有效实施市场调查感到力不从心时，可以考虑借助企业外部的专业性市场调查机构来进行市场调查。此时，就涉及对社会上的市场调查机构进行选择的问题。

（一）发布市场调查信息

为了正确选择调查公司并保证调查效果，有市场调查需求的企业一般会通过招标或其他形式，向社会上多个调查机构发布有关市场调查信息，并主动与外部专业调查机构沟通，希望调查机构提供具体的调查服务。

在这一阶段，企业要对自己经营活动中遇到的困难有明确的认识，同时需要了解哪些信息是自己已经有的，哪些信息需要外力帮助和支持，这些信息能够有针对性地解决哪些问题，只有明确了方向、目标和需求之后，与市场调查机构才能有良好的沟通。如目前本企业面临的环境和需要进行调查的问题；本次调查结果的用途；是短期聘用调查公司还是长期合作的业务外包；在调查时间上有何要求，提交调查报告的最后期限是什么时候；调查预算为多少；调查资料是归企业独家享用还是与调查机构共享；等等，并据此做出委托调查计划，用来与市场调查机构进行洽谈。企业为了使各个专业调查公司进一步了解本公司面临的问题，还应向其提供有关资料和调查建议。

重要概念 2-2　市场调查业务外包

市场调查业务外包是指企业通过签署协议，将其一部分市场调查业务对外承包，在较长一段时间内，利用外部专业团队来承接其业务，从而达到降低成本、提高效率、增强企业竞争力和适应环境变化的一种管理模式。

（二）选择市场调查机构

不同市场调查机构的行业领域、专业特长各有不同。企业在选择市场调查机构时，必须了解和考虑以下几个方面的因素：

（1）调查机构的名录。了解社会上有哪些专业市场调查机构、如何与这些机构取得联系。

（2）调查机构的信誉。调查了解专业调查机构在业界的声誉和知名度、其职业道德及对公正原则的遵守情况、限期完成工作的能力等。

（3）调查机构的业务能力。业务能力是指调查机构内专业人员实务能力的高低，包括能否提供有价值的资讯，是否具备创新观念、系统观念、营销观念和观念沟通能力。

（4）调查机构的经验。调查机构的经验包括调查机构创建时间的长短、主要工作人员的服务年限、已完成的市场调查项目性质及工作范围等。

（5）市场调查机构的硬件和软件条件。市场调查机构的硬件条件包括信息收集、整理和传递工具的现代化程度；软件条件包括调查人员的素质及配备情况。

（6）调查机构收费的合理性。这包括调查机构的收费标准和从事本项调查的费用预算等。但是，最便宜的不一定是最好的。在招聘调查公司时既要比较价格，也要比较质量，这样才能得到有竞争力的投标。

对于委托调查的企业来讲，一旦委托调查机构进行市场调查后，应给予信任和授权，并提供充分的协助，以使调查活动能够顺利进行。由于大多数调查公司对各种专业内容并非十分了解，企业人员应拿出大量的时间和精力协助专业调查公司进行配合。在聘请外部调查公司协助进行调查时，要与该公司的人员建立相互协作的关系。企业营销人员除了应向调查人员提供本行业的基本信息外，还应有专人密切关注调查工作的每一个步骤。只有在有效协作的基础上，调查工作才会取得圆满成功。

二、调查机构与企业接洽

目前，社会上有许多专业市场调查公司，它们之间存在竞争关系。为了拓展业务，这些公司也需要向社会上各种类型的企业承揽相关市场调查业务。

市场调查公司向企业承揽市场调查业务一般要经过初步接洽、获取项目背景信息、编写市场调查建议书、签订市场调查合同等环节。

（一）与企业进行初步接洽

一般来说，成立早、经营时间较长的市场调查公司都会有一些相对固定的企业客户。调查公司会根据自己掌握的信息和对后续调查事宜跟进的结果，经常会定期不定期地向这些企业提供市场咨询服务。如果是新设立或固定客户较少的市场调查公司，则需要进一步拓展业务。拓展业务首选的方式就是通过电话或传真、登门拜访等方式，向一些目标企业推介自己。

1. 通信方式接洽

市场调查公司公关部门通常会通过工商注册登记或行业协会资料获取一些目标企业的联系方式，通过电话或电子邮件向客户企业推介自己。

一个比较完整的公司简介一般包括以下内容：公司名称、经营范围、经营方式、经营历史、地址、电话、传真、网址、电子邮箱等。市场调查公司工作人员在向潜在客户企业推介自己的公司时，应做到尽量不遗漏。

2. 登门拜访企业主管

经过初步的电话联系后，调查公司工作人员可以与目标企业的管理人员预约会见时间，以便登门拜访。在会见企业管理人员时，调查公司工作人员应该携带尽可能多的书面材料以供其参考。这些书面材料包括：调查公司简介、人员简介、项目运作规程、收费标准、公司的客户名单等。有时还需要提供一些调查文件的范本，如调查公司内部制定的调查计划书、调查问卷、执行手册、访问员工作记录、抽样图、抽样记录表、编码原则、调查报告等。有时还需要提供一些本公司研究人员在市场调查中的研究心得，作为自己公司水平的一种佐证材料，以进一步打动潜在客户企业的管理人员。

（二）获取项目背景信息

在与目标企业的通信联系以及面谈中，市场调查人员通常会了解到企业的调查需求，如企业面临哪些亟待解决的市场问题、哪些问题已经明确、哪些问题尚未知悉其出现的深层原因，在此基础上，市场调查公司工作人员可以初步了解目标企业提供的信息，再根据自己公司的调查力量，如行业特征、专业特长等，以决定是否有能力承接这一项目。

作为市场调查公司的目标客户，有些企业对市场调查不了解，有些企业不愿意提供详细的资料，或者认为市场调查公司水平不高，没有能力解决自己的问题。为此，市场调查人员应及时收集目标企业的相关信息。这些信息主要包括：(1) 市场营销问题的背景材料；(2) 目标企业要进行调查的动机；(3) 解决企业问题所需信息的类型，即解释需要什么样的数据；(4) 依据调查的结果可能要做的决策、选择或行动，即调查结果的作用；(5) 在考虑潜在风险或费用的基础上，估计所收集信息的价值；(6) 估计项目完成的时间要求及可能提供经费的一般水平。

有些企业会对市场调查公司提供资料的要求有顾虑，觉得调查公司要求了解的东西太多。在这种情况下，市场调查人员应该申明自己的保密义务，如果客户觉得有必要，可以在向调查人员提供资料之前与之签订保密协议。

卡西欧公司的市场调查

日本卡西欧公司自成立起便一直以产品新颖、质优而闻名世界，其新颖、质优的特点主要得益于市场调查。卡西欧公司的市场调查主要采用销售调查卡，这种销售调查卡只有明信片一般大小，但考虑周密、设计细致，调查内容包括购买者个人信息、使用者信息、购买方法、消费者知道该产品的途径、选取产品的原因、使用后的感受等。通过这些细致周到的问题，卡西欧公司收集到了许多有用的信息，为企业提高产品质量、改进经营策略、开拓新的市场提供了可靠依据。

启示：本案例说明，一项市场调查活动可能涉及多个方面、多个因素，要取得预期效果，必须将所要调查的问题考虑全面。

（三）编写市场调查建议书

在与企业达成市场调查的初步意向之后，市场调查公司还应该编写出一份详细而又具有较强说服力的市场调查计划书或市场调查建议书，以争取尽快获得目标企业的认可。

市场调查公司所提交的市场调查建议书的内容一般应该包括下列事项：(1) 该项目的调查目

的；(2) 采用的调查研究方法；(3) 完成项目需要的时间；(4) 需要支付的各项费用。

当市场调查公司提交了市场调查建议书后，企业就会集中对比，从中选出一家最适合的市场调查公司，与之再行商议，最终签订市场调查委托合同。所以，市场调查人员一定要重视市场调查建议书的编写工作。

（四）签订市场调查合同

市场调查公司向企业提交了市场调查建议书之后，企业会对市场调查公司做进一步综合了解。企业对市场调查公司综合考察比较结束之后（有时可能是招投标），最终会确定由哪一家市场调查公司来承接调查项目。在正式开始调查之前，双方会签订保密合同、业务合同，用来明确双方的权利与义务。市场调查合同的主要内容包括：调查的范围与方法、付款条件、预算、人员配备、调查期限、临时性报告和最终报告的特定要求等。

任务资讯 2-3

市场调查的原则

(1) 客观性原则。市场调查人员在进行调查时要尊重事实，不允许带有任何个人主观的意愿或偏见，也不应受制于任何人或管理部门。只有客观地反映市场的真实状态，才能得出准确信息，市场调查的作用才能真正得到发挥，也才能使整个调查行业健康发展。

(2) 时效性原则。市场是瞬息万变的，市场机会稍纵即逝。市场调查的时效性就表现为应及时捕捉和抓住市场上任何有用的情报、信息，及时分析，及时反馈，为企业在经营过程中适时地制定、调整策略创造条件。

(3) 系统性原则。在激烈的市场竞争中，市场的影响因素日渐增多，有宏观因素的影响，也有微观因素的影响，各因素之间相互作用，相互影响。因此，应全面收集与企业生产和经营有关的信息资料，系统地进行分析、研究，才能使市场调查活动收到良好效果。

(4) 经济性原则。市场调查工作需要大量的人员去收集资料、情报和信息，是一件费时、费力、费财的活动。由于各企业的财力情况不同，需要根据自己的实力确定调查费用的支出，并制定相应的调查方案，尽量做到以较小的投入换来较好的调查效果。

(5) 科学性原则。市场调查不是简单地收集情报、信息的活动，为了在时间和经费有限的情况下获得更多、更准确的资料和信息，就必须对调查的过程进行科学安排，最终才能得出科学的调查结果。

(6) 保密性原则。市场调查的保密性原则体现在两个方面：一是为客户保密，对调查获得的信息保密，不能将信息泄露给第三者；二是为被调查者提供的信息保密。如果被调查者发现自己提供的信息被暴露出来，一方面可能会给他们带来某种程度的伤害，同时也会使他们失去对市场调查的信任。

资料来源：赵轶. 市场调查与预测[M]. 北京：清华大学出版社，2007.

课堂测评

测评要素	表现要求	已达要求	未达要求
知识点	能掌握市场调查项目接洽、商谈的含义		
技能点	能初步认识市场调查机构的选择要领		
任务内容整体认识程度	能概述并认识市场调查项目准备过程		
与职业实践的联系程度	能描述企业对市场调查机构的要求		
其他	能联系其他课程、职业活动等		

子任务 3

市场调查目标确立

任务提示：市场调查项目确定之后，围绕企业遇到的问题，市场调查人员应该先把调查目标确立起来，调查活动才能有序进行。那么，市场调查目标应如何确立呢？

在企业每天的经营活动中，可能都会面临这样或那样的问题，如新产品没有得到市场的认可；产品研发部门刚刚立项准备新的开发计划，突然传来市场上已有同类产品的消息……遇到这些令人烦恼的问题，市场调查人员很自然就会问“怎么办?”“如何才能加以改正?”当出现这些情形时，市场调查人员应该围绕问题，和相关人员进行充分的研究分析，以这些问题为基础，通过分析找出原因，清晰地定义调查目标，最终的调查才会有意义。

市场调查目标的确立实质上是将营销活动中各种情况引起的“问题”作为调查课题进行捕捉。比较复杂的市场调查目标确立过程通常包括分析企业经营问题、描述市场调查目标、建立市场调查假设等工作。

重要概念 2-3　市场调查目标

市场调查目标是指调查人员通过对企业经营管理问题进行分析，最终形成对这些问题实质的客观认识。简单来讲，就是指企业想了解什么？了解调查结果后有什么用？调查的重点是什么？等等。按照企业的不同需要，市场调查目标会有所不同。

一、分析企业经营问题

为了确定企业市场调查目标，市场调查人员首先应对企业遇到的经营问题进行分析。分析工作主要包括：分析二手资料、访问企业管理层、访问行业专家。

（一）分析二手资料

通常情况下，从信息收集难易程度的角度考虑，收集二手资料是市场调查活动的开始。分析二手资料对于了解企业调查意图、界定调查目标非常必要。有时，尽管二手资料不可能提供特定调查问题的全部答案，但二手资料在很多方面都是有用的。通过二手资料分析至少可以发现企业出现问题的背景。

例 2－1 某钢铁企业 2015 年全年产品销售不畅，调查人员通过查阅中国钢铁工业协会发布的钢铁行业运行情况，发现 2015 年 1—9 月，全国大中型钢铁企业累计实现销售收入同比下降 6.49%，亏损企业亏损额 267.26 亿元，同比增长 41.5 倍，亏损面达 45%。钢铁行业亏损持续加剧，这就是整个钢铁行业的经营大环境。

重要概念 2－4　二手资料

二手资料是指一些调查者已经根据特定调查目的收集整理过的各种现成资料，所以又称次级资料。如我们经常见到的报纸、期刊、经济或统计年鉴、文件、数据库、报（统计）表等。这些资料通过检索、购买、复制等手段进行收集获取。

（二）访问企业管理层

通常情况下，企业管理层对企业的情况掌握得比较全面、完整，对企业经营管理中遇到的问题也比较了解。市场调查人员可以在收集分析二手资料的基础上，访问企业的管理层。一方面，可以获取企业的相关信息；另一方面，通过深入沟通交流，可以使企业管理层坚定支持市场调查工作，同时，也要让他们了解市场调查工作过程及结论的局限性。

市场调查可以提供与管理决策相关的信息，但并不能提供解决问题的办法，这需要企业决策者结合实践加以判断。作为市场调查活动的操作者，市场调查人员也需要了解从管理决策者角度来看企业究竟面临着什么样的问题，以及希望从中获得哪些有利于确定调查目标的信息。

任务资讯 2－4

市场调查目标模糊的危害

在市场调查工作中经常会出现调查目的不明的情况，这主要表现在：一方面，决策者不明白自己要干什么、要了解什么、调查要起到什么作用，市场调查的目的模糊，为调查而调查，使市场调查无的放矢；另一方面，决策者对市场调查目标锁定过多，希望一次调查能解决很多问题，如市场调查目的包括消费者习惯、特性、产品需求、价格、接受程度、渠道购买因素等应有尽有，结果导致市场调查不能在任何一个点上达到目的，使市场调查最终不能解决任何问题。

（三）访问行业专家

通过分析二手资料，访问企业管理决策层后，市场调查人员紧接着就应该访问对企业和产品制造非常熟悉的行业专家。

这里所称的行业专家包括委托企业内部的专家和外部社会上同类企业的专家。在进行访谈时，市场调查人员一定要认真倾听。这些行业专家的知识与经验可以通过随意的个人交谈获得，一般不用制作过于正式的调查问卷。

市场调查人员在进行专家访谈时，应该提前对专家的行业背景进行调查，做到心中有数。此外，由于业务活动需要，市场调查人员还应该向委托单位以外的专家求助，这时，操作起来就比较困难，必须通过熟人介绍或通过其他一些公关活动对这些专家进行访问。

访问行业专家更多地适用于为工业企业或产品技术特性而进行的市场调查活动中，这类专家相对比较容易发现和接近。这种方法也适用于没有其他信息来源的情况下，如在对一个全新产品进行的调查中，专家对现有产品的改造和重新定位可以提供非常有价值的建议。

案例 2-2

专家访谈的尴尬

金点市场咨询有限公司接受委托，承接了上海嘉华食品有限公司新产品开发的市场调查。为了进一步明确该公司的市场调查意图，金点公司市场咨询一部的A经理组织了14位上海市有名的食品生产方面的专家进行座谈，希望通过与他们的访谈，了解企业市场调查意图，进而能够科学确立市场调查目标。

A进行了充分准备，座谈会如期举行。在座谈会进行过程中，A开始还能按照预定访问提纲顺利进行。当谈论到一个最新的技术性问题时，尴尬的一幕出现了。由于这些专家的研究领域相近，但学术观点各不相同。大家争相发言，会场出现了混乱局面。更为糟糕的是，专家中有两人原来是同事，并在原单位闹过矛盾。两人在座谈会现场直接吵了起来，其中一人直接退席，声明不再参加这样的活动。

A经理从业三年，从未经历过如此场面。看着乱糟糟的座谈会现场，她不知如何是好。

启示：专家访谈的组织应注意一定的技巧与方法，应尽量避免上下级或有冲突的专家面对面发表意见。

二、描述市场调查目标

通过二手资料分析、访问企业决策者、访问行业专家等一系列工作，市场调查人员实际上是对企业做了一次摸底调查。在此基础上，就应该能从容地描述市场调查目标了。显然，调查目标的确定是一个从抽象到具体、从一般到特殊的职业活动过程。

（一）定位市场调查目标

在市场调查目标确立过程中，一定要避免定位过于宽泛，或过于狭小的情形，应在集思广益的基础上，正确定位市场调查目标。

1. 调查目标不能太宽泛

在确定市场调查目标时，有的调查研究人员生怕有遗漏、不全面，常常将目标定义得太宽、太大，但太宽的定义缺乏可操作性，无法为后续的调查工作提供明确的方向。

例 2-2 某企业高层确定的调查目标是：研究产品品牌的市场营销战略；改善公司的竞争地位；改进公司的形象等。这一调查目标太宽泛，在实际操作中，这些问题都过于宏观，显得不够具体，因而无法揭示解决问题的途径。

2. 调查目标不能太狭小

在确定市场调查目标时，有的调查研究人员将调查目标定义得太窄、太小，成为一项具体的业务构想，这就限制了调查者的视角，也会使得决策者根据调查结果做决策时缺乏对市场情况的全盘把握，甚至导致决策失败。

例 2-3 在A零售商店组织的一次消费品调研中，管理决策问题是如何对付竞争对手发动的降价行动。由此，研究人员确定的备选行动路线为：作相应的减价以适应该竞争者的价格；维持原价格，加大广告力度；适当减价，不必与竞争者的价格相适应，但适当增加广告量。

实际上，这些目标太过具体，以至于成为备选行动，而这些备选行动未必能够成功。后来，调查人员将调查目标重新定义为“如何提高市场占有率，增加系列产品的利润”。

（二）描述市场调查目标

为了减少定义调查目标时常犯的上述两类错误，市场调查人员可以先将调查目标用比较宽泛的、一般性的术语来描述，然后确定具体的研究提纲，分析其组成部分。比较宽泛的陈述可以为问题提供较开阔的视角以避免出现第二类错误，而具体的研究提纲集中了问题的关键方面，通过分析其组成部分，可以为进一步确定市场调查目标提供清晰的指引路线。

案例 2-3

他们的调查目标是什么

一家店铺雇用了两个年轻的伙计，并且付同样的薪水。可是过了一段时间，叫阿诺德的小伙子的薪水直线上涨，而那个叫布鲁诺的小伙子的薪水却仍在原地踏步。

布鲁诺很不满意老板的做法。终于有一天他到老板那儿发牢骚了。老板一边耐心地听着他的抱怨，一边在心里盘算着怎样向他解释清楚他和阿诺德之间的差别。

“布鲁诺先生，”老板说话了，“您今早到集市上去一下，看看今天早上有什么卖的!”

布鲁诺从集市上回来向老板汇报说，今早集市上只有一个农民拉了一车土豆在卖。

“有多少?”老板问。

布鲁诺赶快戴上帽子又跑到集市上，然后回来告诉老板一共有40袋土豆。

“价格是多少?”布鲁诺又第三次跑到集市上问来了价钱。

“好吧，”老板对他说，“现在请您坐到这把椅子上一句话也不要说，看看别人怎么做。”然后老板叫来了阿诺德，给他布置了同样的任务。

阿诺德很快就从集市上回来了，他汇报说到现在为止只有一个农民在卖土豆，一共有40袋，价格是多少，土豆质量很不错，他还带回来一个让老板看看。这个农民一个钟头以后还会弄来几箱西红柿，据他看价格非常公道。他想这么便宜的西红柿老板肯定会要买进一些的，所以他不仅带回了一个西红柿做样品，而且把那个农民也带来了，他现在正在外面等着回话呢。

此时老板对布鲁诺说：“现在您肯定知道为什么阿诺德的薪水比您高了吧?”

启示：市场调查目标不宜过小，也不能过大。有的时候，调查人员不妨从管理层的角度去看问题，这样调查目标会更明确。

三、建立市场调查假设

为了进一步验证市场调查目标，市场调查人员还需要进一步建立市场调查假设。这里的“假设”可以看作“调查结果的预测”。通过建立市场调查假设，调查人员可以确定自己的调查方向，进行有计划、有目的的观察和实践，避免陷入盲目和被动。

（一）提出市场调查假设

为加强调查的目的性，调查者可事先提出假设，即先给出调查的观点，然后寻找资料加以说明。如上述例2-3中，零售商店根据现有的资料，可提出如下假设：一是商店销售额下降是因为竞争对手增加、顾客分流所致，企业的营销策略并无问题；二是商店销售额下降是因为产品定价太高，周围顾客购买力水平较低造成的，竞争对手不是主要因素。建立假设以后，在小范围内进行试调查，以证明其是否正确，从而说明调查问题。

依据假设进行调查，是探索性调查经常采用的方法，它可以使调查者抓住重点、提高效率，并带着结论去调查。

（二）验证市场调查假设

为使调查的目标更加明确和集中，企业也可以事先组织一次试调查，即依据现有的资料和所作假设进行试验性的访问调查。具体做法是：调查组织者与几位富有实践经验的调查人员一起到某个地区，通过判断抽样法选取部分调查对象，与他们进行面对面的交谈，然后参照面谈记录，对调查目标进行修正，并进一步明确调查问题的性质和特征。

在实际操作中，市场调查假设可以使调查限制在一定的范围之内，使模糊不清的问题逐渐明朗化，同时可避免个人对结果的任意解释。

课堂测评

测评要素	表现要求	已达要求	未达要求
知识点	掌握市场调查目标、假设、二手资料的含义		
技能点	能初步认识市场调查目标的确立要领		
任务内容整体认识程度	能概述并认识市场调查目标的确立过程		
与职业实践的联系程度	能描述企业经营问题分析的方式与要求		
其他	能联系其他课程、职业活动等		

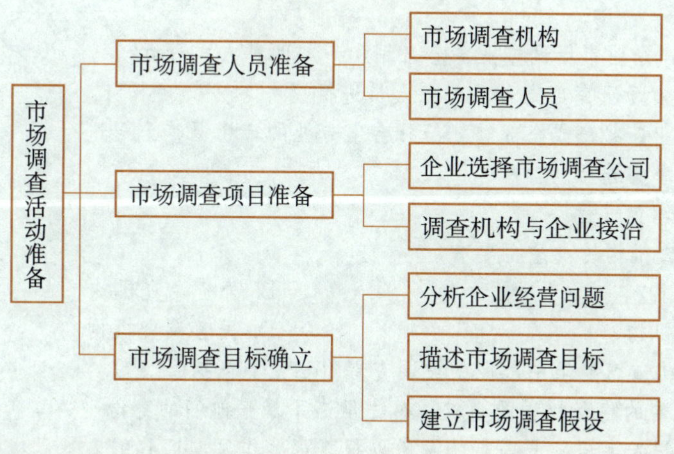

教学做一体化训练

重要概念

市场调查机构　市场调查外包　市场调查建议书　市场调查目标　二手资料

课后自测

□单项选择

1. 从市场调查工作流程的规范性与专业性来讲，(　　)显然要优于企业内部的市场研究部门。

A. 社会上的专业市场调查公司　　　　B. 国有调查机构

C. 国外调查机构
D. 企业

2. 市场调查机构的软件条件主要包括(　　)。

A. 信息搜集的现代化程度
B. 信息整理的现代化程度
C. 信息传递的现代化程度
D. 调查人员的素质及配备情况

3. 市场调查建议书一般签署于(　　)。

A. 正式调查开始前
B. 正式调查开始后
C. 正式调查活动中
D. 正式调查结束后

4. 二手资料有助于发现企业(　　)。

A. 面临问题的实质
B. 面临问题的背景
C. 面临问题的数量
D. 面临问题的解决方式

5. 建立市场调查假设是为了(　　)。

A. 初步验证调查目标
B. 调查人员免责
C. 调查机构免责
D. 以上都不是

□多项选择

1. 通常情况下，企业市场调查业务会采用(　　)两种方式进行。

A. 由企业内部市场研究部门自己组织人员进行
B. 将市场调查业务部分或全部委托给社会上专业的市场调查公司进行
C. 由政府部门牵头进行
D. 由私人公司承包进行

2. 我国市场调查机构的类型主要有(　　)。

A. 国有调查机构
B. 外资调查机构
C. 学术型调查机构
D. 民营调查机构

3. 市场调查机构道德要求中，保护被调查者隐私主要包括(　　)。

A. 保护被调查者的隐私权和匿名权，事先承诺不暴露他们的身份
B. 绝不允许委托人去识别调查者的身份以报复那些作反向回答的人
C. 除非被调查者知道在参加之前要先与他们接触，否则不能要求他们说出自己的身份
D. 认识到拒绝调查者或他人识别委托人的身份在适当时候是合法的

4. 考察调查机构的信誉主要考虑(　　)。

A. 调查机构在业界的声誉和知名度
B. 其职业道德及对公正原则的遵守情况
C. 限期完成工作的能力
D. 注册资本的多少

5. 市场调查公司所提交的计划书的内容一般应该包括(　　)。

A. 该项目的调查目的
B. 采用的调查研究方法
C. 完成项目需要的时间
D. 需要支付的各项费用

6. 市场调查的原则包括(　　)。

A. 客观性原则
B. 时效性原则
C. 系统性原则
D. 经济性原则
E. 科学性原则
F. 保密性原则

7. 在分析企业经营问题时，市场调查人员可以(　　)。

A. 分析二手资料
B. 访问企业管理层
C. 访问行业专家
D. 建立市场调查假设

□判断

1. 从市场调查工作流程的规范性与专业性来讲，企业内部的市场研究部门要优于社会上的专业市场调查公司。(　　)

2. 专业市场调查机构在接受企业委托开展业务活动的同时，应注意树立良好的信誉，尤其要遵守职业道德规范。(　　)

3. 企业可以通过招投标方式，对社会上的专业调查机构进行选择。(　　)

4. 编写市场调查建议书关系到调查项目洽谈的成败，调查人员一定要重视这项工作。(　　)

5. 市场调查目标的确立实质上是将营销活动中各种情况引起的“问题”作为调查课题进行捕捉。

6. 依据假设进行调查，是探索性调查经常采用的方法，它可以使调查者抓住重点、提高效率，并带着结论去调查。(　　)

□简答

1. 我国的市场调查机构有哪些类型?

2. 专业市场调查机构应遵守哪些职业道德规范?

3. 企业在选择市场调查机构时，必须了解和考虑哪些因素?

4. 为什么说市场调查目标不能定得过于宽泛，也不能定得过于狭小?

5. 如何建立市场调查假设? 其主要目的是什么?

6. 如果市场调查目标不明确，调查活动应如何进行?

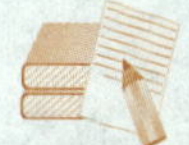

案例分析

案例 1：公司的调查目标应该是什么

某公司生产某种新型功能饮料。2015 年以来，该新型功能饮料颇受欢迎，有供不应求之势，所以该公司决定建新厂以增加供应能力。但是，对于这个计划是否恰当，公司管理层面临以下几个问题：

第一，因为是新产品，企业的内部资料收集不够，无法提供进一步的分析支持。

第二，如果借助消费者调查以确定该产品是处于“成长期”或进入“成熟期”，又将以哪些指标来判断呢? 可能的指标有：

(1) 本产品的消费者有多少?

(2) 购买者比例有大?

(3) 购买者满意度如何?

(4) 重复购买率如何?

(5) 消费者的年龄构成、性别构成是怎样的?

(6) 消费者对功能的选择有何特性?

(7) 新产品的扩散途径有哪些?

市场调查人员与产品销售负责人对这些测定指标进行沟通后，决定开展消费者购买调查，以了解消费者购买需求动向，进而决定是增设新厂还是保持现状。

阅读以上材料，回答问题：

1. 你会建议公司运用什么方式确定市场调查目标?

2. 你认为公司的调查目标应该是什么?

案例 2：市场调查数据给企业带来的噩梦

上海生产宠物食品的一位企业家到北京出差的时候在西单图书大厦买了一本市场调查技术方面的书。三个月以后，他为这本书付出了三十多万元的代价。

“最近两年，宠物食品市场空间增加了两三倍，竞争把很多国内企业逼到了死角。”有位记者在2015 年北京民间统计调查论坛上见到了这位企业家，“销售渠道相近，谁能开发出好的产品，谁就有前途。以前做生意靠经验，但我觉得产品设计要建立在科学调研的基础上。去年底，我决定开始为产品设计做消费调查。”

原来，回到上海后，为了能够了解更多的消费信息，这位企业家根据书上的介绍，亲自设计了精细的问卷，在上海选择了 1 000 个样本，并且保证所有的抽样在超级市场的宠物组购物人群中产生，内容涉及价格、包装、食量、周期、口味、配料等六大方面，覆盖了他所能想到的全部因素。沉甸甸的问卷让企业的高层着实兴奋了一段时间，谁也没有想到这个市场调查正把他们拖向溃败。

2015 年初，新配方、新包装狗粮产品上市了，短暂的旺销持续了一星期，随后就是全面萧条，后来该产品在一些渠道甚至遭到了抵制。过低的销量让企业高层不知所措，当时远在美国的这位企业家更是惊讶：“科学的调研为什么还不如以前我们凭感觉定位来得准确？”到 2015 年 2 月初，新产品被迫从终端撤回，产品革新宣告失败。

这位企业家告诉记者：“我回国以后，请了十多个新产品的购买者回来座谈，他们拒绝再次购买的原因是宠物不喜欢吃。”产品的最终消费者并不是“人”，人只是一个购买者，错误的市场调查方向，决定了调查结论的局限甚至荒谬。

经历了这次失败，这位企业家认识到了调研的两面性：成功的调研可以增加商战的胜算，而失败的调研对企业来说是一场噩梦。

阅读以上材料，回答问题：

1. 这位企业家依据调查结论形成的决策为什么会失败？
2. 这个案例对于我们确定市场调查目标有什么启示？

同步实训

□实训 1：企业市场调查工作观察

实训目的：认识企业内部市场调查机构职业工作。

实训内容：（1）列举自己熟悉的一些企业内部市场调查岗位；（2）讨论分析这些岗位的职责，并写出书面报告。

实训组织：学生分小组，列举较为典型的企业市场调查工作岗位，观察、了解其工作职责内容和职业工作活动，并写出书面的观察结论报告。

实训总结：学生小组交流不同的观察结果，教师根据观察报告、PPT 演示、讨论分享中的表现分别对每组进行评价打分。

□实训 2：专业市场调查公司工作观察

实训目的：认识专业市场调查机构职业工作。

实训内容：(1) 列举自己熟悉的一些专业市场调查公司职业岗位；(2) 讨论分析这些岗位的职责，并写出书面报告。

实训组织：学生分小组，列举较为典型的专业市场调查工作岗位，观察、了解其工作职责内容和职业工作活动，并写出书面的观察结论报告。

实训总结：学生小组交流不同的观察结果，教师根据观察报告、PPT 演示、讨论分享中的表现分别对每组进行评价打分。

□**实训 3：市场调查目标分析**

实训目的：试着确立市场调查目标。

实训内容：某制鞋厂生产了一种天蓝色的涤纶坡跟鞋，在本地很受欢迎。鞋厂根据商场的反应给外地一家大型鞋帽商场发货 5 000 双。时隔不久，商场来电要求退货。厂家很快派人赶赴商场调研，经初步调查，生产地与这一消费地的风俗习惯不同，这种颜色在该消费地被认为不太吉利，因此，这种鞋上柜后几乎无人问津。

制鞋厂于是决定召回天蓝色的鞋，并委托调查公司对该消费地的鞋类消费市场进行调查。

假如你是调查公司的一员，你将如何确定调查目标？调查目标的大致内容有哪些？

实训组织：学生分组，从不同角度去思考并确定调查目标。

实训总结：学生小组交流讨论结果，教师根据报告、PPT 演示、讨论分享中的表现分别对每组进行评价打分。

通过任务 2 的学习，我能做如下总结：

一、主要知识点

从任务 2 中，我获取的知识点有： (1) (2)

二、主要技能

从任务 2 中，我获取的技能有： (1) (2)

三、主要原理

市场调查目标在市场调查活动中的地位与作用是： (1) (2)

四、相关知识点

任务 2 涉及的主要知识点有：
(1) 市场调查机构与市场调查人员的关系是：
(2) 市场调查机构与目标企业的关系是：
(3) 市场调查目标确立的过程是：

五、学习成果检验

完成任务 2 学习的成果：
(1) 完成任务 2 学习的意义有：
(2) 我学到的知识有：
(3) 我学到的技能有：
(4) 我对市场调查活动准备的初步印象是：

任务 3

市场调查方案设计

知识目标

(1) 了解市场调查方案的含义。
(2) 了解市场调查方案的意义。
(3) 掌握市场调查方案的结构与内容。
(4) 掌握市场调查方案的评价标准。

能力目标

(1) 会编写市场调查方案。
(2) 能够整体认识方案的制订工作。
(3) 能够对市场调查方案进行正确的评价。
(4) 能够修订市场调查方案。

任务描述

市场调查是一项系统化的工作，事先必须进行精心的调查方案设计。市场调查工作正式开始之前，调查人员必须根据调查目标弄清本次市场调查的性质，在此基础上，根据市场调查项目要求制订市场调查方案，对整个调查活动进行筹划安排。为了使这一方案更具可操作性，还需要对其进行仔细的评价与修订。

任务解析

根据市场调查职业工作活动顺序和职业能力分担原则，“市场调查方案设计”学习任务可以分解为以下子任务：

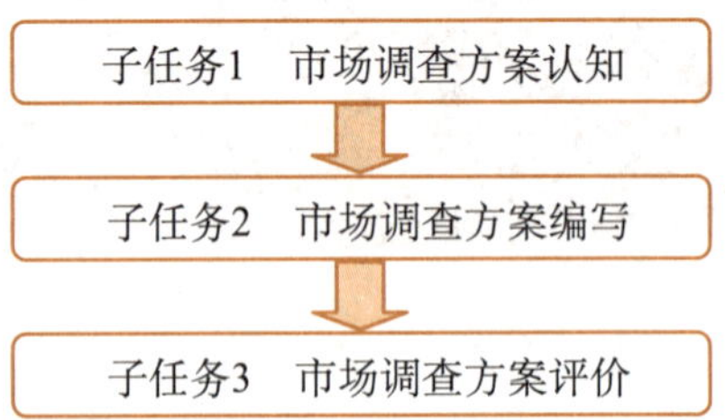

调查故事

我国北宋时期，有一位著名的画家叫文与可，他是当时画竹子的高手。文与可为了画好竹子，不管是春夏秋冬，也不管是刮风下雨，都在竹林里钻来钻去。三伏天时，日头像一团火，烤得地面发烫，可是文与可照样跑到竹林对着太阳的那一面，站在炽热的阳光底下，全神贯注地观察竹子的变化。他一会儿用手指头量一量竹子的节把有多长，一会儿又记一记竹叶子有多密。汗水湿透了他的衣衫，可他却毫无察觉。

由于文与可长年累月地对竹子做了细致观察和研究，竹子在春夏秋冬四季的形状有什么变化，在阴晴雨雪天，竹子的颜色、姿态有什么两样，在强烈的阳光照耀下和在明净的月光映照下，竹子有什么不同，不同的竹子又有哪些不同的样子，他都一清二楚，所以他画竹子时，从不画草图。

有个名叫晁朴之的人称赞文与可说：文与可画竹，早已胸有成竹了。

感悟： 昔日的故事已经演化成今天的成语，用来比喻人们在办什么事情以前，早就打好了主意，心里有个准谱儿了。市场调查方案的制订就是要在调查活动实施之前，做到“胸有成竹”！

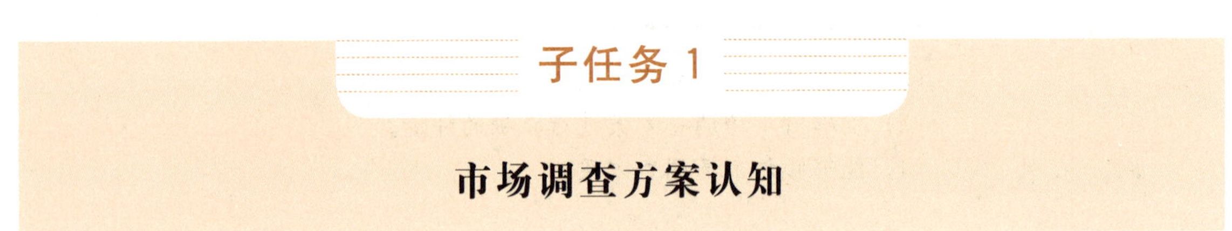

子任务1

市场调查方案认知

任务提示： 认识市场调查方案，特别是从市场调查性质的角度认识市场调查方案的类型及特征，在此基础上，认识市场调查方案的内容，并理解市场调查方案在调查活动中的作用。

在企业经营管理实践中，市场调查是一项系统性要求较高的活动。为了能在调查过程中统一认识、统一内容、统一方法、统一步调，圆满完成调查任务，在具体开展调查工作以前，必须根据调查目标、调查对象的性质，对调查工作的各个阶段进行通盘考虑和安排，列出合理的工作程序，也就是说要制订出相应的市场调查方案。

一、市场调查方案

市场调查工作不仅内容复杂、严肃，而且技术性较强，特别是在大规模市场调查活动中，参与者众多，协调、管理工作就成为保证调查质量的重要控制措施。科学、周密的市场调查方案就成为整个调查工作有序进行、减少误差、提高调查质量的重要保障。

（一）市场调查方案的含义

简单来说，市场调查方案是指在调查实施之前，调查机构及其工作人员对调查工作做出的总体安排。市场调查方案是否科学、可行，关系到整个市场调查工作的成败。

重要概念 3-1　市场调查方案

市场调查方案是调查人员根据调查目标和调查对象的性质，在实施调查活动之前，对调查工作总任务的各个方面和各个阶段进行总体设计与安排，提出相应的调查活动方案，制定出合理的工作程序，以指导调查实践顺利进行。

无论是大范围的市场调查，还是小规模的市场调查，都会涉及相互联系的各个方面和全部过程。这里所讲的调查工作的各个方面是对调查工作的横向设计，指调查所应涉及的各个具体项目，如对某企业一款热销产品的竞争能力进行调查，就应该将该产品的品牌形象、质量、价格、服务、信誉等方面作为一个整体进行考虑；全部过程则是对调查工作纵向方面的设计，它是指调查工作所需经历的各个阶段和环节等，即调查资料的收集、整理和分析等。只有这样，才能确保调查工作有序进行。

（二）市场调查方案的类型

市场调查方案有不同的类型，从市场调查方案的作用、市场调查的性质等不同角度，可以把市场调查方案分为不同的类型。

1. 市场调查建议书和正式市场调查方案

按照市场调查方案的作用划分，市场调查方案可以分为市场调查建议书和正式市场调查方案。

市场调查建议书是社会专业市场调查机构向各类工商企业承揽调查业务时，提交给企业管理层，供其审核（市场调查招标、评标、项目评审）、参考的书面文件。在有些情况下，市场调查机构与企业长期合作，或对企业经营情况比较了解，此时，市场调查建议书稍加修改也可成为正式的市场调查方案。

正式市场调查方案是指市场调查机构与企业签署合作协议后，市场调查机构编制的、用来指导调查实践的行动指南。

需要注意的是，市场调查建议书常常带有论证性质，编写者的设想大都基于文献资料，认识也比较抽象、肤浅；正式市场调查方案则将项目建议书中的设想和假设具体化，计划也更为周密、更具有可操作性。正式市场调查方案有时还必须根据实际情况对原先的市场调查建议书的设想进行修正。

课堂思考：在市场调查实践中，市场调查建议书和正式市场调查方案的区别有哪些？为什么？

2. 探索性调查方案、描述性调查方案和因果性调查方案

按照市场调查的性质划分，市场调查方案可以分为探索性调查方案、描述性调查方案和因果性调查方案。

探索性调查是为了进一步弄清企业营销问题的性质，以及更好地认识这一问题出现的环境而进行的小规模的调查活动，这类调查特别有助于把一个大而模糊的问题表达为小而精确的子问题，并识别出需要进一步调查的信息，它通常以具体的假设形式出现。显然，探索性调查属于试调查范畴，还未采用正式的调查计划与程序，此时的市场调查方案一般比较简略。

例 3-1 某电子产品制造公司的一款智能手机产品的市场份额在 2016 年初出现了下降，公司无法一一查知原因，此时可用探索性调查来发现问题：是否受经济衰退的影响？是否受广告支出减少的影响？是销售代理效率低，还是消费者的习惯改变了？等等。

根据安排，市场调查人员可以按照不同的调查方向与重点，编写简略的市场调查方案，用来指导调查行动。

描述性调查的一个前提是调查人员对调查问题有充分的了解。这样，调查人员非常清楚需要哪些信息。因此，描述性调查通常都是提前设计和规划好的，它通常建立在大量有代表性的样本的基础上。此时的市场调查方案一般比较详细。

例 3-2 某电子产品厂家想了解某一款平板电脑主要消费群体的年龄段。根据安排，市场调查人员可以通过编写详细的市场调查方案，选择有代表性的消费者样本，在收集信息的基础上，描述出该平板电脑主要消费群体的年龄段。

因果性调查常常需要说明市场上一个因素的变动是否引起另一个因素的改变，目的是识别它们之间的因果关系，以便采取相应措施。如预期价格、包装及广告费用等对销售额是否有影响。此时的市场调查方案一般比较简略。

例 3-3 某超市最近瓶装水销售额节节攀升，店方希望通过调查找到原因：是价格下降？店面重新装潢？广告投放增加？季节变化？消费者行为改变？等等。通过调查，可以找到这里面的因果关系。

根据安排，市场调查人员可以用实验的方式获得相关数据，从而得出调查结论。

不同性质的市场调查，其特点、内容、具体的调查方法以及整体安排也不相同。在编写市场调查方案之前，市场调查人员应从专业知识的角度认识市场调查的性质，以便制订出有针对性的市场调查方案。

（三）市场调查方案的作用

市场调查方案在市场调查中起着十分重要的作用，它是整个市场调查过程的指导大纲，又是具体调查计划的说明书，还是对调查过程、方法的详细规定。

1. 市场调查方案具有统筹兼顾、统一协调的作用

无论是大范围的研究还是小规模的调查，都会涉及相互联系的各个方面和全部过程。在调查中会遇到很多复杂的矛盾和问题，其中许多问题是属于调查本身的问题，也有不少问题并非调查的技术性问题，而是与调查相关的问题。只有对每次调查先做出统一考虑和安排，才能保证减少误差，使调查顺利进行。

2. 市场调查方案指明调查的目的与方向

市场调查方案设计是市场调查过程的第一步。市场调查准备、设计、资料处理和调查报告是一个完整的工作过程，调查方案设计正是这一过程的第一步。

3. 市场调查方案是调查项目委托人与承担者之间的合同或协议的重要组成部分

由于调查委托的一些主要决定已明确写入调查方案中，如调查目的、范围、方法等，使得有关各方都能有一致的看法，有利于避免或减少后期可能出现的争议。

4. 市场调查方案是调查机构收取调查费用的依据

市场调查公司在争取项目经费，或是在与其他调查机构竞争某个项目，或是在投标说服招标者时，调查方案质量的高低可能会直接影响到项目能否被批准或能否中标。市场调查活动完成时，市场调查方案也成为向委托企业收取调查费用的依据。

课堂思考：如何理解市场调查方案在整个调查活动中的地位与作用？

二、市场调查方案的内容

不同项目的调查方案，其格式有所区别，但一般来讲都应该包括以下几部分：前言、调查目的和意义、调查内容与项目、调查对象与范围、调查方法、资料分析方法、调查进度安排、经费预算、调研结果的表达形式等。

（一）前言

前言是市场调查方案的开头部分，其主要内容是简明扼要地介绍整个调查项目出台的背景，即市场调查项目的由来。例如，本次调查是在全球钢铁行业已经陷入产能过剩、需求乏力的情况下进行的，××公司亟须通过市场调查，寻找业务转型的突破口。

（二）调查目的和意义

在制订市场调查方案时，需要根据市场调查的目标，在调查方案中列出本次市场调查的具体目的、要求，以及所能实现的社会意义和经济意义。例如，本次市场调查的目的是了解某产品的消费者购买行为和消费偏好情况等。

（三）调查内容与项目

调查内容与项目是收集资料的依据，是为实现调查目标服务的，可根据市场调查的目的确定具体的调查内容。如调查消费者行为时，可按消费者购买、使用、使用后评价三个方面列出调查的具体内容与项目。调查内容要全面、具体，条理清晰、语言简练，避免面面俱到，叙述烦琐，避免列入与调查目的无关的内容。

（四）调查对象与范围

市场信息资料的来源决定调查对象与范围。可根据调查内容与项目的规定，有针对性地选定调查对象与范围。在以消费者为调查对象时，要注意到有时某一产品的购买者和使用者是不一致的，如对婴儿食品的调查，其调查对象应为孩子的母亲。此外还应注意到一些产品的消费对象主要是某一特定消费群体或侧重于某一消费群体，这时调查对象应注意选择产品的主要消费群体，如对于化妆品，调查对象主要为女性；对于酒类产品，调查对象主要为男性。

（五）调查方法

市场调查方法主要说明样本如何选定、采用什么样的方法去收集市场信息资料、具体的操作步骤是什么。市场调查方法应考虑调查资料收集的难易程度、调查对象的特点、数据取得的源头、数据的质量要求等。如果调查项目涉及面广、内容较多，则应选择多种调查方法获取数据和资料。在进行市场调查时，既要获取现成的资料，又要获取原始资料。

（六）资料分析方法

资料分析方法主要说明在市场调查活动中收集到的资料如何被回收、整理与分析，使之系统化、条理化。资料分析方法一般可采用统计学中的方法，利用 Excel 工作表格，可以很方便地对调查表进行统计处理，获得大量的统计数据。

（七）调查进度安排

调查进度安排是指市场调查活动的时间表，包含整个市场调查工作所需的时间。这一时间受制于调查业务委托合同的规定，也关系到调查活动的时效性。

（八）经费预算

经费预算是对整个市场调查活动所需费用的估算。为了详细估算全部费用，调查人员一般会以表格形式列举费用明细及总额。

（九）调查结果的表达

调查结果的表达主要说明向委托方企业提交调查结论的形式与数量。如提交的调查结论是纸质的还是电子版的、提交多少份，等等。

课 堂 测 评

测评要素	表现要求	已达要求	未达要求
知识点	能掌握市场调查方案的含义		
技能点	能初步认识市场调查方案与市场调查建议书的区别		
任务内容整体认识程度	能概述并认识市场调查方案设计的准备工作		
与职业实践的联系程度	能描述市场调查方案的实践意义		
其他	能联系其他课程、职业活动等		

子任务2

市场调查方案编写

任务提示：认识市场调查方案的编写要领，特别是从市场调查性质的角度认识市场调查方案编写方法与内容的区别，在此基础上，认识市场调查方案的性质，并理解市场调查方案编写在市场调查活动中的作用。

如前所述，市场调查方案的编写是对市场调查活动的整体设计，市场调查工作也由此开始从定性认识阶段过渡到定量认识阶段。

一、市场调查方案的定性

市场调查方案编写是一种事前决策，在制订每一份市场调查方案之前，市场调查人员都应该根据调查目标和所需信息来判断这次调查的性质、调查时间安排、调查成本控制等因素，以便能够有针对性地编写市场调查方案。

（一）市场调查方案的选择

前面已经提到过，探索性调查、描述性调查和因果性调查是调查设计的主要类别，但是千万不能将它们之间的区别绝对化。一项具体的市场调查项目可能会涉及几种调查方案设计以实现多种目标。究竟应选择哪一种或哪几种调查方案设计取决于调查问题的特征。

对调查问题了解较少时，应该制定探索性调查方案。探索性调查常常用于这样一些情形：在调查初期，由于调查问题及范围不是很清楚，需要精确界定；原来的调查思路失效，需要寻找替代行动方案；需要设计调查疑问或假设等。在这种情况下，通常采用小样本观察。此时，比较简略的市场调查方案应该属于探索性的。

用来验证探索性假设时，应该制定描述性调查方案。探索性调查是整个调查设计框架的第一步，在大多数情况下，探索性调查之后会出现描述性调查或因果调查。例如，根据探索性调查做出的假设，用描述性调查或因果性调查进行统计上的验证。探索性调查的研究结果应当被视为对进一步调查的尝试或投入。描述性调查不仅要求有详细的调查方案，而且还需要进行实地调查。

揭示深层次原因时，应该制订因果性调查方案。因果性调查的目的在于找出市场现象变化的原因以及现象间的相互关系，找出影响市场现象变化的关键因素。因果性调查通常把表示原因的市场变量称为自变量，把表示结果的市场变量称为因变量。在自变量中，有的是企业可以控制的内生变量，如企业的人、财、物等；有的是企业不可控制的外生变量，如反映市场环境的各种变量。

任务资讯 3-1

不同性质市场调查方案的选择

市场调查方案选择的一般原则如下：

（1）如果对调研问题的情况几乎一无所知，那么调查研究就要从探索性调查开始。例如，要对调研问题做更准确的定义，要确定备选的行动路线，要制作调查问卷，要将关键的变量分类成自变量或因变量等，均应采用探索性调查。

（2）在整个研究方案设计的框架中，探索性调查是最初的步骤。在大多数情况下，还应继续进行描述性调查或因果性调查。例如，通过探索性调查得到的假设应当利用描述性调查或因果性调查的方法进行统计检验。

（3）并不是每一个方案设计都要从探索性调查开始。是否要用探索性调查取决于调研问题定义的准确程度，以及调研者对处理问题途径的把握程度。例如，每年都要搞的消费者满意度调查就不再需要由探索性调查开始。

（4）一般探索性调查都是作为起始步骤的，但有时这类调查也需要跟随在描述性调查或因果性调查之后进行。例如，当描述性调查或因果性调查的结果让决策者很难理解时，利用探索性调查可以提供更深入的认识，从而可以帮助决策者理解调研的结果。

课堂思考：为什么应事先对市场调查方案进行定性？

（二）市场调查的时间安排

任何决策都会受到时间因素的制约，市场调查方案的选择也是如此。一份出色的、完整的调查方案通常需要认真准备才能完成。一般来说，编写探索性调查方案所需时间较少，编写描述性调查方案所需时间较多，而编写因果性调查方案所需时间最长。因此，如果整个调查项目完成时间要求很紧，在制订市场调查方案时就一定要注意调查工作的效率问题。

（三）市场调查的成本控制

市场调查成本也是制约市场调查方案编写的一个重要因素。市场调查方案设计的水平越高，调查工作的质量就会越好，而调查所需的经费也就越多。通常情况下，探索性调查方案所需费用最少，描述性调查方案次之，因果性调查方案所需费用最高。调查人员需要综合考虑调查质量、调查时间、调查费用等因素，权衡利弊，为市场调查方案的编写做足准备。

二、市场调查方案的编写

在明确了市场调查的性质、时间安排、成本控制后，市场调查人员即可开始制订市场调查方案。在制订市场调查方案时，调查人员应该做整体构思，确保市场调查方案的内容符合编写要求。

（一）前言的编写

前言是市场调查方案的开头部分，应简明扼要地介绍整个调查课题出台的背景。

例3-4　ABC公司是我国国产智能手机市场三巨头之一，2015年以前很少做广告宣传，2016年公司年度广告投入量达到8 800万元，主要是投在电视广告片、各种方式的售点POP广告、印刷品广告和极少量的灯箱广告等。为了有针对性地开展2017年度的产品宣传推介工作，促进产品品牌形象的传播和产品销售量的进一步提升，以便在激烈竞争的智能手机市场中立于不败之地，公司拟进行一次广告效果调查，以供决策层参考。

（二）调查目的和意义的编写

这部分内容较前言部分详细，应指出项目的背景、想研究的问题和可能的几种备用决策，指明该项目的调查结果能给企业带来的决策价值、经济效益、社会效益及在理论上的重大价值。

例3-5　本次调查旨在分析现有的各种广告媒介的宣传效果，了解现行的广告作品的知晓度和顾客认同度，了解重点销售区域华南地区和华东地区市场的消费特征和消费习惯，为ABC公司国产智能手机2016年度的广告作业计划提供客观的事实依据，并据此提出相应的建设性意见。

简单来说，调查目的就是说明在调查中要解决哪些问题、通过调查要取得什么样的资料、取得这些资料有什么用途等。

（三）调查内容和具体项目的编写

调查的主要内容和具体项目是依据我们所要解决的调查问题和目的来确定的。如在商业选址调查中，拟选地址的消费与购物环境、消费群体情况等都属于调查项目。在此基础上，可以进一步细分出商业氛围、交通条件、银行网点等具体的调查内容。

例3-6　“关于××品牌家电直营店商业选址的调查”内容和项目见表3-1。

表3-1　关于××品牌家电直营店商业选址的调查

类别	项目	内容
消费与购物环境	商业氛围	商业区域范围大小、商业活动等级
	交通条件	是否靠近地铁、公共交通密度、停车是否方便
	银行网点	银行网点数量
	卫生环境	周围公厕卫生情况、地面光洁情况
	周围居民居住情况	居住密度、居住房屋建筑类型
	休闲与娱乐	娱乐场所和类型
消费群体情况	人流量	不同时段人流量
	年龄	青少年、中年、老年
	性别	男、女
	衣着	低档、中档、高档

调查项目的选择要尽量做到“精”而“准”。具体来说，“准”就是要求调查项目反映的内容要与调查主题有密切的相关性，能反映调查要了解问题的信息；“精”就是调查项目所涉及的资料能满足调查分析的需要，不存在对调查主题没有意义的多余项目。在调查实践中，如果盲目增加调查项目，会使资料统计和处理的工作量大大增加，既浪费资源，也影响调查的效果。

归纳起来，在确定调查项目时，要注意以下几个问题：

（1）确定的调查项目应当既是调查任务所需，又是能够获得答案的，否则不应列入。

（2）项目的表达必须明确，且答案具有确定的表示形式，如数字式、是否式或文字式等。否则，会使被调查者产生不同理解而做出不同的回答，造成汇总困难。

（3）确定调查项目应尽可能做到项目之间相互关联，使取得的资料相互对照，以便了解现象发生变化的原因、条件和后果，便于检查答案的准确性。

（4）调查项目的含义要明确、肯定，必要时可附上调查项目解释。

（四）调查对象和调查范围的编写

确定调查对象和调查范围，主要是为了解决向谁调查和由谁来具体提供资料的问题。调查对象就是根据调查目的、任务确定调查的范围以及所要调查的总体，它是由某些性质上相同的许多调查单位所组成的。

例 3－7 本项高度白酒消费调查拟在西北、东北两个重点市场开展，调查的范围深入上述地区的中心城市和有代表的市县。调查对象将锁定为 40 岁以上的中老年男性消费群体。

在确定调查对象和调查单位时，应注意以下四个问题：

（1）由于市场现象具有复杂多变的特点，必须用科学的理论为指导，严格规定调查对象的含义，并指出它与其他有关现象的界限，以免在调查登记时由于界限不清而发生差错。

（2）调查单位的确定取决于调查目的和对象，调查目的和对象变化了，调查单位也要随之改变。

（3）调查单位与填报单位是有区别的。调查单位是调查项目的承担者，而填报单位是调查中填报调查资料的单位。在调查方案设计中，当两者不一致时，应当明确从何处取得资料并防止调查单位重复和遗漏。

（4）不同的调查方式会产生不同的调查单位。如果采取普查方式，调查总体内所包括的全部单位都是调查单位；如果采取重点调查方式，只有选定的少数重点单位是调查单位；如果采取典型调查方式，只有选出的有代表性的单位是调查单位；如果采取抽样调查方式，则用各种抽样方法抽出的样本单位是调查单位。

任务资讯 3－2

调查对象的选择

一般情况下，调查对象的选择是根据消费品的种类及分销渠道来确定的。也就是说，产品由生产者到消费者手中都经过了哪些环节，那么消费品的调查对象也就是哪几种人。

（1）耐用消费品，如彩电、冰箱、空调，由于其价格昂贵，体积、重量较大，技术复杂等原因，分销渠道一般较短，常采取生产者—消费者或生产者—经销商—用户这样的分销渠道，调查对象的选择主要为消费者。

（2）一般消费品，如自行车，价格一般在几百元，它的分销渠道要比耐用消费品长，一般采用生产者—经销商—用户或生产者—代理商—经销商—用户这样的分销渠道，调查对象的选择主要为消费者、经销商。那些价格低廉、体积较小的日用消费品，由于消费者一般在使用时才购买，以方便为宜，故它的零售商较多，分销渠道长，调查对象也就增加了零售商这个环节。

需要注意的是：必须严格规定调查对象的含义和范围，以免造成调查登记时由于含义和范围不清而发生错误。例如，对城市个体经营户的经营情况进行调查时，就必须明确规定个体经营户的性质、行业范围和空间范围。

（五）对调查方法的说明

对调查方法的说明主要是详细说明选择什么方法去收集资料，具体的操作步骤是什么。如采取抽样调查方式，就必须说明抽样方案的步骤、所抽取样本的大小和所要达到的精度指标。

例 3-8 考虑到此次调查工作涉及面广，因此拟采用抽样的方法。即在上述两个地区按月销量的大小分层，从市场调查的效果考虑，主要在C型中老年健康口服液的重点销售地区广东、上海、江苏、浙江的重点城市进行，并拟定每个城市抽取的样本数为 400 人，按年龄层次和性别比例分配名额。年龄层分段：30～40 岁，41～50 岁，51～60 岁，61 岁以上；各层比例采用近似的 1∶1，性别比亦采用 1∶1。总样本数为 4 400 人。

调查实施要求各地的访问员对所有抽中的 400 个样本实行面对面的街头访问。执行访问的访问员由当地的市场营销专业的大学生担任，我方付给一定的劳务费用。每个调查地点有两名调查员执行访问，每个城市大约需要 20 名访问员。访问工作的质量监督控制工作以及资料的统计处理工作均由起点市场咨询公司负责。

在市场调查中采用实验法、观察法或问卷调查时，为使数据、情报在收集、分类、统计、存储时更有效率，调查前要求设计、制定一些格式化的调查表格，如观察表、实验表或调查问卷表等。这些表格可以在编写调查方法时加以说明，也可以出现在附录中。

例 3-9 在编写“关于××品牌专营店商业选址的调查”的调查方案时，根据调查内容与调查项目，具体编制观察表如表 3-2 所示。

表 3-2　“关于××品牌专营店商业选址的调查”观察表

<table>
<tr><td colspan="13">静态观察表</td></tr>
<tr><td rowspan="2">商业氛围</td><td colspan="4">商业区域范围大小</td><td colspan="4">商业价值等级</td><td colspan="4">商铺租金（每平方米）</td></tr>
<tr><td colspan="4">大□ 中□ 小□</td><td colspan="4">1 级□ 2 级□ 3 级□</td><td colspan="4">30 元以下□ 30～40 元□</td></tr>
<tr><td rowspan="2">交通条件</td><td colspan="3">是否靠近地铁</td><td colspan="3">公共交通密度</td><td colspan="3">停车条件</td><td colspan="3">交通堵塞情况</td></tr>
<tr><td colspan="3">是□ 否□</td><td colspan="3">低□ 一般□ 高□</td><td colspan="3">差□ 一般□ 好□</td><td colspan="3">非常严重□ 严重□
一般□ 畅通□</td></tr>
<tr><td>银行网点</td><td colspan="12">银行网点数量是____</td></tr>
<tr><td rowspan="2">卫生环境</td><td colspan="6">周围公厕卫生情况</td><td colspan="6">地面卫生情况</td></tr>
<tr><td colspan="6">非常好□ 比较好□ 一般□
比较差□ 非常差□</td><td colspan="6">非常好□ 比较好□ 一般□
比较差□ 非常差□</td></tr>
<tr><td rowspan="2">居民居住</td><td colspan="6">周围居住人口密度</td><td colspan="6" rowspan="2">周围大型楼盘分布情况____</td></tr>
<tr><td colspan="6">非常高□ 比较高□ 一般□
比较低□ 非常低□</td></tr>
<tr><td rowspan="2">休闲娱乐</td><td colspan="6">是否有麦当劳或肯德基？ 有□ 否□</td><td colspan="6" rowspan="2">是否有电影院？有□ 否□</td></tr>
<tr><td colspan="6">是否有书城或书店？ 有□ 否□</td></tr>
</table>

（六）资料分析方法的编写

资料分析方法的编写主要是明确资料分析的方法和分析结果表达的形式等。采用实地调查方法收集的原始资料大多是零散的、不系统的，只能反映事物的表象，无法深入研究事物的本质和规律性，这就要求对大量原始资料进行加工汇总，使之系统化、条理化。目前这种资料处理工作一般采用计算机进行，这在设计中也应予以考虑，包括采用何种操作程序以保证必要的运算速度、计算精度及特殊目的。

（七）调查时间进度安排的编写

调查时间进度安排主要是安排各个阶段的工作，需要详细安排做哪些事项，由何人负责，并提出注意事项，最终形成时间进度表。一般情况下，调查过程安排的主要工作依次为：准备（与客户商讨、确认计划建议书、进行二手资料的收集、了解行情、设计问卷）；试调查（修改、确定问卷）；具体实施调查；进行数据处理；编写报告，结束调查。

例 3-10 本方案若获批准，调查组将在 2017 年 5 月 28 日前完成调查工作，并提交调查报告。具体时间安排如表 3-3 所示。

表 3-3 市场调查进度计划表

工作与活动内容	时　间	参与单位和活动小组	主要负责人及成员	备　注
总体方案、抽样方案和问卷初步设计	4 月 1 日至 4 月 10 日			
试调查及问卷测试	4 月 11 日至 4 月 15 日			
问卷修正、印刷	4 月 16 日至 4 月 18 日			
访问员挑选与培训	4 月 19 日至 4 月 20 日			
调查访问	4 月 21 日至 5 月 18 日			
整理并打印报告	5 月 19 日至 5 月 24 日			
报告打印提交	5 月 25 日至 5 月 28 日			

拟定市场调查活动进度表时主要考虑两个方面的问题：第一，客户的时间要求，信息的时效性；第二，调查的难易程度，在调查过程中可能出现的问题。

（八）经费预算的编写

在制订调查方案时，应编制调查费用预算。调查方案设计中的预算部分是客户比较关心的内容，在进行调查预算安排时，需要尽可能地将调查预算安排在最恰当的调查方法中，同时也要将可能需要的费用尽可能全面考虑，以免将来出现一些不必要的麻烦而影响调查的操作。详细列出每一项所需的费用，合理估计调查的各项开支，通过估算，实事求是地给出每项工作的预算和总预算。

调查费用因调查工作种类、范围的不同而不同。当然，即使是同一种类，调查费用也会因质量要求的差异而有所不同，不能一概而论。但经费预算基本上遵循一定的原则，费用项目具体如下：资料收集、复印费；问卷设计、印刷费；抽样设计费；实地调查劳务费；专家咨询费；数据输入、统计劳务费；计算机数据处理费；报告撰稿费；打印装订费；组织管理费；税收；利润。

一般市场调查的时间大都比较紧张，但实际上，尽快完成调查，则费用可能少一些；企业也应给予充分的经费，以保障调查的成功。

一般情况下，企业自行组织市场调查的经费预算比例为策划费占20%、访问费占40%、统计费占30%、报告费占10%。若委托专业市场调查公司进行调查，则需要加上全部经费预算的20%～30%的服务费，作为税款、营业开支及代理公司应得的利润。

市场调查经费预算表格的一般格式如表 3-4 所示。

表 3-4　　市场调查经费预算表

调查题目：
调查单位与主要负责人：
调查时间：

经费项目	数　量	单　价	金　额	备　注
1. 资料费				
2. 策划费				
3. 差旅费				
4. 抽样费				
5. 被访问者礼品费				
6. 访问员劳务费				
7. 数据分析费				
8. 杂费				
……				
合计				

说明：(1) 本估价单有效期为________天。

(2) 调查协议签署时，请付项目启动资金________元，余款请于调查报告提交时全部付清。

调查费用的估算对市场调查效果的影响很大。对市场调查部门或单独的市场调查机构而言，每次调查所估算的费用当然是越高越好，但是费用开支数目要实事求是，不能过高也不能过低。合理的支出是保证调查顺利进行的重要条件，在这个问题上应避免两种情况：第一种情况是调查时间的拖延。一旦出现时间的延长，必然会造成费用开支的加大。第二种情况是缩减必要的调查费用。调查活动必须有一定的费用开支来维持，减少必要的开支会导致调查的不彻底或无法进行下去。

（九）市场调查结果表达形式的编写

市场调查结果表达形式的编写主要包括市场调查报告书的形式和份数、市场调查报告书的基本内容、市场调查报告书中图表量的大小、最终报告是书面报告还是口头报告、是否有阶段性报告等。撰写调查报告是市场调查的最后一项工作内容，市场调查工作的成果将体现在最后的调查报告中，调查报告将提交企业决策者，作为企业制定市场营销策略的依据。方案中必须列明调查报告提交的方式、时间等内容。

例 3-11 本次调查的成果形式为调查书面报告，具体内容将包括前言、摘要、研究目的、研究方法、调查结果、结论和建议、附录七个部分，于 2017 年 7 月 1 日前交给客户两份书面材料。

（十）附录部分的编写

附录部分的编写主要是列出课题负责人及主要参加者的名单，并可扼要介绍一下团队成员的专长和分工情况，指明抽样方案的技术说明和细节说明、调查问卷设计中有关的技术参数、数据处理方法、所采用的软件等。

虽然市场调查方案的编写实际上可能只有一两天的时间，但为了保证整个调查的顺利进行和调查结果的准确，在编写市场调查方案时仍应周详考虑。因为市场调查方案的好坏，会直接影响市场调查工作的成败。

任务资讯 3-3

撰写市场调查方案应注意的问题

一份完整的市场调查方案，上述（一）～（九）部分的内容均应涉及（附录部分待调查完成之后再确定），不能有遗漏，否则就可能不完整。调查方案的制订必须建立在对调查课题背景深刻认识的基础上，要尽量做到科学性与经济性的结合。调查方案的格式可以灵活，不一定采用固定格式。调查方案的书面报告是非常重要的文件。一般来说，调查方案的起草与撰写应由课题（项目）负责人来完成。在完成调查方案的书面计划或报告（总体设计）后，就可以开展第二步的工作，即通过可行性研究对调查方案进行综合评价。

课 堂 测 评

测评要素	表现要求	已达要求	未达要求
知识点	能掌握市场调查方案的内容		
技能点	能初步认识市场调查方案编写的技术细节		
任务内容整体认识程度	能概述并认识市场调查方案编写准备工作		
与职业实践的联系程度	能描述市场调查方案编写的实践意义		
其他	能联系其他课程、职业活动等		

子任务3

市场调查方案评价

任务提示：认识市场调查方案的评价技巧，特别是从操作的角度认识市场调查方案的适用性与科学性，在此基础上，认识市场调查方案评价的要领，并理解市场调查方案评价在调查活动中的作用。

市场调查人员编写完成市场调查方案初稿后，为了使方案能够切实可行地指导调查的实际工作，还需要根据一些标准对方案做进一步修改，使得调查方案更加完善。具体操作如下。

一、明确方案评价标准

在讨论和修改方案前，我们有必要知道调查方案评价的标准。一般来说，对于一个调查方案的优劣，可以从四个方面进行评价，评价标准简要说明如下。

（一）方案设计是否体现了调查的目的与要求

方案设计是否体现了调查的目的与要求，这一条是最基本的评价标准。明确市场调查目标是市场调查方案设计的第一步，包括为什么要进行这项调查、通过调查想了解哪些情况、调查结果的用途是什么。只有明确了调查目标，才能确定调查的范围、内容与方法，否则，就会在市场调查方案中列入一些无关紧要的调查项目，漏掉一些重要的调查项目，无法满足调查的要求。

例3-12　从××品牌直营店商业选址的调查目的出发，根据方案确定的调查内容、调查范围和调查单位，设置完整的观察指标体系，基本上体现优秀商业地段应具备的条件。

（二）方案设计是否科学、完整和适用

在市场调查实践中，调查方案的每一个细节都可能有多种选择，综合考虑和权衡利弊后制定一个科学的、可行的调查方案不仅关系到调查项目完成的经济性、时效性，有时还影响到整个调查任务的成败。因此，市场调查方案的制订应该通盘考虑、科学筹划，充分注意到方案中各环节内容的关联性，从而保证调查活动的顺利、有效开展。

例3-13　从××品牌直营店商业选址的调查目的出发，对商业氛围、交通条件、银行网点、卫生环境、居民居住、休闲娱乐等各个方面设置了许多相互联系、相互制约的指标，形成了一套比较完整的指标体系，其特点是全面、系统、适用性强。

（三）方案设计的可操作性是否强

市场调查方案的可操作性是指市场调查方案的实际意义。市场调查方案是指导调查活动的大

纲，是调查计划与流程的概括与说明。方案内容能顺利落地，能切实用来指导调查实践应该是每一个调查方案设计的出发点。因此，市场调查方案除了要考虑调查的时间、成本外，一定要符合调查项目本身的实际，应避免因刻意追求调查方案的框架形式而本末倒置，使其指导意义大大降低。

例 3－14 老年健康口服液广告效果调查方案中，对调研方法做了这样的规定：考虑到可操作性，还特别考虑采用市场营销专业的女大学生做调查员，原因在于：第一，女大学生形象好，不会让对方产生被威胁感，可使调查更容易成功；第二，利用学生做调查员会使调查成本降低；第三，可向大学生提供一个社会实践的机会，对双方是皆大欢喜的一件事。

课堂思考： 市场调查方案评价标准的制定应考虑哪些因素？

（四）方案设计能否使调查质量有所提高

影响调查数据质量高低的因素是多方面的，但调查方案是否科学、可行，对最后的调查数据质量有直接的影响。此外，评价一项调查方案的设计是否科学、准确，最终还要通过调查实施的成效来体现，即必须通过调查工作的实践来检验方案中哪些符合实际，哪些不符合实际，产生的原因是什么，肯定正确的做法，找出不足之处并寻求改进方法，这样，可使今后的调查方案设计更加接近客观实际。

二、讨论修改调查方案

确定了市场调查方案优劣的评价标准之后，即可开始组织人员对方案进行讨论评价并着手进行修改。具体可以采取以下一些方法。

（一）组织项目小组座谈会

项目小组座谈会可由项目调查小组的组长主持，项目小组人员参加，同时可邀请委托方代表参加。在座谈会前，主持人可以针对本次调查任务的调查方案列出一份提纲，以方便座谈会围绕调查目的、调查内容、调查对象和范围、调查方法、调查工具、调查时间进度安排、调查经费预算等展开讨论。评价方案的标准从是否体现目的，是否科学、完整和适用，是否操作性强三个角度考虑。参加座谈会的人员可以发表各自的意见或想法，通过集思广益、相互启发、相互补充，最终达成一致的修改意见。

（二）采用经验判断法

经验判断法是指通过组织一些有着丰富市场调查经验的人士对设计出来的市场调查方案进行初步研究和判断，以论证调查方案的合理性和可行性。

该方法的优点是可以节约人力物力，并在较短的时间内做出快速的判断，其缺点是各种主客观因素都会对人们所做出的判断的准确性产生影响。

例 3－15 根据经验判断法，针对北京市白领阶层的消费支出结构的调查不宜采用普查的形式，原因在于这样做既没有必要也不现实。合理的做法是：在对白领阶层这一概念进行量化处理之后，采用抽样调查的方式进行调查。

国家统计局在对我国全年农作物收成进行预测时，也常常采用抽样调查的方法，在一些农作物重点产区做重点调查。

（三）组织试点调查法

组织试点调查法即在小范围内选择部分单位进行试点调查，对调查方案进行实地检验，及时总结并做出修改。具体操作时应注意以下几个问题：

（1）应选择适当的调查对象。应尽量选择规模小，具有代表性的试点单位，必要时还可以采用少数单位先行试点，然后再扩大试点的范围和区域，最后全面铺开。如此这般，循序渐进。

（2）事先建立一支精干的调查队伍，这是做好调查研究工作的先决条件。团队成员包括有关调查的负责人、调查方案的设计者和调查骨干，这将为搞好试点调查工作提供组织保证。

（3）调查方法和调查方式应保持适当的灵活性，不应太死板。调查方式可以事先多准备几种，以便经过对比后，从中选择合适的方式。

（4）试点调查工作结束后，应及时做好总结工作，认真分析试点调查的结果，找出影响调查的各种主客观因素并进行分析。主要是判断分析调查目标的制定是否恰当、调查指标的设置是否正确、有哪些项目应该增加或减少、哪些地方应该修改和补充，并及时提出具体意见，对原方案进行修改和补充，以便使制定的调查方案更加科学合理。

试点调查还可以理解成实战前的演习，可以让我们在大规模推广应用之前及时了解调查工作哪些是合理的，哪些是薄弱环节。

任务资讯3-4

调查方案的可行性研究

在对复杂市场现象进行调查时，所设计的调查方案通常不是唯一的，需要从多个调查方案中选取最优方案。同时，调查方案的设计也不是一次完成的，而是要经过必要的可行性研究，对方案进行试点和修改。可行性研究是科学决策的必经阶段，也是科学设计调查方案的重要步骤。对调查方案进行可行性研究的方法有很多，现主要介绍逻辑分析法、经验判断法和试点调查法三种方法。

（1）逻辑分析法。逻辑分析法是检查所设计的调查方案的内容是否符合本次调查的逻辑和情理。

（2）经验判断法。即组织一些具有丰富调查经验的人士对设计出的调查方案加以初步研究和判断，说明方案的可行性。

（3）试点调查法。试点调查是整个调查方案可行性研究中一个十分重要的步骤，这种方法对于大规模市场调查来说尤为重要。试点调查的目的是使调查方案更加科学和完善，而不仅仅是收集资料。

课堂测评

测评要素	表现要求	已达要求	未达要求
知识点	能掌握市场调查方案的评价标准		
技能点	能初步认识市场调查方案的评价要领		
任务内容整体认识程度	能概述并认识市场调查方案的评价工作		
与职业实践的联系程度	能描述市场调查方案评价的实践意义		
其他	能联系其他课程、职业活动等		

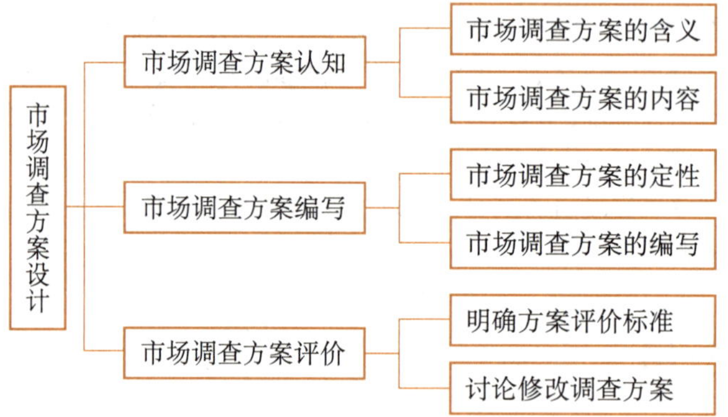

教学做一体化训练

重要概念

市场调查方案　调查对象

课后自测

□单项选择

1. 市场调查方案是调查机构及其工作人员依据调查研究的目的和调查对象的实际情况，对调查工作的各个方面和(　　)做出的总体安排。

A. 全部过程　　B. 各项工作　　C. 每个调查目标　　D. 调查目的

2. 市场调查建议书常常带有论证性质，编写者的设想大都基于文献资料，认识也比较(　　)。

A. 抽象、肤浅　B. 科学　C. 定量化　D. 定性化

3. 市场调查方案还是调查机构向委托企业收取(　　)的依据。

A. 调查费用　B. 调查报告　C. 抽样费用　D. 表格设计费用

4. 用来验证探索性假设，选择(　　)。

A. 描述性调查方案　B. 探索性调查方案　C. 因果性调查方案　D. 假设性调查方案

5. 调查对象就是根据调查目的、任务确定调查的范围以及所要调查的总体，它是由某些性质上相同的许多(　　)所组成的。

A. 调查目标　B. 调查内容　C. 调查项目　D. 调查单位

6. 评价市场调查方案时，方案设计是否体现了调查的目的与要求，是一条(　　)的评价标准。

A. 正确　B. 科学　C. 适用　D. 最基本

7. 采用经验判断评价市场调查方案时，以下说法正确的是(　　)。

A. 可以节约人力、物力　B. 在较长时间内做出判断

C. 主客观因素都不会对判断产生影响　D. 事物变化常常在人们的认识范围之内

□多项选择

1. 按照市场调查方案的作用划分，市场调查方案可分为(　　)。

A. 市场调查建议书　B. 正式市场调查方案

C. 市场调查准备书　D. 市场调查建议

2. 按照市场调查的性质划分，市场调查方案可分为(　　)。

A. 探索性调查方案　B. 描述性调查方案

C. 原则性调查方案　D. 因果性调查方案

3. 探索性调查方案一般(　　)。

A. 用在调查问题未明确时　B. 市场调查中期

C. 寻找替代行动方案　D. 比较简略

4. 描述性市场调查方案一般(　　)。

A. 比较详细　B. 所需信息较多

C. 会包括很多样本　D. 只需少量样本

5. 对于专业调查公司来讲，市场调查预算应该(　　)。

A. 根据调查项目的范围、难易，合理预算　B. 可以随意编制

C. 应考虑税款和利润　D. 尽量压缩，以减少实地调查工作量

6. 市场调查方案的选择一般要考虑(　　)。

A. 市场调查的性质　B. 市场调查的时间要求

C. 市场调查的成本控制　D. 市场调查的人员

7. 市场调查方案的评价标准一般有(　　)。

A. 体现了调查目标　B. 科学、完整

C. 适用　D. 具有较强的可操作性

E. 提高了调查质量

□判断

1. 探索性调查往往发生在已经开始的正式调查中，其方法已经确定，不能变更。(　　)

2. 市场调查企划方案书是规范市场调查整个活动过程的指导书，是市场调查的行动纲领。(　　)

3. 编写完成市场调查方案初稿就表示市场调查工作可以立即开始了。（　　）

4. 调查对象是由某些性质上相同的许多调查单位所组成的。（　　）

5. 盲目增加调查项目就是调查目标中“想知道得更多”，会使与资料统计和处理有关的工作量增加，既浪费资源，也影响调查的效果。（　　）

6. 市场调查方式不同，所必需的费用也不同。（　　）

7. 为了追求形式美观，市场调查方案可以牺牲一些实用性。（　　）

□**简答**

1. 简述市场调查方案的作用。

2. 一份完整的市场调查企划方案书的主要内容是什么？

3. 为什么说科学制订市场调查方案是调查活动开展的重要前提，对组织实施工作进行严格管理是调查效果的重要保证？

4. 为什么要对市场调查方案进行评价？

5. 应该从哪些方面对市场调查方案进行评价？

案例分析

案例：北京理工大学校园智能手机市场调查方案

一、前言

智能手机（Smart Phone）是指具有独立操作系统，可由用户自行安装软件、游戏等第三方提供的程序，通过此类程序不断对手机功能进行扩充，并可以通过移动通信网络来实现接入互联网的手机的总称。智能手机因使用方便而在大学校园内广为流行。为配合某品牌智能手机扩大北京理工大学的市场占有率，评估北京理工大学智能手机行销环境，制定相应的营销策略，预先进行北京理工大学智能手机市场调查大有必要。

本次市场调查将以校园市场环境、消费者、竞争者为中心来进行。

二、调查目的

本次调查要求详细了解北京理工大学校园智能手机市场各方面情况，为该产品在北京理工大学的推广制订科学合理的营销方案提供依据。具体调查目的如下：

（1）全面摸清企业品牌在消费者中的知名度、渗透率、美誉度和忠诚度。

（2）全面了解本品牌及主要竞争品牌在北京理工大学的销售现状。

（3）全面了解目前北京理工大学主要竞争品牌的价格、广告、促销等营销策略。

（4）了解北京理工大学消费者对智能手机消费的观点、习惯。

（5）了解北京理工大学在校学生的人口统计学资料，预测智能手机市场容量及潜力。

三、调查内容

市场调查的内容要根据市场调查的目的来确定。本次调查的主要内容如下。

（一）行业市场环境调查

行业市场环境调查的具体调查内容有：

（1）北京理工大学智能手机市场的容量及发展潜力。

（2）北京理工大学该行业的营销特点及行业竞争状况。

（3）学校教学、生活环境对该行业发展的影响。

(4) 当前北京理工大学智能手机种类、品牌及销售状况。

(5) 北京理工大学该行业各产品的经销网络状态。

(二) 消费者调查

消费者调查的具体调查内容有:

(1) 消费者对智能手机的购买形态(购买过什么品牌的智能手机、购买地点、选购标准等)与消费心理(必需品、偏爱、经济、便利、时尚等)。

(2) 消费者对智能手机各品牌的了解程度(包括功能、特点、价格、包装等)。

(3) 消费者对品牌的意识、对本品牌及竞争品牌的观念及品牌忠诚度。

(4) 消费者平均月开支及消费比例的统计。

(5) 消费者对理想的智能手机的描述。

(三) 竞争者调查

竞争者调查的具体调查内容有:

(1) 主要竞争者的产品与品牌优、劣势。

(2) 主要竞争者的营销方式与营销策略。

(3) 主要竞争者市场概况。

(4) 本产品主要竞争者的经销网络状态。

四、调查对象及抽样

考虑到智能手机在高校的普遍性,全体在校生都是调查对象,但因为家庭经济背景的差异,全校学生月均生活支出存在较大的差距,从而导致了消费习惯的差异性,因此他(她)们在选择智能手机的品牌、档次上都会有所不同。为了准确、快速地得出调查结果,此次调查决定采用分层随机抽样法:先按学生住宿条件的不同分为两层(住宿条件基本上能反映各学生的家庭经济条件)——公寓学生与普通宿舍学生,然后再进行随机抽样。此外,分布在北京理工大学校内外的各经销商、专卖店也是本次调查的对象,因其规模、档次的差异性,决定采用判断抽样法。

具体情况如下:

消费者(学生):300名,其中住公寓的学生占50%。

经销商:10家,其中校外5家。

大型综合商场:1家。

中型综合商场:2家。

专卖店:2家。

校内:5家。

综合商场:3家。

专卖店:2家。

消费者样本要求:

(1) 家庭成员中没有人在智能手机生产单位或经销单位工作。

(2) 家庭成员中没有人在市场调查公司或广告公司工作。

(3) 消费者最近半年中没有接受过类似产品的市场调查。

(4) 消费者所学专业不能为市场营销、调查或广告类。

五、对调查员的要求及培训

(一) 要求

(1) 仪表端庄、大方。

（2）举止谈吐得体，态度和蔼、热情。

（3）具有认真负责、积极的工作态度及职业热情。

（4）调查员要具有把握谈话气氛的能力。

（5）调查员要经过专门的市场调查培训，专业素质高。

（二）培训

培训必须以实效为导向。本次调查对调查相关人员的培训决定采用举办培训班、集中讲授的方法，针对本次活动聘请有丰富经验的调查人员面授调查技巧、经验，并对调查员进行思想道德方面的教育，使之充分认识到市场调查的重要意义，培养他们强烈的事业心和责任感，端正他们的工作态度和作风，激发他们对调查工作的积极性。

六、人员安排

根据我们的调研方案，在北京理工大学及市区进行本次调研需要的人员有三种：调研督导、调查员、复核员。具体配置如下：

调研督导：1名。

调查员：20名（其中15名对消费者进行问卷调查、5名对经销商进行深度访谈）。

复核员：1～2名（可由督导兼职，也可另外招聘）。

如有必要，还将配备辅助督导（1名），协助进行访谈、收发和检查问卷与礼品。问卷的复核比例为全部问卷数量的30%，全部采用电话复核方式，复核时间为问卷回收的24小时内。

七、市场调查方法及具体实施

1. 对消费者以问卷调查为主

在完成市场调查问卷的设计与制作以及调查员的培训等相关工作后，就可以开展具体的问卷调查了。由专人把调查问卷平均分发给各调查员，统一选择中餐或晚餐后这段时间开始进行调查（因为此时学生们大多待在宿舍里，便于集中调查，能够给本次调查节约时间和成本）。调查员在进入各宿舍时说明来意，并特别声明在调查结束后将赠送被调查者精美礼物一份，以吸引被调查者积极参与、得到正确有效的调查结果。在调查过程中，调查员应耐心等待，切不可催促被调查人。记得一定要求被调查人在调查问卷上写明姓名、所在班级、寝室、电话号码，以便以后进行问卷复核。调查员可以在当时收回问卷，也可以在第二天收回（这有利于被调查者充分考虑，从而得到更真实有效的回答）。

2. 对经销商以深度访谈为主

由于调查形式不同，对调查员所提出的要求也有所差异。与经销商进行深度访谈的调查员相对于实施问卷调查的调查员而言，其专业水平要求更高一些。因为深度访谈用时较长，调查员对经销商进行深度访谈以前一般要预约好时间并承诺给付一定的报酬，访谈前调查员要做好充分的准备，列出调查所要了解的所有问题。调查员在访谈过程中应占据主导地位，把握整个谈话的方向，能够准确筛选谈话内容并快速做好笔记以得到真实有效的调查结果。

3. 通过网上查询或资料查询调查北京理工大学人口统计资料

调查者查找资料时应注意其权威性及时效性，以尽量减少误差。因为这项工作较为简单，可直接由复核员完成。

八、调查程序及时间安排

在客户确认项目后，我们将有计划地安排调研工作的各项日程，用以规范和保证调研工作的顺利实施。按调研的实施程序，可分以下八个小项来对时间进行具体安排：

(1) 调研方案、问卷的设计：3个工作日。

(2) 调研方案、问卷的修改、确认：1个工作日。

(3) 项目准备阶段（人员培训、安排）：1个工作日。

(4) 实地访问阶段：4个工作日。

(5) 数据预处理阶段：2个工作日。

(6) 数据统计分析阶段：3个工作日。

(7) 调研报告撰写阶段：2个工作日。

(8) 论证阶段：2个工作日。

九、经费预算

策划费：1 500元。

交通费：500元。

调查人员培训费：500元。

公关费：1 000元。

访谈费：1 000元。

问卷调查费：1 000元。

统计费：1 000元。

报告费：500元。

总计：7 000元。

十、附录

参与人员：（待定）。

项目负责人：（待定）。

调查方案、问卷的设计：（待定）。

调查方案、问卷的修改：（待定）。

调查员培训：（待定）。

调查员：（待定）。

调查数据处理：（待定）。

调查数据统计分析：（待定）。

调查报告撰写：（待定）。

论证人员：（待定）。

阅读以上资料，回答以下问题：

1. 北京理工大学校园智能手机市场调查方案中的调查目的是否清楚，并说明理由。

2. 该方案中的调查内容是否是围绕调查目的而展开的，请说明理由。

同步实训

□**实训 1：市场调查方案讨论**

实训目的：认识市场调查方案框架内容要素及相互关系。

实训内容：（1）针对市场调查方案框架设计进行讨论；（2）讨论分析市场调查方案的内容。

实训组织：学生分小组，根据自己对调查方案的认知程度，确定市场调查方案的编制步骤；讨论其框架设计思想；讨论分析市场调查方案的内容，分析这些内容之间的关系，并写出书面的结论报告。

实训总结：学生小组交流不同的分析结果，教师根据结论报告、PPT 演示、讨论分享中的表现分别对每组进行评价打分。

□**实训 2：市场调查方案编写**

实训目的：认识市场调查方案编写要领。

实训内容：（1）针对市场调查目的进行方案编写；（2）尝试编写市场调查方案。

实训组织：结合身边实际，选择一家连锁超市，或某一品牌的汽车、家电，或自己和同学们消费比较多的手机等，在确定某一调查目标的基础上，模拟设计一份市场调查方案，然后进行相互评价，选出最具可行性的方案。

实训总结：学生小组交流不同的调查方案，教师根据调查方案的评价标准、PPT 演示、讨论分享中的表现分别对每组进行评价打分。

□**实训 3：市场调查方案评价**

实训目的：认识企业市场调查方案。

实训内容：（1）通过网络查找企业市场调查方案实例；（2）寻找身边企业市场调查方案实例。

实训组织：结合本任务所学知识，学生分组讨论、评价企业市场调查方案。

实训总结：学生小组讨论调查方案，教师根据讨论结果、PPT 演示、讨论分享中的表现分别对每组进行评价打分。

学生自我学习总结

通过任务 3 的学习，我能做如下总结：

一、主要知识点

从任务 3 中，我获取的知识点有：

（1）

（2）

二、主要技能

从任务 3 中，我获取的技能有：

（1）

（2）

三、主要原理

市场调查方案在市场调查活动中的地位与作用是：
(1)
(2)

四、相关知识点

任务 3 涉及的主要知识点有：
(1) 市场调查建议书与市场调查方案的关系是：
(2) 市场调查性质与调查方案的关系是：
(3) 市场调查方案评价的标准是：

五、学习成果检验

完成任务 3 学习的成果：
(1) 完成任务 3 学习的意义有：
(2) 我学到的知识有：
(3) 我学到的技能有：
(4) 我对市场调查方案的初步印象是：

任务 4

市场调查方法选择

知识目标

(1) 认识文案调查的含义。
(2) 认识定性调查法的含义。
(3) 认识访问调查的类型。
(4) 认识观察与实验法的含义。

能力目标

(1) 能体会不同市场调查方法的差异。
(2) 能根据需要选择不同的市场调查方法。
(3) 能结合实际评价不同的市场调查方法。

任务描述

在市场调查活动中，不同的信息数据，其存在状态、来源也不同，因而必须采取有针对性的方法才能采集到。根据由易到难的原则，市场调查人员一般会先采用文案调查方法收集二手资料，在此基础上，通过实地调查进一步收集第一手资料（也称原始资料）。在实地调查中，所采取的方法还应注意定性与定量的区别。

任务解析

根据市场调查职业工作活动顺序和职业能力分担原则，“市场调查方法选择”学习任务可以分解为以下子任务：

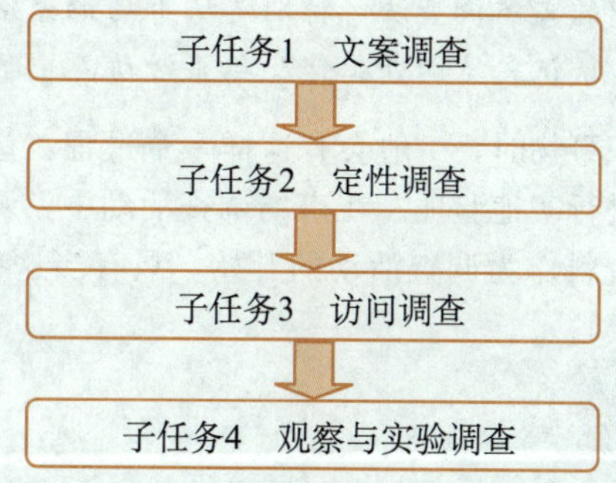

调查故事

你听说过“神秘顾客”吗？这是国外进行市场调查时经常采用的一种方法。“神秘顾客”又称“伪装购物者”，他（她）与一个正常购买商品的顾客一样，会与服务人员进行交流，咨询与商品有关的问题，挑选、比较商品，最后做出买或不买某种商品的决定。“神秘顾客”调查法在国外应用很广泛。美国大约有200家这样的专门公司，其中最大的一家公司有100多名职工和500多名“神秘顾客”，已经经营了十多年，有十几万美国商店和服务单位接受了它的调查。其方法是让经过专门训练的“神秘顾客”作为普通的消费者，可买也可不买商品，买了觉得不好也可退货。他（她）们详细记录下自己购物或接受服务时发生的一切情况，然后填写一份仔细拟订过的调查表。采用“神秘顾客”调查法的目的是分析商店或服务单位的服务质量和不良运转情况。在我国，很多外企经常运用“神秘顾客”来调查其在中国的分公司或代理商。

肯德基就用“神秘顾客”监督分店。肯德基国际公司雇用、培训了一批人，让他（她）们佯装顾客，秘密潜入店内进行检查评分，这些“神秘顾客”来无影、去无踪，也没有时间规律，这就使得快餐店的经理、雇员时时感受到某种压力，丝毫不敢疏忽，服务质量也就越来越好。

感悟：这些例子描述了通过实地调查获取第一手资料的一种方法——观察法。通过实地调查获取第一手资料的方法还有其他几种，这些方法都将在本任务中进行演示。

子任务 1

文案调查

任务提示：认识市场调查中的文案调查法，特别是从市场调查活动实践意义的角度认识文案调查的作用及特点，在此基础上，认识文案调查工作及职业活动，并理解文案调查活动过程。

在日常生活中，人们在认识事物时，一般会有这样一个过程：首先会听说许多相关信息，然后才可能出于某种需要或目的去进行实地验证。在市场调查活动中，调查人员一般也是由易到难，首先通过文案调查查找一些二手资料作为调查活动的开始。只有当这些资料不能提供足够的证据时，才进行实地调查，收集第一手资料。

一、文案调查认知

在市场调查活动中，文案调查方法一般用于收集经过加工整理的资料，这些资料也称二手资料。所以，文案调查法又称间接调查法，其具体的方式包括查看、阅读报纸杂志；检索、筛选文献典籍；购买、复制数据报表等。

（一）文案调查的含义

文案调查常常被当作市场调查作业的首选方式，是利用企业内部和外部现有的各种信息、情报，对调查内容进行分析研究的一种调查方法。

重要概念 4－1　文案调查法

文案调查法又称二手资料调查、文献资料调查或室内研究法，是指围绕一定的调查目的，通过查看、检索、阅读、购买、复制等手段，收集并整理企业内部和外部现有的各种信息、情报资料，对调查内容进行分析研究的一种调查方法。

（二）文案调查的资料

文案调查法是在充分了解市场调查目的后，通过收集各种有关文献资料，对现成的数据资料加以整理、分析，进而提出有关建议作为企业相关人员决策的参考的市场调查方法。

文案调查的资料主要是各种历史和现实的统计资料即次级资料，包括各种文献、档案中的信息资料，如图书、期刊、报纸、政府文件、统计数据、会议记录、专刊文献、学术论文、档案材料等，也包括网络信息资料，如政府信息网、各种网络公司建立的信息数据库。

文案调查主要是收集、鉴别、整理这些文献资料，并通过对文献资料的研究，形成对市场现象的科学认识。

（三）文案调查的特点

在文案调查中，调查人员不直接接触被调查者，不存在与被调查者的人际关系。作为一种间接资料调查法，文案调查法具有其他调查方法不可替代的作用，特别适用于以往产品销售状况和市场占有率调查、现在的市场供求趋势调查以及市场环境因素变化调查等。

文案调查的优点主要包括：（1）受时空限制较少，获取的信息资料较丰富。（2）操作起来方便、简单，能够节省时间、精力和调查的费用。（3）内容比较客观，适宜纵向比较。（4）可为实地调查提供经验和大量背景资料。

文案调查的缺点主要包括：（1）具有不可得性。对于有些问题，可能就不存在二手资料，因而无法收集。（2）具有不可预见性。所收集资料因形式或方法上的原因而无法直接为调查者所应用。（3）缺乏准确性。调查者在收集、整理、分析和提交资料的过程中，难免会有一些错误，这些错误会导致所收集到的资料缺乏准确性，因而对调查者能力要求较高。（4）所收集资料具有不充分性。在文案调查中，即使调查者获取了大量准确的相关资料，也不一定就能完全据此做出正确的决策。

二、文案调查资料的来源

从企业的角度看，文案调查法所收集的数据资料大致可分为内部资料和外部资料。内部资料主要是指企业内部会计、统计、销售报告、广告支出、存货数据、顾客的忠诚度、分销商反馈报告、营销活动、价格信息等有关资料。外部资料主要是指可以从企业外部获取的一些资料，如图书馆及各类期刊出版单位的文案资料、政府、行业协会公布的数据、在线数据库等。

（一）企业内部资料

1. 业务资料

业务资料包括与企业营销活动有关的各种资料，如原材料订货单、进货单、发货单、合同文本、发票、销售记录；半成品、成品订货单、进货单、发货单、合同、发票、销售记录；业务员访问报告、顾客反馈信息、广告等。通过这些资料的收集和分析，调查人员可以掌握企业所生产和经营商品的供应和需求变化情况。

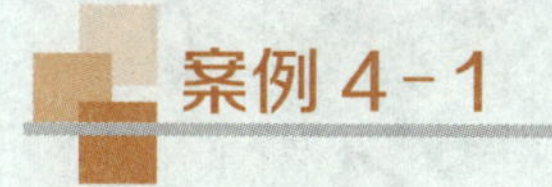

亚马逊的数据库营销

亚马逊公司成立于1995年7月，是互联网上出现的第一个虚拟书店，成立时它只是一个名不见经传的网站，在短短时间内就成为全世界最成功的电子商务公司之一，这和亚马逊详细收集顾客信息有关。

亚马逊公司建立了一个客户背景数据库，从客户在线购书时开始，公司就开始掌握一个个客户的背景，包含所有客户每一次购买时输入的信息。通过客户背景数据库，亚马逊公司可以从中分析客户的行为，对客户进行分群，得出对公司有利的信息，然后进行有目的的引导、推荐，进而促成购买行为。这就是数据库营销。

评析：客户背景数据库是营销活动的数据基础，使公司能够精准地面对众多的客户。

2. 统计资料

统计资料包括企业各部门的各类统计报表，年度、季度计划，企业生产、销售、库存记录，各类统计资料的分析报告等。通过对统计资料的分析，调查人员可以初步掌握企业经营活动的一些数量特征及大致规律。

3. 财务资料

财务资料一般包括企业的各种财务、会计核算和分析资料，主要包括生产成本资料、销售成本资料、商品价格、销售利润、税金资料等。通过对财务资料的分析，调查人员可以考核企业的经济效益，为企业以后的经营决策提供财务支持。

4. 生产技术资料

生产技术资料主要是生产作业完成情况、工时定额、操作规程、产品检验、质量保障等；产品设计图纸及说明书、技术文件、档案、实验数据、专题文章、会议文件等资料；生产产品的技术、设备、新产品的开发与市场潜力等资料。通过对生产技术资料的分析，调查人员可以了解企业的一些生产技术水平、产品设计能力、设计技术信息等。

5. 档案资料

档案资料主要包括企业各种文档、文件资料，这些文件一般是企业为了特定的经营目的而制定并归档保存下来的。通过对档案资料的分析，调查人员可以了解企业日常经营活动的一些方案及决策活动的过程。

6. 企业积累的其他资料

企业积累的其他资料包括各种调查报告、经营总结、各种顾客意见和建议记录、竞争对手的综合资料及有关照片、录影带等。通过对这些资料的分析，可以对企业的市场调查提供一定的参照。

任务资讯 4-1

大数据时代的信息特征

大数据时代的信息特征如下：

(1) 数据量大。大数据的起始计量单位至少是 P (1 000T)、E (100 万 T) 或 Z (10 亿 T)。

(2) 类型繁多。大数据的类型包括网络日志、音频、视频、图片、地理位置信息等，数据类型的多样化对数据的处理能力提出了更高的要求。

(3) 价值密度低。随着物联网的广泛应用，信息感知无处不在，

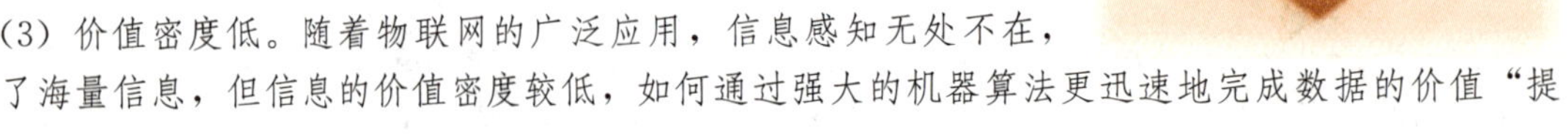

产生了海量信息，但信息的价值密度较低，如何通过强大的机器算法更迅速地完成数据的价值“提

纯”，是大数据时代亟待解决的难题。

(4) 速度快，时效性强。这是大数据区分于传统数据挖掘最显著的特征。现有的技术架构和路线已经无法高效处理如此海量的数据，而对于企业来说，花费巨额资金采集的信息无法通过及时处理反馈有效信息将得不偿失。可以说，大数据时代对人类的数据驾驭能力提出了新的挑战，也为人们获得更为深刻、全面的洞察能力提供了前所未有的空间与潜力。

(二) 企业外部资料

外部资料是指各种存在于企业外部的已出版或未出版的资料，这些资料可能是政府部门或非政府机构发布的还有更多的资料来自各种商业期刊、新闻媒体。外部资料的来源主要包括以下内容：

(1) 各级、各类政府主管部门发布的有关资料，如发改委、工商管理部门、财政税务部门、商务部门、海关、银行等发布的有关政策法规、市场价格、商品供求等信息。这些信息具有权威性强、涵盖面广的特点，便于对宏观情况的收集，是非常重要的市场调查资料。

(2) 各种信息中心、咨询机构、行业协会和联合会发布的市场信息和有关行业情报资料。这类信息一般包括行业法规、市场信息、发展趋势、统计数据及资料汇编等。

(3) 国内外新闻媒体、专业书籍、报纸、杂志及各种类型的图书馆等经常能够提供大量的文献资料，从中可以发现大量公开的商业信息，或者提供某些索引来找寻其他资料。这也是非常重要的二手资料来源。

(4) 国内外各种展览会、展销会、发布会、交易会、订货会等，各种专业研讨会、交流会、论坛所发放的会议材料、论文、发言稿等。

(5) 国际互联网。互联网作为一个全球性的电信网络，使得计算机及其使用者能获得世界范围内的数据、图像、声音和文件等信息。

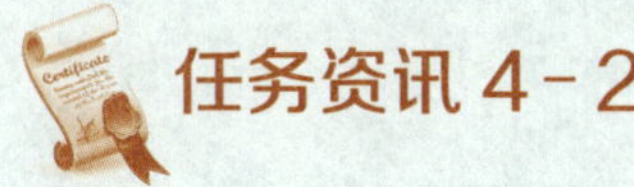

任务资讯 4-2

互联网二手资料收集

互联网将世界各地的计算机联系在一起，它是获取信息的最新工具。对任何调查而言，互联网都是最重要的信息来源。互联网上的原始电子信息比其他任何形式存在的信息都多，这些电子信息中，有很多内容是调查所需要的情报。

(1) 一般网页查询。由于互联网发布信息非常方便，许多机构都在互联网上公布了大量的信息，因此调查工作可通过监测调查对象的网页开始。

(2) 数据库查询。数据库是信息收集最好的工具之一，是由计算机存储、记录、编制索引的信息资源。

课堂思考： 从网络上收集、使用二手资料可能会犯哪些错误？为什么？你所了解的哪些外部资料的权威性、可信度较高？

三、文案调查的实施

文案调查需要依照一定的工作程序来进行。文案调查的操作程序如图 4－1 所示。

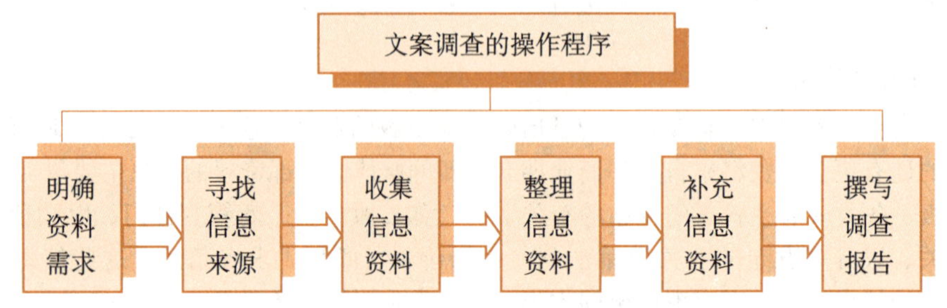

图 4－1　文案调查的操作程序

（一）明确资料需求

根据调查目标要求，调查者一般会首先明确实施文案调查的资料需求，如需要什么样的资料、大致的范围或方向。

调查者在明确所需资料时，还应该考虑此次调查所需资料的现实需求和长远需求。只有明确了所需资料，调查者完成工作所花费的时间、精力、财力才能得到有效控制。

任务资讯 4－3

文案调查的基本原则

文案调查的特点和作用，决定了调查人员在进行文案调查时，应该遵循以下原则：

（1）广泛性原则。文案调查对现有资料的收集必须周详，要通过各种信息渠道，利用各种机会，采取各种方式大量收集各方面有价值的资料。

（2）针对性原则。要着重收集与调查主题紧密相关的资料，善于对一般性资料进行摘录、整理、传递和选择，以得到有参考价值的信息。

（3）时效性原则。要考虑所收集资料的时间是否能满足调查的需要。随着知识更新速度的加快，调查活动的节奏也越来越快，只有反映最新情况的资料才是价值最高的资料。

（4）连续性原则。要注意所收集的资料在时间上是否连续。只有连续性的资料才便于动态比较，便于掌握事物发展变化的特点和规律。

（二）寻找信息来源

资料需求目标确定以后，调查者就可以开始资料收集工作了。一般情况下，调查者首先会假设调查目标所需收集的资料都是存在的，尽管可能收集不到直接佐证调查目的的二手资料，但是通过有效的引用、目录或其他工具，即可划定资料来源范围。这时，调查者就可以全神贯注地查找能够协助自己取得所需资料的各种辅助工具，包括书籍、期刊、官方文献资料的目录和索引、新闻报道等，从一般线索到特殊线索，这是文案调查人员收集信息资料的重要途径。

（三）收集信息资料

信息资料的来源渠道逐渐清晰后，调查人员就可以着手信息资料的收集工作了。这个环节的工作总体上有两个要求：第一，要求保证信息资料的数量。在资料收集范围内，要尽可能多地收集信息资料，以保证其涵盖面；第二，要求保证信息资料的质量。在收集信息资料时，要详细记录这些资料的来源（如作者、文献名称、刊物名称、刊号、出版社名称、出版时间、资料所在页码等），以方便在调查过程中对资料进行利用。

在收集资料时，要根据先易后难的原则。二手资料的收集可以按以下程序进行。

1. 查找内部资料

专业的调查人员首先应该考虑从内部资料获取信息，因为这些资料就在附近，收集成本较低，与此同时，对外部资料的查找也会提供方向性帮助。

2. 查找外部资料

在收集内部资料的过程中，调查人员可能会发现收集工作面临困境，如资料不完整、利用价值低、涵盖面有限等。这时就需要借助外部资料来满足资料收集要求，可以到图书馆或一些专业资料室，根据调查的主题和项目，利用图书资料索引收集资料，也可以在国际互联网上进行资料搜索，在搜索引擎上输入关键字，就会出现所有网上公开的信息，然后从中挑选使用。

3. 访问查找

在资料查找过程中，会发现有些资料具有较高的时效性、专业性和科学性，甚至有些资料整体保密性较强。这时调查人员首先应该考虑使用其他替代资料，如果替代资料不易获取或者获取成本较高，就需要进一步地访问这些具有时效性、专业性和科学性资料的来源地。一般情况下，经过良好沟通，说明调查目的，遵循保密性原则，就可以从这些地方获取可信赖的资料信息。

4. 购买资料

通过以上途径所获得的二手资料如果还不能满足调查的需要，调查人员还可以到一些专门以出售信息资料赢利的市场购买调查所需的信息。如许多经济年鉴、统计年鉴、地方志、企业名录等面向社会公开发行的资料。

案例 4-2

大数据时代的信息管理

郝女士是郑州一家连锁服装店的老板，2015年，她的连锁服装店业务扩张，分别在新城区和老城区开了两家店面。店里的POS机可将两家服装店的交易数据实时显示在杨女士的智能手机上。

经过一段时间的关注，郝女士发现，虽然两家店面卖同样的东西，客流量也差不多，但新城区店面刷卡的顾客占了50%左右，而老城区店面刷卡的顾客只有30%。为什么会产生这样的区别呢？分析POS机的刷卡金额及刷卡时间后发现，新城区的消费时间多在中午和傍晚6:00以后，客单价较高，而且容易一下出好几单。而老城区的购物时间分布较为均匀，客单价也比较低。进一步分析发现，新城区的消费人员多为白领，消费观念比较新。由于这些白领是在上班午休期间及下班后购物，又多是三五个同事一起来买东西，所以购买的商品价格比较高且容易产生连带销售。而老城区多是闲暇时间出来闲逛的人，且这些消费者的购物意愿较为理性，所以客单价比较低。

于是，郝女士根据客源的不同，重新调整了店面的风格及服装的种类，营业额在一个月之内就涨了50%左右。

评析：在大数据时代，中小商户信息来源多样化，若能及时掌握数据信息，调整经营策略，就能在激烈的竞争中立于不败之地。

（四）整理信息资料

在调查过程中，二手资料种类繁多，对其整理、分析是事关二手资料能否被充分利用的一项重要工作。对这个环节的工作有以下基本要求：围绕调查的目的和内容，根据资料来源，结合适当的收集方法做到去伪存真、去粗取精，从众多资料中将对调查目的有价值的资料选取出来，去除不确切、有限制的资料。具体可以这样做：在事先划定资料清单或分析计划的基础上，运用恰当的统计方法，也可以制成图表以利于对比分析。值得注意的是，对于一些关键资料，一定要多方考证，以证明其确实无误，具体如图4-2所示。

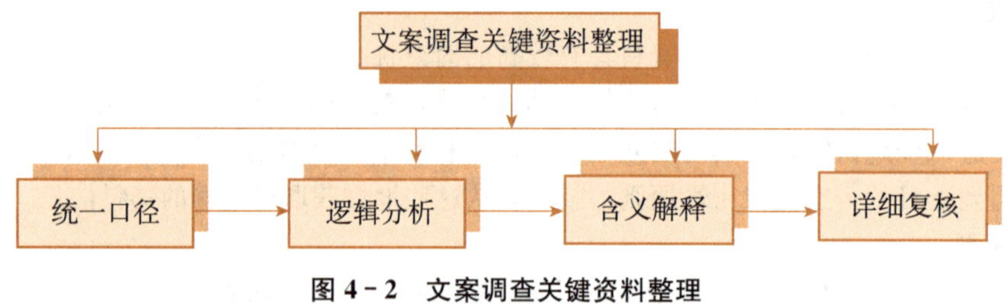

图4-2　文案调查关键资料整理

文案资料整理的目的就是所有的资料应与调查目的相吻合，避免内容夸张、失实和信息被歪曲，资料比较深入且有实质性的内容，资料获取后能快速处理。经过整理分析再添加重点摘要之后，资料便进入可使用状态。

（五）补充信息资料

文案调查收集到的资料之间可能有中断和矛盾，也可能有互补。此时，调查人员应以自身学识及自我判断加以调整、衔接。其主要工作有：综合使用各种资料，发挥资料间的互补作用；将调整及补足后的资料制成统计图和统计表，并全部转换为标准单位；对资料进行逻辑性研究后重新编排组合；详细检查资料是否全面、严谨，衔接是否得当。

对于大型的市场调查项目，资料的收集难免会有欠缺，或者在对已收集资料的整理分析过程中发现有些资料欠缺、证据效力较弱，难以满足市场调查的需求，而这些情形的出现可能会对预测、决策构成潜在或直接影响，此时就需要通过再调查或利用其他信息渠道将所需资料补充完整。

（六）撰写调查报告

在收集到充分的信息资料后，调查人员通过科学的方法进行分析，并把这些信息资料综合成一个严谨的调查报告提交给决策者。撰写调查报告应注意以下几点。

1. 调查报告的要求

（1）数据准确。全部数据要进行认真核对，争取做到准确无误。

（2）方便阅读。尽量将有关资料制成非常直观的统计图表，以方便使用者阅读。

（3）重点突出。在撰写调查报告时结论按重要程度排序，以突出重点，避免一些不必要的修饰。

（4）结论明确。在提出结论时，应该避免一些不客观、不切实际的内容。在考虑了一切有关的实际情况和调查资料的基础上，客观公正地提出调查结论。

2. 调查报告的结构

（1）题目。调查报告的题目包括市场调查题目、报告日期、为谁制作、撰写人。

（2）调查目的。这一部分简要说明调查动机、调查要点及所要解决的问题。

（3）调查结论。调查结论包括对调查目的的贡献、调查问题的解答、重大问题的发现、可行性建议。

（4）附录。附录包括资料来源、使用的统计方法等。

任务资讯 4-4

文案调查的作用

在调查中，文案调查有着特殊地位，其作用表现在以下四个方面：

（1）文案调查可以帮助发现问题。文案调查收集的二手资料可以满足市场探索性研究的需要，可以找出问题的症结和确定调查的方向，初步了解调查对象的性质、范围和重点。

（2）文案调查可用于经常性调查。文案调查可以较快地收集企业内外的各种统计资料、财务资料和业务资料，也可以收集研究问题的背景资料、主体资料和相关资料，利用这些资料可以开展经常性的市场分析和市场预测。

（3）文案调查可以为调查方案设计提供帮助。在市场调查方案设计过程中，调研者往往需要利用历史信息了解总体范围、总体分布、总体单位数目、关键指标或主要变量，从而有效地确定抽样方式，设计出科学的市场调查方案。

（4）文案调查可以配合原始资料更好地研究问题。许多市场调查课题的分析研究往往需要原始资料与二手资料的相互配合、相互补充，才能更好地研究问题，解释调查结果，提高研究的深度和广度。

课堂测评

测评要素	表现要求	已达要求	未达要求
知识点	能掌握文案调查的含义		
技能点	能初步认识文案调查的程序		
任务内容整体认识程度	能概述并认识文案调查的准备与实施工作		
与职业实践的联系程度	能描述文案调查的实践意义		
其他	能联系其他课程、职业活动等		

子任务 2

定性调查

任务提示：认识市场调查中的定性调查法，特别是从市场调查活动实践意义的角度认识定性调查的作用及特点，在此基础上，认识定性调查工作及职业活动，并理解定性调查活动过程。

通过前述文案调查，我们可以获知一些量化的数据，如通过查阅统计数据，了解到某电子产品企业 2015 年度重点产品华北地区市场占有率下降了 2 个百分点。这只是企业经营活动的大环境，如果想知道消费者的态度、感觉、动机、反应，或者了解问题的性质以及发展的方向，就必须借助定性调查方法。

一、认知定性调查

在市场调查实践中，运用定性调查比较方便、快捷，不需要进行严格的统计学设计，可为进一步的定量调查方法提供方向与思路。

（一）定性调查的概念

简单来说，定性调查是一种探索人们的动机、态度和对事物性质的看法的研究方法。事物的性质往往可以用好坏、怎么样、如何等来表述。

重要概念 4－2　定性调查

定性调查是指通过围绕一个特定的主题取得有关定性资料的一种调查方法。例如，定性调查可用来考察消费者的态度、感觉、动机、反应，或者用来了解问题的性质以及发展的方向。

例如，某企业对某一品牌巧克力改换包装的效果进行了调查，调查结果表明，大部分在校大学生认为这种包装的巧克力属于高档巧克力，一部分办公室白领则认为这种包装的巧克力属于中档巧克力，这就属于定性调查的结果。定性调查强调要弄清楚研究对象的主观感受和心理好恶。

（二）定性调查的特点

定性调查是获得信息的重要方法，为进一步做定量研究提出定义和思路。一个设计严密的定量调查方案往往需要以定性调查获取的信息作为重要基础。

1. 定性调查的优点

（1）在了解消费者的态度、感觉、动机、反应等方面，定性调查的作用无可替代。

（2）定性调查可以有效配合定量调查。为了使收集的资料在广度和深度上扩展范围，每次正规的定量调查的前后阶段，定性调查既是准备，又是补充。

（3）定性调查耗时短、成本低。

2. 定性调查的缺点

（1）定性调查的代表性不如定量调查，很难有把握地断定参加座谈会的消费者或专家能够代表他们所属的总体。

（2）不能提供比较具体详细的信息，也不能表现市场机会或细分市场间的细微差异。

（3）对访谈者和受访者的要求比较严格，双方的条件有任何不足都可能会影响调查的质量。

二、定性调查的实施

定性调查所采用的具体方法主要包括小组座谈会、深度访谈、投影技法、家庭访谈法、专家意见法等。

（一）小组座谈会

小组座谈会是市场调查中经常采用的一种定性的调查方法，一般8～12人为一组，在一名专业主持人的引导下对某个主题或者概念进行深入讨论。小组座谈会通常是在设有单面镜和监听装置的会议室中完成的。

1. 小组座谈会的准备

小组座谈会的准备通常包括以下工作：（1）选择座谈会环境。小组座谈会通常是在专业的测试室中进行的，采用被调查者不易发现的现场观察（如使用单面镜和闭路电视设备）、录像和录音设备对全程进行记录，以便于事后分析。（2）征集参与者。参与者通常是有条件限制的，需要根据具体情况事先设计好一些条件进行筛选，只有满足条件者才能参加座谈会。（3）选择主持人。小组座谈会的主持人需要具备三个方面的才能：一是必须具备组织能力，能够恰如其分地掌控小组座谈会的进程；二是需要具备商务知识，熟悉和掌握测试内容；三是具有必要的工作技巧，如沟通技巧、倾听技巧、观察技巧、引导技巧等。（4）设定小组座谈会时间。小组座谈会的时间一般为两小时左右。前10分钟由主持人介绍相关程序，剩下的100分钟，主持人会占约25%的时间，被测试者会占约75%的时间，一个被测试者实际发言的时间约10分钟。

2. 小组座谈会的实施

小组座谈会的实施包括以下工作：（1）介绍。主持人自我介绍、参与者自我介绍。（2）会议要求说明。主持人将访谈目的清晰地传达给参与者。（3）问题讨论。主持人带动参与者对问题进行讨论。（4）撰写访谈报告。小组座谈完成后，调查人员写出访谈报告。

任务资讯 4-5

小组座谈会的特点

小组座谈会通常用于解决一些了解消费者行为、需求和态度的问题，所获得的结果是定性的。同时，它也是在定量调查之前必要的步骤之一。小组座谈会的一些结果可以作为定量调查问卷设计的基础。大多数市场调查公司、广告代理商和消费品生产厂商都广泛使用这种方法。

小组座谈会的优点有：(1) 互动性强，可以激发各个参与者的新想法。(2) 信息含量大，可在短时间内快速收集到所需要的信息。(3) 现场进行问答，可以直接有效地获取所需要的信息。

小组座谈会的缺点有：(1) 结论可能会存在偏差和不全面。(2) 多人在一起，有的与会者在回答问题时会受其他人态度的影响。(3) 实施成本高，对人员、场地要求较高。

（二）深度访谈

深度访谈是市场调查中最常使用的一种定性调查方法，它的原意是访问者与被访问者相对无限制地一对一会谈。市场调查领域的深度访谈是指调查者对被调查者的一种无结构的、直接的、个人的访问。在访问过程中，由掌握高级访谈技巧的调查员对调查对象进行深入访问，以揭示被调查者对某一问题的潜在动机、态度和情感。该方法常应用于探索性调查。

1. 深度访谈的特点

深度访谈的优点有：(1) 消除了被访问者的群体压力，因而每个被访问者会提供更真实的信息。(2) 一对一的交流使被访问者感到自己是注意的焦点，更容易与访问者进行感情上的交流与互动。(3) 在个体上的交流时间较多，这可以鼓励他们提供更新更多的信息。(4) 可以更深入地揭示隐藏在表面陈述下的感受和动机。(5) 因为不需要保持群体秩序，所以更容易临场发挥。

深度访谈的缺点有：(1) 相对成本较高。(2) 调查速度较慢，每天完成的调查样本量较少。(3) 相对访问时间较长，可能会影响访问者和被访问者的情绪。(4) 相对拒访率较高。

2. 深度访谈的运用

深度访谈的应用范围包括：详细了解复杂行为、敏感话题或对企业高层、专家、政府官员进行访问。在一些情况下，深度访谈是唯一获取信息的方法，如对有竞争关系的各方的调查和对有利益冲突的不同群体的调查等。

（三）投影技法

小组座谈会和深度访谈都属于直接方法，而投影技法是一种无结构、非直接的询问方式，它能激励被访问者真实地表达他们隐藏在内心深处的潜在动机、态度和情感。运用投影技法时的一般做法是：访问者给被访问者一个无限制的并且是模糊的情景，要求被访问者做出反应。由于情景模糊，因此被访问者将做出的是根据自己偏好的回答。在理论上，被访问者将它的情感“投影”在无规定的刺激上，因此被访问者并不直接谈论自己，所以就绕过了被访问者的心理防御机制，在被访问者谈论其他事情或者其他人时，却透露了自己内心的情感。

1. 投影技法的分类

统计与心理调查专家将投影技法发展为如下四种解决方案：

（1）联想技法。即访问者给被访问者一个“词语”或者“一件物件”，然后要求被访问者说出自己的感受。这种方法通常用于产品品牌的选择、广告主题测试等方面，最常用的是词语联想法。

例4-1　调查问题：提到国产品牌智能手机，你会想到哪三个品牌？（被调查者可能会说：华为、联想、小米，这就说明了这三个品牌、厂家在被调查者心目中的地位或直观感受）

例4-2　调查问题：提到“牙膏”一词，你脑海里首先联想到的一个词是什么？（如果被调查者迅速回答的是“洁白”，则说明其对牙膏的洁齿功效比较看重；如果被调查者迅速回答的是“佳洁士”，则说明被调查者比较偏好“佳洁士”品牌的牙膏）

（2）完成技法。即给出一种不完全的刺激场景或者语句，由被调查者来完成，常用的有句子完成法和故事完成法。句子完成法是被访问者拿到一段不完整的句子，根据自己的意愿进行补充完成；故事完成法是给被访问者一个有限制的和一个较有情节的剧情，让其投影在剧情中假定的人物上。

例4-3　调查问题：以下是一些产品的广告语，请根据你的记忆将下面的空格填充完整：①我们不生产水，________；②小米，________；③安踏，________；④科技以人为本，________。

（3）结构技法。即让被访问者看一些内容模糊、意义模棱两可的图画，然后要求其根据图画编一段故事并加以解释，通过被访问者的解释，了解其性格和态度及潜在需求。

（4）表现技法。即给被访问者提供一种文字或形象化的情景，请他们将其他人的态度和情感与该情景联系起来，具体方法有角色扮演法和第三者技法。

2. 投影技法的运用

多数的投影技法是很容易操作的，它的问题像其他无规定答案的问题一样被列成表格。通过投影技法收集的资料比一般提问方法收集的资料更丰富，更能揭示本质。投影技法经常与印象调查问卷、观念测试法以及广告测试法结合使用。

（四）家庭访谈法

经被访问者同意，访问小组深入被访问者家中进行观察及访问，甚至在被允许的条件下进行拍摄。家庭访谈法主要用于了解被访问人群所处的生活环境，了解其价值观念的产生根源。

（五）专家意见法

专家意见法（德尔菲法）是一种常用的市场调查定性方法，它在20世纪60年代由美国兰德公司首次运用。专家意见法是采用函询或现场深度访问的方式，反复征求专家意见，经过客观分析和多次征询，逐步使各种不同意见趋于一致。采用这种方法时，一般要通过几轮征询才能达到目的。这种征询专家意见的方法能够真实地反映专家们的意见，并能提供很多决策者事先没有考虑到的丰富的信息。同时，不同领域的专家可以提供不同侧面极有价值的意见，为决策者的决策提供充分的依据。

课堂测评

测评要素	表现要求	已达要求	未达要求
知识点	能掌握定性调查的含义		
技能点	能初步认识定性调查具体方法的运用		
任务内容整体认识程度	能概述并认识定性调查的准备与实施工作		
与职业实践的联系程度	能描述定性调查的实践意义		
其他	能联系其他课程、职业活动等		

子任务 3

访问调查

任务提示：认识市场调查中的访问调查法，特别是从市场调查活动实践意义的角度认识访问调查的作用及特点，在此基础上，认识访问调查工作及职业活动，并理解访问调查活动过程。

由于调查目标的特殊性或客观条件限制，所收集的二手资料往往不够用、不好用，这时就必须通过实地调查去收集原始资料。访问调查是实地调查方法之一，采用这种方法收集的资料可以量化处理，访问调查也属于定量调查方法之一。

在市场调查实践中，访问调查常用的具体方法主要有入户访谈调查、拦截访问调查、电话调查、邮寄调查等几种类型。在西方国家，大约有 55%的调查访问是通过电话完成的；入户调查大约占 10%；邮寄调查相对较少，约占 5%，这表明电话调查的应用程度广泛。还有一些是将各种调查方法结合起来进行的调查。

一、入户访谈

在调查实践中，入户访谈是十分有效的访问方式。对于被访问者来讲，可以轻松地在一个自己感到熟悉、舒适、安全的环境里接受访谈；对于访问者来说，面对面的访谈能够直接得到信息反馈，还可以对复杂问题进行解释，从而加快访问速度，提高数据质量。入户访谈是定量调查中最常见的访问方法。

重要概念 4-3　入户访谈

入户访谈是指被调查者在家中（对企业用户是在单位中）单独接受访问的一种调查方式。调查员按照抽样方案的要求，到抽中的家庭或企业单位中，按照事先规定的方法，选取适当的被访问者，依照问卷或调查提纲进行面对面的直接提问，以获取信息。

然而，随着人们家庭结构的变化、生活节奏的加快、观念的更新，在家中面对面访谈越来越少了，取而代之的是，大多数访谈改在购物场所、商业街区进行。另外，入户访谈也广泛运用于与工业、企业用户进行的访谈，这类访谈主要是指在商务人员的办公室中对他们进行有关工业品或服务的访问，所以也称“经理访谈”。

（一）入户访谈的特点

1. 入户访谈的优点

（1）信息获取的直接性。进行面对面的访谈时，调查员可以采取一些方法来激发应答者的兴趣。

（2）调查组织的灵活性。调查员依据调查问卷或提纲，可以灵活掌握提问的次序并及时调整、补充内容，弥补事先考虑的不周。

（3）调查过程的可控性。整个调查过程有调查员的监督，调查员可直接观察被调查者的态度，判别资料的真实可信度。

（4）调查数据的准确性。由于程序较标准和具体，调查员还可以充分解释问题，从而提高数据的准确性。

2. 入户访谈的缺点

（1）时间限制。现代社会生活节奏快，人们来去匆匆，很难有人能够有时间回答全部问题，调查员不得不费力寻找合格的应答者，这就提高了调查成本。对于大规模、复杂的市场调查更是如此。

（2）调查员的影响。调查员的素质、人际交往能力、语言表达能力、责任感和道德观等都会影响调查的质量。

（3）拒访率较高。人们的隐私保护意识在不断加强，导致拒访的现象时有发生。

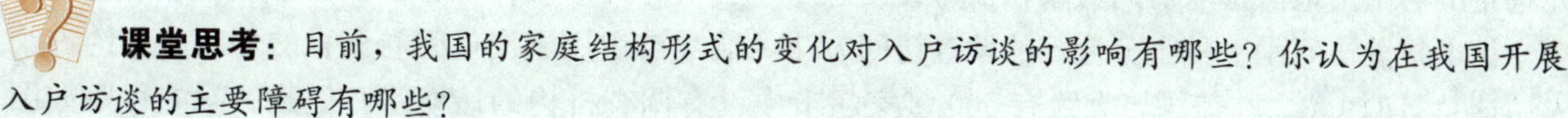

课堂思考：目前，我国的家庭结构形式的变化对入户访谈的影响有哪些？你认为在我国开展入户访谈的主要障碍有哪些？

（二）入户访谈的运用

1. 入户访谈前的准备工作

（1）基本情况方面的准备。调查员要了解被调查者的一些基本情况，如生活环境、工作性质及由此形成的行为准则等。

（2）要做好工具方面的准备，最常用的如照相机、录像机、录音机、文具以及测试用的表格、问卷等。

2. 入户访谈的步骤

入户访谈通常应遵循以下步骤：

（1）把自己介绍给被调查者。调查员在做自我介绍时要做到不卑不亢，使对方尽快了解自己的身份，并认为自己的访问是善意的，他的答复是有价值的，或这项调查研究是与他的切身利益有关的。说话时一定要彬彬有礼，同时可递上介绍信或学生证、工作证，以消除被调查者的戒心。

例 4－4　自我介绍：“您好！我是××公司的市场调查员。我们正在进行一项关于××型号汽车的市场调查，在众多消费者随机抽样中您家正好被抽中，我想占用您一点时间，希望没有打扰您！”

（2）要详细说明这次访问的目的与意义。说明时要言简意赅，从而与被调查者初步建立起一种互相信任的关系。

例 4－5　说明目的：这次调查的主要目的是了解您对我们公司××型号汽车的售后服务的意见或建议，您的回答将为我们服务范围的拓展、服务质量的提高、服务措施的改进提供重要的参考。

（3）提问开始。按照预先的设计，调查员开始向被调查者发问。调查员一般按问题的先后次序一一提问，可以适当地活跃气氛，避免使被访问者感到枯燥、机械。即使被调查者答非所问，调查员也要耐心地听，同时设法切入正题，但要选择有利的机会，避免对方察觉而感到不快。有些问题需要进一步“追问”的，调查员可使用“立即追问”“插入追问”“侧面追问”等方法，以被访问者不感到厌烦为限度。

例 4－6　提问开始：这是一份我们印制的问卷，我们按顺序开始问答，好吗？

3. 特殊情况的处理

正在进行的访问也可能出现拒绝访问、因事忙碌或不想继续接待、被调查者身体不适等。遇到这种情况时，调查员不必为此气馁，除耐心说明调查目的外，还要了解拒访的原因，以便采取其他方法进行，也可以另约时间；或者帮助被调查者干点力所能及的事，争取得到继续的接纳；对于一些较敏感的问题或者被调查者认为有关其安全的问题，应该耐心解释或通过其他途径了解。

二、拦截访问

拦截访问又称街头截访，它一般有两种方式：一种是由调查员在事先选定的若干个地区选取访问对象，征得其同意后，在现场依照问卷进行面访调查；另一种是先确定地点，然后由调查员在事先选定的若干个地区选取访问对象，征得其同意后，引领访问对象到确定的地点进行面访调查。

街上拦截访问是一种十分流行的调查访问方法，通常被运用于定量问卷调查的环节中，约占个人访谈总量的 1/3。在美国，大约有 500 多家超市中设有调查机构的访谈室。拦截访问的程序如图 4－3所示。

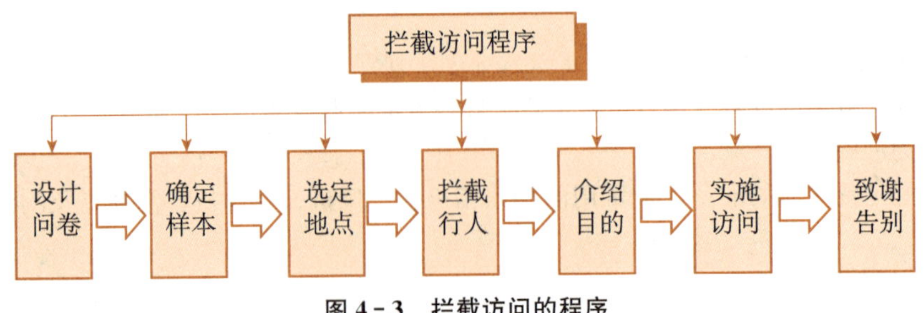

图 4－3　拦截访问的程序

（一）拦截访问的特点

1. 拦截访问的优点

(1) 节省费用。由于被访问者出现在调查员的面前，调查员可将大部分时间用于访谈，而省略了入户访谈的行程时间及差旅费用。

(2) 避免入户困难。在公共场所，被访问者没有过度的私密感，相对来讲比较容易接受访问。

(3) 便于对调查员的监控。拦截访问是在选好的地点进行的，因此可以指派督导人员进行现场监督，以保证调查的质量。

2. 拦截访问的缺点

(1) 适合内容较多、有一些较复杂或不能公开问题的调查会引起被访问者的反感而遭到拒访。

(2) 调查的精确度可能很低。由于所调查的样本是随机拦截的，调查对象在调查地点出现带有偶然性，这可能会影响调查的精确度。

(3) 拒访率较高。调查对象有非常多的理由来拒绝接受调查。

（二）拦截访问的运用

为了获得适合于大多数消费者的研究样本，购物中心、广场或商业街区往往成为拦截访问最普遍的地方。在大多数拦截访问中，调查员被派到购物中心寻找可能适合于调查的人员。调查员接近被访问者，并请求他们参与现场采访。如果他们同意，调查访问开始，并且要感谢被访问者。如果他们拒绝接受调查，调查员继续寻找下一个目标。

拦截访问的技巧如下：

(1) 地点选择。拦截访问一般选择繁华交通路口、户外广告牌前、商场或购物中心内（外）、展览会场内（外）等。

(2) 对象选择。调查员必须有足够的耐心，运用自己的知识、经验和职业素养，从过往行人的言行、举止、穿着、大致年龄段等要素大致选定符合调查目标的对象。

(3) 拦截对象。语言礼貌且具有一定说服力，同时为了保证随机性，应该按照一定的程序和要求进行拦截。例如，每隔几分钟拦截一位，或每隔几个行人拦截一位等。

例 4-7　拦截对象： 女士/先生，您好！可以打扰您一下吗？我是××公司的市场调查员，这是我的证件！耽误您几分钟时间，有几个问题想问您一下，可以吗？

(4) 面谈调查。征得被调查者同意后，在现场按照问卷内容进行简短的面谈调查。

（三）拦截访问调查质量的控制

为了保证拦截访问调查质量，调查活动必须按照一定的规范进行。

(1) 专人现场监控。按调查现场的特点划分不同的区域开展工作，不同的区域均有专人负责现场监控。

(2) 调查督导人员随时巡查。由负责督导及复核的人员共同负责巡场工作，不定时巡视，以便及时发现和解决问题。

(3) 确认被访问者资格。由复核人员负责现场二次甄别工作，确保被访问者符合被访条件。根据经验布置测试室，减少被访问者间的相互干扰，便于收集更多的信息。

（4）详细审核调查问卷。现场对问卷进行百分百审核，审核无误后才让被访问者离开及送礼品，发现问题应及时补充访问，以确保问卷质量。

任务资讯 4-6

如何降低拒访率

1. 精心准备

调查员首先要着装得体、精神饱满、言语诚恳、胆大心细、材料证件齐全；其次要做好培训、试访演练、制作证件等工作。

2. 按照被调查者的心理活动进行询问

（1）适应。开始询问非常关键，调查经验表明，如果被调查者了解了要求并回答了前三个问题，在一般情况下，对其他所有问题也会给予回答。

（2）达到既定目的。在回答调查问题的过程中，当调查问卷的篇幅很长时，为了提高被调查者的兴趣，可使用功能心理问题（如与女性谈论服饰、与男性谈论运动），问题的内容应让被调查者感到有兴趣。当遇到被调查者明显不真实的答复时，调查员应该及时停止，重复提问，并通过观察被调查者的态度以及客观环境来判断其答复不真实的原因，具体情况具体分析。如果确定被调查者不愿配合，只是敷衍了事，调查员提醒后仍然如此，必须终止访问，另换一户再访。

（3）结束询问。结束询问也比较重要。如果被调查者还未说完，还有一些紧张感，就要设计一些轻松的问题，这有助于缓解被调查者的紧张情绪。

三、电话调查

电话调查是指调查员通过电话进行语言交流以从被调查者那里获取信息的一种调查方法。这种方法在西方发达国家应用较为普遍，也最受欢迎，在我国还处于起步阶段。电话调查通常以电话号码簿为基础进行随机抽样，如果抽样恰当、回访程序科学，就可能获得高质量的样本。

（一）电话调查的优点

1. 效率较高

与入户调查相比，电话调查省去了花费在路途上的时间，时间短、速度快。与邮寄调查相比，电话调查能及时收集被调查者的答案，速度快，因而是效率较高的调查方式。与入户访谈相比，电话调查可以访问到不易接触到的对象。

2. 可以获得更为有效的应答

电话铃响起时，一般人都会去接，这就大大降低了拒访的可能；一些比较敏感的问题，如受教育程度、收入、分期付款等问题，在入户访谈和拦截访问面对面情况下，被访问者会感到有些不自然，回答率较低，而在电话调查中，则能获得较坦诚的回答。

3. 易于控制实施质量

调查员集中在同一房间中拨打电话，督导可以随时检查工作情况、通话技巧等，也可以随时对问题进行更改。与入户访谈和邮寄调查相比，其调查质量可以大大提高。

4. 费用较低

电话调查与入户访谈相比，入户访谈需要的调查人员多，交通费用大，所花的费用很高。电话调查相对来说费用较低。

（二）电话调查的缺点

1. 电话调查的成功率受限制

电话号码的编制采用的是随机数表的方法，有些号码可能未开通，或是空号，或已经停用。另外，受访对象如果正在忙于其他事务，或误以为是一般推销商的电话，都可能拒绝接受访问。这些原因使得电话调查的成功率较低。

2. 电话调查的时间受限制

电话调查的时间一般应控制在20分钟以内，以免引起被调查者的反感。

3. 电话普及率不高会影响调查

一些边远地区、农村的电话普及率很低，从而影响了样本的代表性。

4. 对被调查者提示受限

由于无法提供直观教具，不能对被调查者进行现场启发。

课堂思考：在我国，开展电话调查的主要障碍有哪些？移动电话的普及对电话调查有哪些影响？

四、邮寄调查

邮寄调查是指由市场调查人员把事先设计好的调查问卷邮寄给已经联系好的被调查者，由被调查者填写完成以后再寄回，调查人员通过对问卷进行整理、分析，进而获取市场信息的一种调查方式。

（一）邮寄调查的优点

1. 费用较低

邮寄调查不需要专门进行调查人员的招聘、培训、监控以及支付报酬，调查的成本不是很高。

2. 调查者的影响较小

该方式避免了由于调查人员的干扰而产生的信息失真。

3. 调查区域广泛

该方式被调查的对象广泛，调查面广。

4. 应答更确切

被调查者匿名性较强，又可以有充分的时间来考虑，填写较为灵活、自由、方便。

（二）邮寄调查的缺点

1. 问卷回收率低

邮寄调查的调查问卷易出现没有被收回或未答完就寄回的情况。

2. 缺乏对被调查者的控制

被调查者可以在回答任何问题前浏览和思考所有问题，所以对问题呈现的顺序无法控制，造成结果的真实度降低。

3. 应答者会有选择偏见

这是指那些有别于没有填完问卷就归还问卷的被调查者，他们反馈回来的问卷存在答非所问的情况。此时，通过这种方法获得的样本就不具有普遍意义上的典型性。

（三）增加邮寄调查反馈的方法

邮寄调查存在回收率低、回收时间长等问题，并且这一直是困扰市场调查人员的难题。为了提高邮寄调查的反馈率，从事市场调查的机构和个人做了许多探索，也总结了不少方法，如物质刺激、贴上回程邮票、电话提醒等。

五、网络调查

网络调查也称网上调查，是指企业利用互联网了解和掌握市场信息的方式。与传统的调查方法相比，网络调查法在组织实施、信息采集、调查效果等方面具有明显的优势。

（一）网络调查的特点

网络调查是一种新兴的调查方法，它的出现是对传统调查方法的一个补充。随着我国互联网事业的进一步发展，网络调查将会被更广泛地应用，并将最终取代传统的入户调查和拦截访问等调查方式。

1. 网络调查的优点

网络调查的组织简单方便、费用相对低廉、匿名性好、数据质量相对较高、不受时空与地域限制、速度快。

2. 网络调查的缺点

网民的代表性、准确性差，网络的安全性和个人隐私的保护问题不容忽视，受访对象难以限制，网上访问需要一定的网页制作水平。

（二）网络调查的具体方法

网络调查常用的是网上问卷调查法。目前，网上问卷调查主要有以下基本方法。

1. 网站或网页调查

网站或网页调查是指将问卷放在网络站点或网页上，由网站或网页浏览者自愿填写。

2. E-mail 问卷

E-mail 问卷就是一封简单的 E-mail，并按照已知的 E-mail 地址发出，被调查者回答完毕后回复调研机构。

3. 交互式 CATI 系统

它利用一种软件语言程序在 CATI 上设计问卷结构并在网上进行传输。

4. 网络调研系统

它是专门为网络调研设计的问卷连接和传输软件。

除网上问卷调查法之外，还有网上讨论法、网上实验法和网上观察法等。

课堂测评

测评要素	表现要求	已达要求	未达要求
知识点	能掌握访问调查的含义		
技能点	能初步认识访问调查具体方法的运用程序		
任务内容整体认识程度	能概述并认识访问调查的准备与实施工作		
与职业实践的联系程度	能描述访问调查的实践意义		
其他	能联系其他课程、职业活动等		

子任务4

观察与实验调查

任务提示：认识市场调查中的观察与实验调查法，特别是从市场调查活动实践意义的角度认识观察与实验调查的作用及特点，在此基础上，认识观察与实验调查工作及职业活动，并理解观察与实验调查活动过程。

观察与实验调查也是比较典型的实地调查方法，收集的资料同样可以量化处理，也属于比较重要的定量调查方法。

一、观察调查认知

人们每天都在有意无意地对事物进行观察、审视，将这种方法引入市场调查工作领域，规定一定的条件、操作规程，它就成为一种实地收集市场信息的方法。

观察调查主要观察人们的行为、态度和情感，记录调查对象的活动或现场事实，调查者可以用眼看、用耳听，也可以用摄录设备捕捉一些重要信息。

（一）观察调查的含义

观察调查的具体形式体现为对现象的观察和对顾客的观察。

重要概念 4-4　观察调查

观察调查是调查人员在现场通过自己的感官或借助影像摄录器材，直接或间接地观察和记录正在发生的行为或状况，以获取第一手资料的一种实地调查方法。

在有些情况下，观察是唯一可用的调查方法，比如对于由于年龄小而不能准确表达自己偏好和动机的幼儿，就只能使用观察法去判断其所要表达的意思。但是，观察法只能观察到一些表面状况，不能了解到一些内在因素的深刻变化。在实践中，观察法只有较多地与其他调查方法结合运用，才能取得更好的效果。

要想成功地使用观察法，必须具备以下条件：

（1）所需要的信息必须是能观察到并能够从观察的行为中推断出来的。

（2）所观察的行为必须是重复的、频繁的或者是可预测的。

（3）被调查的行为是短期的，并可获得结果的。

（二）观察调查的类型

观察有多种形式，从事市场调查的人员可以根据不同的情况，采取不同的观察方法。作为收集资料的主要方法之一，观察法可以根据不同的标准划分为以下类型。

1. 参与观察与非参与观察

参与观察是指观察者直接加入某一群体之中，以内部成员的角色参与被观察者的各种活动，在共同生活中进行观察，收集与分析有关的资料。

非参与观察是指观察者不参与被观察者的任何活动，以旁观者的身份，置身于调查群体之外进行观察。这种观察结果可信度高，但是却不能了解到被观察者的内心世界。

2. 公开观察和非公开观察

公开观察是指被观察者知道自己正在被观察。通常情况下，观察员的公开出现将影响被观察者的行为，被观察者可能会表现出与平常有所偏差的特征。

非公开观察是在不为被观察的人、物或事件所知的情况下观察他们行动的过程。非公开观察的最普遍形式是装扮成普通顾客在现场观察人们的行为，观察结果相对真实、可信。

课堂思考：被调查者如果是处在非自然状态下接受观察调查，会怎么样？如果观察者没有任何目的，只是随便看看，能否得出观察结论？为什么？

3. 结构式观察和非结构式观察

结构式观察是指调查者事先制定好观察的范围、内容和实施计划的观察方式。由于观察过程标准化，结构式观察能够得到比较系统的观察材料，以供分析和研究使用，举例如表 4-1 所示。

表4-1　书店服务评价表

店名＿＿＿＿＿＿　　日期＿＿＿＿＿＿

服务员＿＿＿＿＿＿　　购买者＿＿＿＿＿＿

进入书店的时间＿＿＿＿＿＿　　离开书店的时间＿＿＿＿＿＿

等候服务员的时间＿＿＿＿＿＿（分钟）

问题（五项全部做到的5分）

否□　是□　微笑迎接顾客

否□　是□　主动提问“今天我能为您做什么？”

否□　是□　至少提出一个附加性的问题来帮助顾客

否□　是□　带领顾客到相应的图书区

否□　是□　向顾客介绍两种以上的相应书籍

提示：这是某书店为了调查店员服务情况设计的调查表格。

非结构式观察是指对观察的范围、内容和计划事先不做严格限定，根据现场的实际情况随机决定的观察。

4. 直接观察与间接观察

直接观察是指观察者直接到现场观看被观察者的情况，即观察者直接“看”到被观察者的活动。

间接观察是指观察者通过对与被观察者关联的自然物品、社会环境、行为痕迹等事物进行观察，以便间接反映调查对象的状况和特征。

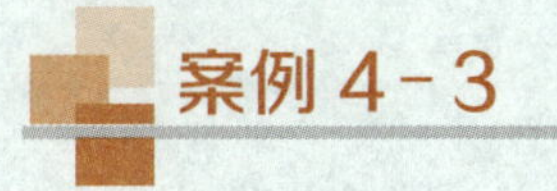

美国雪佛龙超市的垃圾分析

美国的大型超级商场雪佛龙公司聘请美国亚利桑那大学人类学教授威廉·雷兹对垃圾进行研究。威廉·雷兹教授和他的助手在每个垃圾收集日从垃圾堆中挑选出数袋垃圾，然后把垃圾的内容依照其原产品的名称、重量、数量、包装形式等予以分类。如此反复地进行了近一年的对垃圾的研究分析。雷兹教授说：“垃圾袋绝不会说谎和弄虚作假，什么样的人就丢什么样的垃圾。查看人们所丢弃的垃圾，是一种很有效的研究方法。”他通过垃圾研究，获得了有关当地食品消费情况的信息。

评析：这是一种典型的间接观察。垃圾的种类、数量、包装等多个方面，可以反映垃圾主人的食品消费情况。

5. 其他类型的观察

（1）自我观察。自我观察就是个人按照一定的观察提纲，自己记载自己的行为、行动，进行自我观察，观察者既是主体，又是被观察对象。

（2）设计观察。设计观察是指观察者在经过设计的环境中开展调查活动，但观察者没有扮演任何角色，被观察的人没有意识到他们受到观察。

（3）机器观察。机器观察是指借助机器完成的调查活动。在特定的环境中，机器观察比人员观察更客观、更精确、更容易完成任务。

（三）观察调查的特点

1. 观察调查的优点

（1）简便易行。观察法灵活性较强，观察者可随时随地进行调查，对现场发生的现象进行观察和记录，通过一些影像手段，还可以如实反映或记录现场的特殊环境和事实。

（2）过程排除干扰。调查人员不会受到被调查者回答意愿、回答能力的困扰，特别是在非参与观察的情况下，调查人员不需要和被调查者进行语言交流，可以排除语言交流、人际交往给调查活动带来的干扰。

（3）信息直观可靠。观察法可以在被观察者不知情的情况下进行，避免了对被调查者的影响，被调查者保持其正常的活动规律，所观察到的信息客观准确、真实可靠。

2. 观察调查的缺点

（1）耗时过长导致调查成本提高。在实践中，一些特殊的调查项目需要大量观察员进行多次、反复观察，调查费用会随之提高，有时还需要进行一些特定环境设计，这也会导致调查时间延长。

（2）只看表象致使观察深度不够。观察法只能观察表面，不能了解一些市场因素发生变化的内在原因，因而观察的深度往往不够。

（3）人员素质引发观察结论误差。观察法对观察人员的素质提出了较高的要求。观察者必须具备熟练的市场营销知识和操作技能、敏锐的观察力、必要的心理学理论及良好的道德规范。

观察决定货品陈列

超市的商品可不是随便摆放的！经营者常常通过观察超市里顾客的行踪决定货品的陈列。通常调查者会在通道示意图上标出购物者的行走路线。通过对有代表性的购物者之间行走路线的比较，就可以决定哪里是摆放能引起顾客购物冲动的商品的最佳地点。

一般来说，零售商希望商店中的商品尽可能多地暴露在购买者面前。如超市往往将必需品摆放在商店的后部，目的是希望购物者在走到通道的另一端去选购牛奶、面包及其他必需品的时候能够产生购物冲动，将更多的物品放进他们的购物篮里。

（四）观察调查的应用

观察调查主要用于以下一些领域：车站码头、商场顾客流量的测定；主要交通要道车流量的测定；对竞争对手进行跟踪或暗访观察；消费者购买行为、动机、偏好调查；产品跟踪测试；商场购物环境、商品陈列、服务态度调查；生产经营者现场考察与评估；与询问调查法结合使用。

二、实验调查认知

实验调查是将自然科学中的实验求证理论移植到市场调查中来，在给定的条件下，对市场经济活动的某些内容及变化加以验证，通过调查分析获得市场资料。

（一）实验调查的含义

实验调查也称试验调查，它既是一种实践过程，也是一种认识过程，它将实践与认识统一为调查研究过程。调查者经常通过改变某些因素（自变量）来测试对其他因素（因变量）的影响，通过实验对比分析，收集市场信息资料。

重要概念 4-5　实验调查

实验调查是指从影响调查问题的许多因素中选出一个或两个因素，将它们置于一定条件下进行小规模的实验，然后对实验结果进行分析，研究是否值得大规模推广的一种实地调查法。

实验调查属于因果关系研究的范畴。如产品的品质、价格（自变量）等改变后，企业产品销售量、市场份额（因变量）有什么样的变化。

（二）实验调查的特点

实验调查是一种具有实践性、动态性、综合性的直接调查方法，它具有其他调查方法所没有的优点，同时也有自身的局限性。

1. 实验调查的优点

（1）能够揭示市场变量之间的因果关系，从而帮助企业采取相应的营销措施，提高决策的科学性。

（2）能够控制调查环境和调查过程，而不是被动、消极地等待某种现象的发生。

（3）能够提高调查的精确度。

2. 实验调查的缺点

（1）在实验过程中，经常会出现随机的、企业不可控的因素和现象发生，这些因素会在市场上发生作用，并对实验进程产生影响，进而影响实验效果。

（2）调查的时间较长。

（3）调查的风险较大，费用也相对较高。

（4）在实施时需要由专业人员操作，难度较大。

（三）实验调查的运用

实验调查的应用范围很广，如改变商品包装、改变产品价格、改进商品陈列以及进行新产品试验等，均可以使用该调查方法。

1. 实验调查的基本要素

实验调查方法有三个基本要素：

（1）实验者。实验者是进行实验调查的有目的、有意识、有计划的行动主体。

（2）实验对象。实验对象是实验调查所要认识、分析、研究的客体。

（3）实验环境。实验环境是实验对象所处的各种条件的总和。实验调查的过程，就是实验者控制这些条件——使一些条件发生变化，另一些条件不发生变化，或使某几个条件相互作用、相互影响的过程。

2. 实验调查的实施程序

实验调查的实施程序如图 4－4 所示。

图 4－4　实验调查实施程序

3. 实验调查的主要方法

实验调查的具体方法主要有以下三种：

（1）实验前后无控制对比实验。这种实验方法是指通过对实验单位在实验前和实验后的情况进行测量、对比和分析，引入实验因素（自变量和因变量），来了解实验效果的一种方法。

例 4－8　某品牌手机制造商为了扩大销售，计划将手机的 Android 2.3 操作系统升级到 Android 4.4。但对手机操作系统的提升会不会大幅度提高销量没有把握，因此决定采用实验单位前后对比实验的方法进行调查。具体操作步骤如下：① 选定实验对象，即将该企业 A、B 两种规格的手机作为实验单位；② 对其实验前一段时间，如一个月内的手机销售额进行统计；③ 销售提升了功能的手机；④ 统计相同时间内具有新功能的手机的销售额；⑤ 检测试验效果，如表4－2所示。

表 4－2　　**××型号手机销售额统计表**　　单位：元

实验单位	实验前销售额（Y_1）	实验后销售额（Y_2）	前后变化（Y_2-Y_1）
A	35 600	54 600	+19 000
B	18 900	25 800	+6 900
合计	54 500	80 400	+25 900

通过表 4－2 显示的数据，实验单位在实验前后的变化为 Y_2-Y_1，可以看出手机功能的提升使销售额增加了。经分析，在手机销售额上升的过程中，无其他因素影响或影响甚少，因此可以判定是功能的提升带来了销售量的扩大，可以做出提升手机功能的决策。

（2）实验前后有控制对比实验。这种实验方法是指为了消除实验期间一些外来因素的影响（如季节变化、供求关系变化等），提高实验结果的准确性。在同一时间周期内，随机抽取两组条件相似的单位作为实验单位，一组为实验组，另一组为参照组或对比组，也称控制组。在实验时，要对这两组分别进行实验前测量和实验后测量，一般将实验前实验组的销售量或销售额设定为 X_1，控制组设定为 Y_1；实验后实验组的销售量或销售额设定为 Y_2，控制组设定为 X_2。然后进行事前、事后对比，以得出实验结论，为营销决策提供依据。

实验变量效果＝ $(X_2-X_1)-(Y_2-Y_1)$

例 4－9　某食品销售企业为了扩大市场份额，欲对其主要产品——某品牌的巧克力进行包装调整，但该企业对广告公司提供的包装设计样品没有太大把握。于是公司决定在市区内选择六家市场规模及消费水平非常接近的超市进行对比测试。其中 A、B、C 为实验组，即销售改变包装后的巧克力；E、F、G 为控制组，继续销售未改变包装的巧克力，实验期为一个月。

具体销售数据如表 4-3 所示。

表 4-3　××牌巧克力销售额统计表　单位：元

组别	实验前 1 个月的销量	实验后 1 个月的销量	变动量
A、B、C 实验组	X_1=2 400	X_2=3 100	700
E、F、G 控制组	Y_1=2 400	Y_2=2 600	200

从表 4-3 中可以看出，实验组和控制组在实验前的销售额都是 2 400 元；实验组在实验后销售额为 3 100 元，控制组为 2 600 元。实验前后对比发现，实验组销售额增加了 700 元；控制组增加了 200 元。

实验变量效果＝ $(X_2-X_1)-(Y_2-Y_1)=700-200=500$ 元，即该企业设计的新型外包装使巧克力销售额增加了 500 元，据此可以判断，外包装的改变对销售有促进作用，企业便可做出改变外包装的决策。

(3) 实验组与控制组连续对比实验。在实际生活中，控制组与实验组的条件是不相同的，往往会影响实验结果。为了消除非实验因素的影响，可以采用控制组与实验组连续对比实验。控制组在实验前后均经销原产品，实验组在实验前经销原产品，实验期间经销新产品，然后通过数据处理得出实验结果。

例 4-10　某食品厂为了检测某种巧克力新包装的市场效果，选择了三家商场作为实验组，再另选三家商场作为控制组，实验期为一个月，其销售量统计如表 4-4 所示。

表 4-4　××牌巧克力销售量统计表　单位：吨

组别	实验前	实验后	变动量
A、B、C 实验组	6.5（原包装）	9.8（新包装）	3.3
E、F、G 控制组	6.38（原包装）	7.5（原包装）	1.12

实验组的新包装巧克力比原包装巧克力在实验前后增加了 3.3 吨，扣除控制组增加的 1.12 吨，以及实验前两组的差异 0.12 吨，新包装巧克力比原包装巧克力扩大了销售 2.06 倍，改进后新包装巧克力的市场效果十分明显。

课堂测评

测评要素	表现要求	已达要求	未达要求
知识点	能掌握观察与实验调查的含义		
技能点	能初步认识观察与实验调查方法的运用程序		
任务内容整体认识程度	能概述并认识观察与实验调查的实施工作		
与职业实践的联系程度	能描述观察与实验调查的实践意义		
其他	能联系其他课程、职业活动等		

任务4小结

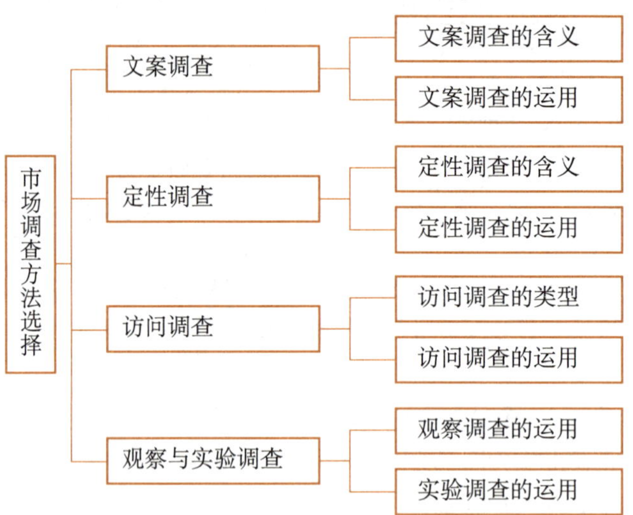

教学做一体化训练

重要概念

文案调查　定性调查　入户访谈　观察调查　实验调查

课后自测

□单项选择

1. 在文案调查中，不直接接触(　　)，不存在与被调查者的人际关系。

A. 调查人员　B. 被调查者　C. 调查环境　D. 调查数据

2. (　　)可以配合原始资料更好地研究问题。

A. 文案调查　B. 实地调查　C. 定性调查　D. 观察调查

3. 定性调查是一种探索人们的动机、态度和对事物的(　　)的看法的研究方法。

A. 方向　B. 范围　C. 领域　D. 性质

4. 深度访谈用以揭示对某一问题的潜在动机、态度和情感，最常应用于(　　)。

A. 探索性调查　B. 描述性调查　C. 预测性调查　D. 因果性调查

5. 网络调查组织简单方便、(　　)、匿名性好、不受时空与地域限制。

A. 费用比较低廉　B. 费用昂贵　C. 数据质量较低　D. 速度慢

6. 观察调查中，所观察的行为必须是(　　)的、频繁的或者是可预测的。

A. 重复　B. 不重复　C. 不可预测　D. 不易观察

7. 实验调查属于(　　)研究的范畴。

A. 因果关系　B. 预测调查　C. 深度调查　D. 文案调查

□**多项选择**

1. 文案调查的优点是(　　)。

A. 受时空限制较少，获取的信息资料较丰富

B. 操作起来方便、简单，能够节省时间、精力和调查的费用

C. 内容比较客观，适宜纵向比较

D. 可为实地调查提供经验和大量背景资料

2. 文案调查应该遵循(　　)。

A. 广泛性原则　B. 针对性原则　C. 时效性原则　D. 连续性原则

3. 定性调查的缺点有(　　)。

A. 定性调查的代表性不如定量调查，很难有把握地断定参加座谈会的消费者或专家能够代表他们所属的总体

B. 不能提供比较具体详细的信息，也不能表现市场机会或细分市场间的细微差异

C. 对访谈者和受访者的要求比较严格，双方的条件有任何不足都可能影响调查的质量

D. 不能单独运用

4. 入户访谈的优点有(　　)。

A. 信息获取的直接性　B. 调查组织的灵活性

C. 调查过程的可控制性　D. 调查数据的准确性

5. 拦截访问的缺点有(　　)。

A. 不适合内容较多、较复杂或不能公开的问题的调查

B. 调查的精确度可能很低

C. 拒访率较高

D. 问卷长度不能超过15分钟

6. 邮寄调查的优点有(　　)。

A. 费用较低　B. 调查者的影响较小

C. 调查区域广泛　D. 应答更确切

7. 调查者做到（　）才能降低拒访率。

A. 着装得体、精神饱满　B. 言语诚恳、胆大心细

C. 材料、证件齐全　D. 依据被调查者的心理活动过程进行访谈

8. 网络调查方法除网上问卷调查之外，还有(　　)。

A. 网上讨论法　B. 网上实验法　C. 网上观察法　D. 网页站点法

9. 观察调查的类型有(　　)。

A. 结构观察法和非结构观察法　B. 公开与非公开观察法

C. “神秘顾客”　D. 人员观察与机器观察

□**判断**

1. 实地调查是收集二手资料的方法之一。(　　)

2. “神秘顾客”是非公开观察的一种方法之一。(　　)

3. 实地调查采用的方法不同，所必需的费用也不同。(　　)

4. 在面对面访谈调查活动中，调查人员应该灵活变通、因地制宜以求随时掌控访谈进程，取得较好的调查效果。（　　）

5. 文案调查可以是调查人员在足不出户的情况下收集相关信息资料。（　　）

6. 实验调查能够揭示市场变量之间的因果关系，从而采取相应的营销措施，提高决策的科学性。（　　）

7. 定性调查没有科学依据，属于一种猜测与估计。（　　）

□简答

1. 为什么要进行实地调查？
2. 入户访谈前应该做好哪些准备？
3. 结构性、非结构性观察各指什么？两者有哪些区别？
4. 简述拦截访问的程序。
5. 简述实验调查法的原理。
6. 简述网络调查的特点。

案例分析

案例1：观察的作用

美国恩维罗塞尔市场调查公司的帕科·昂得希尔是著名的商业密探。在进行调查时，他一般会坐在商店的对面，静静地观察来来往往的行人，与此同时，他的同事也正在商店里进行调查工作，他们负责跟踪在货架前徘徊的顾客，主要调查目的是要找出商店生意好坏的原因，了解顾客走进商店以后如何行动，以及为什么许多顾客在对商品进行长时间挑选后还是失望地离开。通过他们的辛勤工作，使许多商店在日常经营过程中采取了多项实际的改进措施。

有一家音像商店由于地处学校附近，大量青少年经常光顾。恩维罗塞尔市场调查公司通过调查发现，这家商店把磁带放置得过高，身材矮的孩子往往拿不到，从而影响了销售。昂得希尔指出应把商品降低高度放置，结果销售量大大增加。

还有一家叫伍尔沃思的公司发现商店的后半部分的销售额远远低于其他部分，昂得希尔通过观察拍摄的现场解开了这个谜：在销售高峰期，现金收款机前顾客排着长长的队伍，一直延伸到商店的另一端，妨碍了顾客从商店的前面走到后面，针对这一情况，商店专门安排了结账区，结果使商店后半部分的销售额迅速增长。

阅读材料，回答以下问题：

1. 一般影像店的磁带应该怎样摆放，才能尽可能地“暴露”在各年龄段的消费者面前？
2. 为了缓解人们排长队结账而产生的无聊情绪，商店还可以怎样做？

案例2：调查研究铸就肉类加工王国

19世纪50年代，美国西部出现了“淘金热”。17岁的菲利普·亚默尔也怀着“黄金梦”离开家乡的农庄，加入淘金大军中，当他风餐露宿、日夜兼程赶到加利福尼亚时，才知道淘金太难了。在他之前，加州的荒野上已接纳了成千上万来自全国各地的人。

骄阳似火，汗水滴在干涸的土地上，不留下一丝痕迹。峡谷里没有风，在干燥、闷热、水源奇缺的环境里苦干，淘金人的嘴上都起了一串串火泡。矿工们边干活边吼道："谁要给我一碗凉水，我就给他1块钱!""要是能让我痛饮一顿，我出2块钱!"大汗淋漓的淘金人太需要水了，可是在黄金的诱惑下，谁也不愿浪费时间去找水。说者无意，听者有心，浑身疲惫的亚默尔不由得心中一动。他想，这么多人在此挖了两个月，仍然一无所获，与其这样漫无目的地挖金子，还不如搞些水来卖划算，这里人人都要喝水。亚默尔说干就干，他花费了整整两天时间在峡谷里四处走动，找离工地最近的水源。第四天黄昏，他终于发现了一片野草丛生、林木苍翠的地方。峡谷中到处是干裂的土地，唯有这儿的地面是潮湿的，这里的水位一定很低。经过仔细勘察，亚默尔在密草深处发现了几眼泉水，清澈的泉水汩汩向外涌出。亚默尔欣喜若狂，他立即动手清理泉眼，并将不远处一块凹地中的泥沙挖去，铺上石块，形成了一个蓄水池。然后，他动手从泉眼到他现做的蓄水池之间挖了一条小水沟，并在水沟底下铺上一层细沙。泉水不断地涌来，经过细沙的过滤，洁净的泉水流进蓄水池。

亚默尔擦去额头的汗珠，摘下随身携带的水壶，灌了一壶泉水，坐在一旁痛饮起来。饮着、饮着，他的手突然停在了半空中，望着手中的水壶，顿觉眼前一亮。"对，就用水壶装水"，他不禁为自己的发现欣喜若狂。亚默尔顾不上劳累，立刻到不远的镇上买了些水壶。当甘甜的泉水运送到工地上时，口干舌燥的矿工们争先恐后上前抢购。这时，和亚默尔一起淘金的矿工挖苦他说："你千辛万苦地跑到这儿，不挖金子却卖水，真是个大傻瓜!"

亚默尔淡淡地一笑，他明白自己在做什么。当许许多多憧憬着发财梦的淘金人一无所获，空手而归时，亚默尔已经赚回了一笔不小的财富。

菲利浦·亚默尔带着赚来的6 000美元，回到了故乡斯达克乔。没过多久，他决心到外面的世界开辟自己的天地。亚默尔再次离开故乡，奔向繁华的密尔沃基城。在那里，他的一位朋友开着一间杂货店。亚默尔请教朋友，自己该从何做起。朋友告诉他，做小生意只能糊口，只有做大生意，如纺织、钢铁等，才能赚钱。亚默尔边听边盘算，一时还不能决定做什么生意。正在这时，陆续进来几个人要买肥皂，亚默尔看在眼里，乘势向朋友打听肥皂的行情。"肥皂的销路怎么样?""每个家庭都离不开它，销路自然不错。不过，肥皂本钱低、周转快，竞争非常厉害。"亚默尔听后，有了主意，他决定就生产肥皂，只要销路好，不愁不赚钱。亚默尔一如既往，说干就干。他找到住处后立刻报名去学肥皂的制造技术。当一切准备就绪，亚默尔用自己卖水得来的钱建起了一家小型肥皂工厂。在生产过程中，他不断去做市场调查。经过反复实验，他终于制造出一种独特的肥皂，外形美观、气味芬芳，洗涤效果也非常理想，从而吸引了大量的家庭主妇购买。

肥皂事业成功之后，他通过努力最终成为美国肉类加工工业的巨子。

阅读材料，回答以下问题：

1. 菲利普·亚默尔在成就事业的过程中，分别用到了什么样的调查方法?

2. 结合菲利普·亚默尔卖水成功的例子，归纳他是如何通过仔细观察获得自己的发展契机的?哪些体现为对现象的观察，哪些体现为对顾客的观察?

3. 结合菲利普·亚默尔生产肥皂的例子，试模拟制作一份关于肥皂外观、香味和洗涤效果等内容的调查表。

同步实训

□**实训1：文案调查**

实训目的： 认识文案调查的操作要领以及现实意义。

实训内容：（1）设定某一调查主题，如2016年中国汽车产销状况、2016年中国对外贸易状况等，围绕这一主题，通过文案调查收集相关资料；（2）讨论分析所收集资料的来源及权威性。

实训组织： 学生分小组，讨论资料收集路径与方法，开始收集资料；讨论资料的来源渠道及其权威性；讨论分析文案调查过程中会遇到的问题，及如何加以克服，并写出书面的讨论报告。

实训总结： 学生小组交流资料收集结果，教师根据讨论报告、PPT演示、讨论分享中的表现分别给每组进行评价打分。

□**实训2：定性调查**

实训目的： 认识定性调查的科学原理。

实训内容：（1）围绕市场调查目的，进行资料收集；（2）尝试运用定性调查方法。

实训组织： 结合实际，选择某一著名厂家、某一品牌的产品，可以是家电或自己和同学们消费比较多的手机等产品，收集这些产品或厂家的广告语，设计出影射法问题，在同学之间进行模拟调查，然后相互评价，揭示不同回答背后隐含的意思。

实训总结： 学生小组交流不同调查结果，教师根据调查问题的设计、回答的情况、对回答问题的分析、PPT演示、讨论分享中的表现分别给每组进行评价打分。

□**实训3：观察调查体验**

实训目的： 认识观察调查的操作。

实训内容：（1）尝试运用观察调查法；（2）运用观察调查解释现实问题。

实训组织： 学生分组，自己当一回“用心的顾客”，观察一些小的零售商店、超市，看看能发现什么问题，针对问题提出改进建议，并在一定时间后总结观察的效果。

实训总结： 学生小组讨论调查方案，教师根据讨论、评价结果、PPT演示、讨论分享中的表现分别给每组进行评价打分。

学生自我学习总结

通过任务4的学习，我能做如下总结：

一、主要知识点

从任务4中，我获取的知识点有： （1） （2）

二、主要技能

从任务 4 中，我获取的技能有：
(1)
(2)

三、主要原理

实地调查在市场调查活动中的地位与作用是：
(1)
(2)

四、相关知识点

任务 4 涉及的主要知识点有：
(1) 文案调查与市场调查成本的关系是：
(2) 定性调查的科学原理有：
(3) 访问调查解决的特定问题有：

五、学习成果检验

完成任务 4 学习的成果：
(1) 完成任务 4 学习的意义有：
(2) 我学到的知识有：
(3) 我学到的技能有：
(4) 我对市场调查方法选择的初步印象是：

任务5

市场调查抽样设计

知识目标

(1) 认识抽样调查的含义。

(2) 认知抽样调查的特征。

(3) 认知抽样调查的程序。

(4) 认知抽样调查的意义。

能力目标

(1) 能选择抽样方式。

(2) 能说明抽样误差及其影响。

(3) 能结合实际进行简单抽样。

任务描述

在市场调查活动中，限于财力、人力，不可能对所有被调查对象进行信息采集，调查人员从众多被调查对象中选取部分有代表性的样本，通过对其进行调查，进而推及全体。在这一过程中，应注意抽样活动的精心准备与科学实施。

任务分解

根据市场调查职业工作活动顺序和职业能力分担原则，“抽样设计”学习任务可以分解为以下子任务。

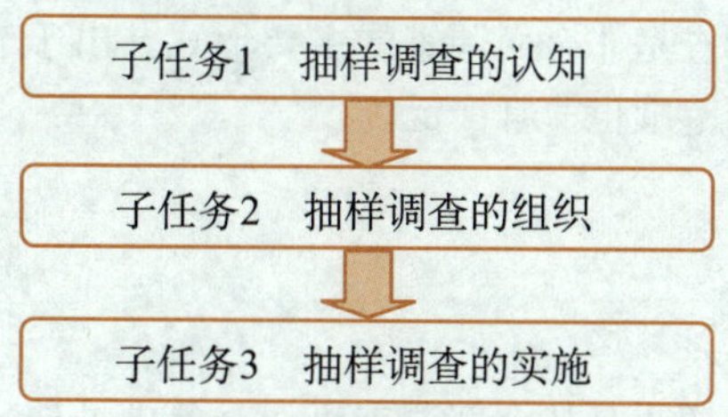

调查故事

20世纪30年代早期，美国学者盖洛普制订了一套抽样方案。他举例说，有7 000个白豆子和3 000个黑豆子十分均匀地混在一起，装在一只桶里。当你舀出100个时，你大约可以拿到70个白的和30个黑的，你失误的概率可以用数学方法计算出来。他将这套方法运用于民意测验。1932年，一家广告代理商邀请他去纽约创立一个评估广告效果的调查部门。同年，他利用他的民意测验法帮助他的岳母竞选艾奥瓦州议员。这使他确信他的抽样调查方法不仅在数豆子和报刊读者调查方面有效，而且有助于选举人：只要你了解到选举人的抽样范围具有广泛性（白人、黑人，男性、女性，富有、贫穷，城市、郊区，共和党、民主党），只要有一部分人代表他们所属的总体，就可以通过采访相对少的一部分人，来预测选举结果或反映公众对其所关心问题的态度。盖洛普证实，通过科学抽样，可以准确地估测出总体的指标。同时，抽样调查可节省大量资金。

感悟：通过数豆子发明了抽样调查，这就是现代抽样方法的先驱——盖洛普的经历。今天，抽样调查已成为比较科学的一种调查方式，在多个领域发挥着越来越重要的作用。

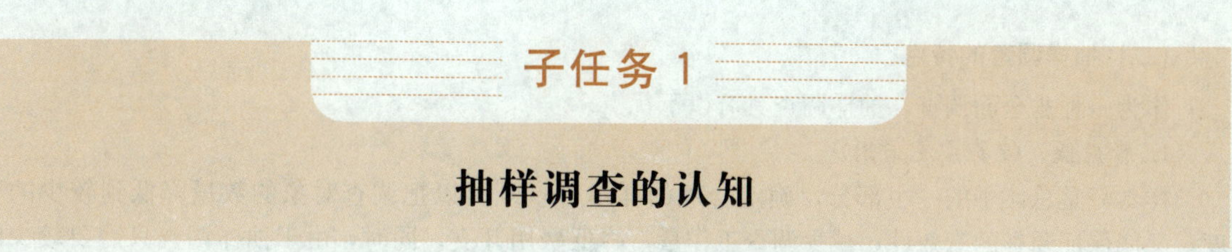

子任务1

抽样调查的认知

任务提示：认识抽样调查的基本概念，特别是从市场调查活动实践意义的角度认识抽样调查的作用及特点，在此基础上，认识抽样调查工作的有关术语，并理解抽样调查的意义。

南京市一家玻璃制品企业为了检验最新一批产品的质量，总会从中选取几只，进行挤压、踩踏，来测试产品的抗压、抗震性能。需要注意的是，只打碎几只，就可以推断出这一批产品的整体质量水平，而不是全部打碎来进行验证。这就是最常见的抽样调查。

根据对象的涵盖面大小，市场调查可分为全面调查和非全面调查。全面调查指的是通过对总体中的每个个体信息进行调查，并汇总得到其特征的一种调查方式，具体形式主要是普查。我国以2010年11月1日零时为标准时的全国第六次人口普查就属于全面调查；非全面调查是指调查范围只包括调查对象中一部分单位的调查方式，即只对总体的部分单位进行登记或观察，具体的形式包括非全面统计报表、重点调查、典型调查、抽样调查等。

在市场调查活动中，抽样调查是非全面调查的主要形式。出于节约人力、物力、财力及缩短调查周期的考虑，抽样调查的应用范围也非常广泛。

一、抽样调查的含义

作为一种非全面调查，抽样调查是从全部调查研究对象中抽选一部分单位进行调查，并据以对全部调查研究对象做出估计和推断的一种调查方法，其目的在于取得反映总体情况的信息资料，因而，也可起到全面调查的作用。

（一）抽样调查的概念

作为目前国际通行的一种比较科学的现代调查方式，抽样调查的理论基础是概率论；在实践中，科学、合理设计的抽样调查也具有其他调查方法无可比拟的优点。

重要概念 5-1　抽样调查

抽样调查也称抽查，是指从所要调查的总体中挑选出一部分个体作为样本，对样本进行调查，并根据抽样所得到的结果推断总体的一种专门性的调查活动。抽样调查的运用非常广泛，且作用很大。

广义上，抽样调查是一种专门组织的非全面调查，包括随机抽样与非随机抽样；狭义上，抽样调查就是指随机抽样调查。日常生活中所说的抽样调查大多是指随机抽样调查。

（二）抽样调查的特点

作为一种非全面调查，抽样调查具有以下优点。

1. 费用低，较易广泛采用

样本只是总体中的一小部分，确定合理的样本容量既可以把调查对象的数量降低到较少的程度，又能保证调查的有效性，减少调查工作量，降低费用开支。同时，由于抽样调查只需要较少的人力、财力、物力，企业易于承担，容易组织和实施。

2. 质量可控，可信度高

由于抽样调查是建立在科学的数理统计分析基础之上的，因此，只要能够按照科学合理的程序进行抽样，就可以排除个人主观因素的影响，保证样本的代表性，将误差控制在一定的范围内，确保所获取信息资料的可靠性和准确性。同时，由于调查样本的数量较少，可以最大限度地减少工作性误差，从而提高调查的质量。

3. 时间短，收效快

对市场营销预测和决策来说，要求相关信息在较短的时间内得到，特别适合用抽样方式来调查，从而使企业迅速适应市场的变化。

当然，抽样调查也有缺点。抽样技术方案设计比较复杂，对于设计人员的要求较高。如果抽样技术方案设计存在比较严重的缺陷，将会导致整个调查工作的失败。

课堂思考：抽样调查的依据是什么？

二、抽样调查的基本术语

为了进一步理解抽样调查的含义，还应该理解以下基本术语。

(一) 总体和抽样总体

总体又称全及总体、母体，是指所要调查对象的全体，有有限总体和无限总体之分。有限总体的数量可以确定，无限总体的具体数量则无法准确确定。抽样总体又称样本量或样本，是指从总体中抽取出来进行直接观察的全部单位。每一个被抽到的个体或单位就是一个样本。

例5-1　某高职院校想要了解全校学生的手机使用情况，按照抽样理论，可以从全体学生中抽取部分学生进行分析。其中，全校大学生就是总体，抽取出来的部分学生就是抽样总体。

(二) 样本容量与样本个数

样本容量又称“样本数”，指一个样本的必要抽样单位数目。必要的样本单位数目是保证抽样误差不超过某一给定范围的重要因素之一。样本个数是指从一个总体中可能抽取的样本数目。当样本容量一定时，样本的可能数目便由抽样方法决定。

(三) 抽样框

抽样框就是所有总体单位的集合，是总体的数据目录或全部总体单位的名单。确定抽样框是抽样调查中的基础工作。抽样框往往只是我们脑海中的理想情况，多数情况下，这种理想状况是不存在的，调查者只能寻找一些事物来代替，如现成的电话簿、企业名录、企事业单位职工名单、工商局企业数据库、行业年鉴等。

在可供选择的抽样框中，选取一个尽可能与理想的完整抽样框相近的抽样框，应具备以下几个条件：

(1) 抽样框应包含尽可能多的样本单位，且总体是清晰的，易确定的。

(2) 所有样本单位出现在这一集合中的概率相等，即在这一抽样框中，每个样本单位出现的机会相同。

当以上条件难以在现实中得到满足时，可以按照一定的原则和方法进行人为的假定。

（四）抽样单元

为了方便抽样，人们常常将总体划分成互不重叠且又有限的若干部分，每个部分称为一个抽样单元。

例 5－2 某高职院校为了解学生手机使用情况，在进行抽样时，可以先按照年级把全校学生划分为一年级、二年级、三年级作为一级抽样单元，再按照学院（系部）划分为二级抽样单元，还可以再按照专业进一步细分为三级抽样单元。

（五）重复抽样与不重复抽样

按抽取样本方式的不同，抽样可分为重复抽样和不重复抽样。

重复抽样又称放回式抽样，是指每次从总体中抽取的样本单位，经检验之后又重新放回总体，参加下次抽样，这种抽样的特点是总体中每个样本单位被抽中的概率是相等的。

不重复抽样也称“不放回抽样”“不回置抽样”，是从全及总体中抽取第一个样本单位，记录该单位有关标志表现后，这个样本单位不再放回总体中参加下一次抽选的方法。

可见，不重复抽样时，总体单位数在抽选过程中逐渐减少，各单位被抽中的可能性前后不断变化，没有被重复抽中的可能。

三、抽样误差的确定

抽样调查的基本原理就是用少量样本去推断总体，而在这一过程中，抽样误差是衡量抽样调查准确性的一个重要指标，抽样误差越大，表明抽样总体对全及总体的代表性越小，抽样检查的结果越不可靠。反之，抽样误差越小，说明抽样总体对全及总体的代表性越大，抽样检查的结果越准确可靠。

（一）抽样误差的概念

要了解抽样误差的含义，应该首先认识市场调查活动中引发抽样误差的其他一些概念或术语，并理解它们之间的关系。

1. 统计误差

统计误差是指调查结果所得的统计数字与调查总体实际数量之间的离差。如对某市的工业增加值进行调查的结果为 94 亿元，而该市工业增加值实际为 93 亿元，那么，统计误差就是 1 亿元。

2. 登记性误差与代表性误差

根据产生原因的不同，统计误差可分为登记性误差和代表性误差。登记性误差是由于主观原因引起的登记、汇总或计算等方面的错误而发生的误差，不管是全面调查还是非全面调查都会产生登记性误差。代表性误差只有在非全面调查中才有，全面调查不存在这类误差。非全面调查由于只对选取现象总体的一部分单位进行观察，并用这部分单位算出的指标来估计总体的指标，而这部分单位不能完全反映总体的性质，它与总体的实际指标会有一定差别，这就发生了代表性误差。

3. 偏差与随机误差

代表性误差又可分为偏差与随机误差。偏差是指抽样过程中违反随机原则或抽样方式不恰当而产生的误差。随机误差是指抽样过程中由于按照随机原则从总体中抽取部分单位作为样本，这一活动本身就具有一定的随机性与偶然性，因此样本和总体在结构上就不可能一致，据此计算的样本指标数值与总体指标数值之间存在的误差。

4. 实际误差与抽样平均误差

随机误差又可分为实际误差与抽样平均误差。实际误差是指某一次抽样结果所得的样本指标数值与总体指标数值之间的差别，一般无法获知。抽样平均误差是指一系列抽样可能结果的样本指标的标准差，即我们通常所说的抽样误差。它反映了样本统计量与相应总体参数的平均误差程度，也表示用样本统计量推断总体的精准程度。

5. 抽样误差

抽样误差是指因抽样的随机性而引发的样本指标与全及总体指标之间的平均误差。

（二）抽样误差的影响因素

抽样误差的影响因素有以下三个。

1. 被调查总体各单位标志值的差异程度

被调查总体各单位标志值的差异程度越大，即总体的方差和均方差越大，抽样误差也就越大；反之，抽样误差越小。如果总体各单位标志值之间没有差异，那么抽样指标和总体指标相等，抽样误差也就不存在了。

2. 抽取的调查个体数目

在其他条件不变的情况下，抽样单位数越多，抽样误差就越小；反之，抽样误差就越大。当抽样单位数大到与总体单位数相同时，也就相当于全面调查，抽样误差也就不存在了。

3. 抽样调查的组织方式

抽样误差也受到抽样调查组织方式的影响。按照系统抽样和分层抽样方式组织抽样调查时，由于经过排队或分类可以缩小差异程度，因而在抽取相同数目样本的情况下，其抽样误差要比用简单随机抽样方式小一些。

样本设计带来的误差

1936年，美国正从经济大萧条中复苏，全国仍有900万人失业，当年的美国总统大选，由民主党党员罗斯福与共和党党员兰登进行角逐，《文学文摘》(*Literary Digest*) 杂志对结果进行了调查预测。该杂志根据当时的电话号码簿及该杂志订户俱乐部会员名单，邮寄了1 000万份问卷调查表，回收约240万份。工作人员获得了大量的样本，对此进行了精确的计算，根据数据的整理分析结果，该杂志断言：在总统选举中，兰登将以370∶161的优势，即以57%∶43%，领先14个百分点击败罗斯福。但是，一个名叫乔治·盖洛普的人对《文学文摘》调查结果的可信度提出质疑。他也组织了抽样调查，进行民意测验。他的预测与《文学文摘》截然相反，认为罗斯福必胜无疑。结果，罗斯福赢得了2 770万张民众选票，兰登得到1 600万张选票；罗斯福赢得了除缅因州、佛蒙特州以外48个州的民众选票，获得选举团523张选票的98%强，而兰登的选票低于2%（8张）。最终，罗斯福以62%∶38%的压倒性优势大胜兰登。这一结果使盖洛普名声大噪。

在1936年，能装电话或订阅《文学文摘》杂志的人，在经济上都相对富裕。而《文学文摘》杂志忽略了许多没有电话及不属于任何俱乐部的低收入人群。由于当时政治与经济分歧严重，大多数收入不太高的选民倾向于选罗斯福，占投票总数比例较小的富人则倾向于选兰登，所以选举结果使《文学文摘》大跌面子。

评析：《文学文摘》的教训告诉我们，在进行抽样调查时，既要关注样本的多少，又要关注样本的代表性。

课堂测评

测评要素	表现要求	已达要求	未达要求
知识点	掌握重要概念、特征和意义		
技能点	能进行职业操作活动		
任务内容整体认识程度	能概述并认识整体知识与技能		
与职业实践的联系程度	能描述知识与技能的实践意义		
其他	能与其他课程、职业活动相联系		

子任务 2

抽样调查的组织

任务提示：认识抽样调查中抽样误差的控制工作，特别是从市场调查活动实践意义的角度认识抽样调查的操作程序，在此基础上，认识抽样调查工作的有关步骤，并理解抽样调查的组织工作。

不同的抽样工作，由于多种原因，会带来抽样误差。与此同时，由于抽样组织形式的不同，抽样误差的大小也是不同的。

一、抽样调查的准备

抽样误差尽管是客观存在的，但却是可以控制的，而且必须控制在一定的范围内。为了减小误差，可以从以下几个方面着手做好准备工作。

（一）选择正确的抽样组织形式

为了减小抽样误差，在抽样之前，可以将抽样组织形式分类或排队，以便对误差加以控制。如在概率抽样下，根据调查经验，按有关标志排队的等距抽样方式的误差最小，其次是类型抽样（也称分层抽样）的抽样误差，再次是按无关标志排队的等距抽样的抽样误差，最后是简单随机抽样的抽样误差，整群抽样的抽样误差最大。

重要概念 5-2 概率抽样

概率抽样也称随机抽样，是指按照随机原则从总体中抽取一定数量的单位作为样本进行调查分析。在这种方式下，每个单位都具有同等被选为样本的可能性。

（二）确定恰当的样本数

通常情况下，样本数量与抽样误差之间呈反方向变动关系，即样本数目越多，抽样误差越小。因此，在确定样本数目时，应该在考虑调查的经济性前提下，尽可能使样本数目多一些。

（三）保证人员的专业性

为了保证抽样调查的质量，减少误差，一般应由专门的市场调查人员负责抽样工作，并严格按照规范操作，尽可能减少由于抽样系统本身引起的误差和人员因素造成的误差。

二、抽样调查的程序

市场抽样调查（特别是随机抽样）有比较严格的程序，只有按照一定的程序进行调查，才能保证调查工作顺利完成，获得应有效果。通常情况下，抽样调查程序包括的环节如图 5-1 所示。

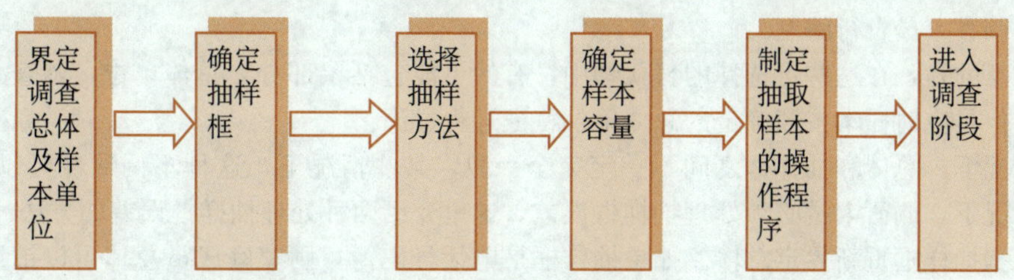

图 5-1 抽样调查程序

（一）界定调查总体及样本单位

为了满足调研目的，应该详细说明和描述提供信息或与所需信息有关的个体或实体所具有的特征，确定调查总体及样本单位。

调查总体是指市场调查对象的全体，它可以是一群人、一家企业、一个组织、一种情形或一项活动等。调查总体界定不准确，轻则使调研无效，重则误导调研。调查总体的界定就是确定在实施抽样时哪些对象应包括在内，哪些对象不应包括在内。调查总体应根据个体、抽样单位、范围和时间来界定。

样本单位是将总体划分成的互不相交的各个部分，也就是说，总体中的每一个个体应该属于而且只属于一个单位。样本单位是抽样的基本单位，有时是个人，有时是家庭或公司等。假设某公司想了解其目标消费者群“25 周岁以下的青年人”对某新型移动电话的评价，一种选择是直接对 25 周岁以下的青年人进行抽样调研，此时样本单位与个体相同；另一种选择是对所有包含 25 周岁以下青年人的家庭抽样，然后再访问 25 周岁以下的青年人，此时样本单位是家庭。

任务资讯 5-1

调查总体描述

调查总体通常可以从以下几个方面进行描述：

（1）地域特征。这是指总体单位活动的范围或区域，可能是一个城镇、一个城市、整个国家或是许多国家，有时指的是总体单位的户籍所在地或长期居住地。例如，在向山西推介北京的房地产前进行的市场调查，山西即为此次调查活动的地理区域。

（2）人口统计学特征。考虑到调查目标和企业产品的目标市场，我们要着重考虑人口统计学变量方面具有某些特征的总体单位。例如，在调查卷烟市场时，被调查者主要为男性，而其中18岁以上、50岁以下的被调查者的意见是最关键的，其他年龄段被调查者的意见相对意义不大（许多国家的法律规定，未成年人是不允许吸烟的）。

（3）产品或服务使用情况。同质产品的共同特征通常根据产品或服务的需求情况来定义。如调查消费者对本企业产品的满意程度时，被调查者应该是本企业产品的使用者，甚至还要根据其使用本企业产品的行为（如频率和次数）来判断和确定。

（4）对产品或服务的认知度。企业在传递其产品信息时，所采取的方式有很多种，而企业总是想了解每一种方式传递信息的效果如何、消费者对产品的理解状况等。

（二）确定抽样框

如前所述，理想状态下的完整抽样框是很难获得的，往往需要其他事物来代替，如果没有可替代物，可由调查人员自行编制。

需要注意的是，在这些可选择的替代物中，有的可能包括了部分非总体单位，调查人员仍然可以使用它，但是应对样本按照确定的总体单位特征进行过滤。

通常情况下，总体和抽样框之间不一定完全一致，某些情况下，这种不一致性可以忽略不计，但大多数情况下，调研人员必须处理抽样框误差。这里介绍两种处理抽样框误差的方法：

（1）根据抽样框重新界定总体。如果抽样框是电话号码簿，则家庭成员总体可以被重新界定为指定区域内被正确地列入电话簿中的那部分家庭的成员。

（2）筛选个体。在数据收集阶段，通过筛选被调查对象来解释并说明抽样框误差。可以依据人口的统计学特征、产品的使用习惯等筛选回答者，该做法的目的是剔除抽样框中不适当的个体。

（三）选择抽样方法

抽样方法的选择取决于调查研究的目的、调查问题的性质、调研经费和允许花费的时间等客观条件。调研人员应该掌握各种类型和各种具体抽样方法，只有这样，才能在各种环境特征和具体条件下及时选择最为合适的抽样方法，以确定每一个具体的调查对象。

有多种抽样方法可供选择，可以在放回抽样和无放回抽样中选择，也可以在非随机抽样和随机抽样中选择。放回抽样是一种完全重复抽样方法，在放回抽样中，工作人员先将一个个体从抽样框中抽出，并记录有关的数据，然后再将该个体放回抽样框。这种抽样方法不能避免某一个体被多次抽中的情况。在不放回抽样中，一旦一个个体被抽中，它将从抽样框中永久地消失。抽样技术从大的范围可分为随机抽样和非随机抽样。非随机抽样依据的是调查人员的主观判断，即由调查人员确定哪些个体应包括在样本中。非随机抽样有时可以对总体特征做出较好的估计。但是，由于每一个个体被抽中的概率未知，所以不能估计抽样误差。经常采用的非随机抽样包括方便抽样、判断抽样、配额抽样和滚雪球抽样。

随机抽样的抽样单位是按照已知概率随机抽取的，所以可以应用统计方法来估计抽样误差。当抽样资料的有效性需要用统计方法去验证时，应该尽量使用随机抽样。

（四）确定样本容量

对于一个特定的抽样调查，当样本容量达到一定数量后，即使再有增加，对提高调查的统计准确度起不了多大的作用，而现场调研的费用却会不断增加。因此，在选择好抽样方法以后，就要确定合适的样本容量。对于随机抽样，我们需要在允许误差的目标水平（抽样结果与总体指标的差异绝对值）、置信水平（置信区间的概率值，置信区间是样本结果加减允许误差形成的一个能涵盖总体真实值的范围）和研究对象数量特征波动水平下计算样本容量。而对于非随机抽样，通常只依靠预算、抽样原则、样本的大致构成等来主观地决定样本容量。总之，样本容量确定的原则是把样本数控制在必要的最低限度，但要能够尽可能准确和有效地推断总体特征，以获得调研信息。

样本容量的确定较复杂，要从定性、定量的双重角度考虑。一般来说，决策越重要，需要的信息量就越大，信息的质量要求也应更高，此时就需要较大的样本容量。但是，样本容量越大，单位信息的获取成本就越高。此外，调研的性质对样本容量的确定也有影响。探索性调研所需样本容量较小，而描述性调研则需要较大的样本。同样，当变量较多时，或需要对数据进行详细分析时，也需要较大的样本。

课堂思考：确定样本容量应该考虑哪些因素？

（五）制定抽取样本的操作程序

为保证抽样资料的可靠性，必须在具体操作过程中对调查者的行为进行规范，所以，只有制定一个明确的操作程序，才能保证抽样调查结果的可信度。对于随机抽样，这一程序显得尤为重要。

在实施抽样计划前，应先进行充分研究。在调查现场，要完全熟悉抽样背景、抽样区域，然后再进行抽样。遇到特殊情况拿不定主意时要多问，还要把取样的详细情况清楚地记录下来，以保证在调查实施时能够有据可查。

以调查方式取胜

英国一家房产代理商为了了解其顾客心理，决定发布广告，通过招投标的形式聘请一家市场调查公司进行顾客心理调查。

AB调查公司通过竞标击败了其他调研公司，并最终获得了这份合同。AB调查公司胜出的原因在于其所出的标价大约只有竞标最低标价的50%。AB公司之所以敢这样做的主要原因在于其所选择的抽样方法。在调查项目建议书中，该公司说明他们可以雇用大学生来收集调研数据，并将在全英国范围内随机地选择二十所大学，然后与每一个学校的商业或管理系的系主任进行联系，要求每个系主任提供有兴趣做调研同时还愿意打工赚钱的10个学生的名单，最后该公司的高级顾问再与每一个学生进行接触，确定调查事宜。

很显然，AB调研公司的报价和做法赢得了企业的信任。

评析：抽样方法的合理性、科学性可以保证调查结论的科学性。在校大学生是一个相对较负责任的市场信息收集群体，且要求报酬也较低。因此，AB调查公司能够顺利中标。

课堂测评

测评要素	表现要求	已达要求	未达要求
知识点	掌握重要概念、特征和意义		
技能点	能进行职业操作活动		
任务内容整体认识程度	能概述并认识整体知识与技能		
与社会实践的联系程度	能描述知识与技能的实践意义		
其他	能与其他课程、职业活动相联系		

子任务3

抽样调查的实施

任务提示：认识抽样调查中抽样的实施工作，特别是从市场调查活动实践意义的角度认识抽样调查的实施方式，在此基础上，认识抽样调查不同方式的特点，并理解抽样调查的实施工作。

在抽样调查活动中，不同抽样方式的选用关系到所抽取样本的代表性，进而影响整个调查做出结论的准确性。抽样调查方式可以分为随机抽样与非随机抽样两大类，每一类又可以进一步细分为若干具体的调查方式，如图5-2所示。

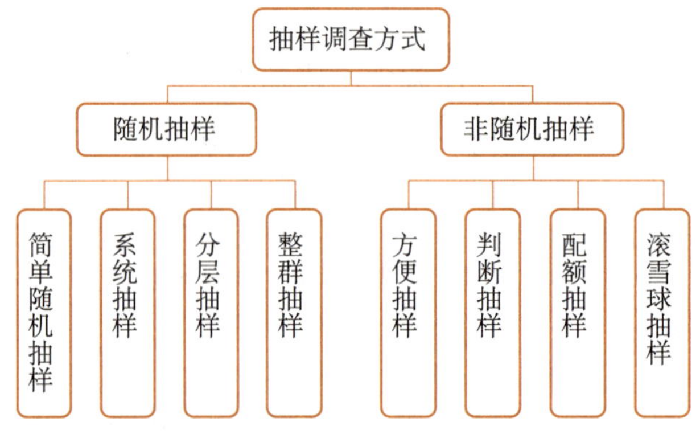

图5-2 抽样调查方式

一、随机抽样

随机抽样也称概率抽样，是指按照随机的原则，即保证总体中每个单位都有同等机会被抽中的原则抽取样本的方法。这种方法的最大优点是在根据样本资料推断总体的情况时，可用概率的方式客观地测量推断值的可靠程度，从而使这种推断建立在科学的基础上。因此，随机抽样在社会调查和社会研究中的应用较为广泛。常用的随机抽样方法包括简单随机抽样、系统抽样、分层抽样和整群抽样等。

（一）简单随机抽样

简单随机抽样也称单纯随机抽样，是指从总体 N 个单位中任意抽取 n 个单位作为样本，使每个可能的样本被抽中的概率相等的一种抽样方式。简单随机样本是从总体中逐个抽取的，是一种不放回抽样。其概率公式为：

抽样概率＝样本单位数（n）/总体单位数（N）

简单随机抽样是抽样技术中最简单，也是最完全的随机抽样，这种方法一般应用于调查总体中各个体之间差异程度较小的情况，或者调查总体数量不太多的情形。如果市场调查的范围较大，总体内部各个体之间的差异程度较大，则要与其他概率抽样技术结合使用。

简单随机抽样方法常用的有直接抽取法、抽签法、随机数表法。

1. 直接抽取法

直接抽取法即从总体中直接随机抽取样本。如从货架商品中随机抽取若干商品进行检验、从农贸市场摊位中随意选择若干摊位进行调查或访问等。

2. 抽签法

采用抽签法时，先将调查总体的每个个体编上号码，然后将号码写在卡片上搅拌均匀，任意从中选取，抽到一个号码，就对上一个个体，直到抽足预先规定的样本数目为止。此方法适用于调查总体中的个体数目较少的情况，如从全班学生中抽取样本时，可以利用学生的学号、座位号等。

3. 随机数表法

随机数表法也称乱数表法，是指含有一系列的随机数字的表格，一般利用特制的摇码设备摇出随机数字，也可以用电子设备自动产生随机数字。随机数表是这样形成的：对 0 到 9 这 10 个数字进行重复抽样，记录每一次的结果，进行成千上万次后，就形成一个庞大的数表，数表中数字的排列是随机的，毫无规律可言，因而也称为乱数表，如表 5-1 所示。

表 5-1 随机数表

39 657	64 545	19 906	96 461	20 263	63 162	58 249	71 493
73 712	37 090	65 967	01 211	31 563	41 919	47 837	55 133
72 204	73 384	51 674	79 719	98 400	71 766	23 050	95 180
75 172	56 917	17 952	17 858	24 334	57 748	69 818	40 929
37 487	98 874	63 520	63 430	01 316	01 027	35 077	97 153
02 890	81 694	85 538	32 995	56 270	92 443	21 785	50 982
87 181	57 007	37 794	91 238	48 139	35 596	41 924	57 151
98 837	17 015	89 093	95 924	00 064	14 120	14 365	92 547

10 085	80 704	76 621	64 868	58 761	71 486	59 531	15 221
47 905	63 731	71 821	35 041	27 551	02 492	28 046	75 344
93 053	10 307	34 180	45 235	74 133	93 522	68 952	39 235
21 891	14 799	11 209	94 518	76 519	48 486	13 799	33 755
95 189	40 697	27 378	32 871	79 579	51 391	09 618	72 521
97 083	15 573	10 658	19 259	77 316	19 546	20 449	03 264
69 268	88 613	59 717	41 732	48 387	59 329	73 373	20 405
41 471	02 503	87 639	39 517	81 838	30 449	77 458	55 051
91 941	46 362	08 617	45 169	92 794	38 979	29 189	45 123
80 065	41 847	08 528	50 840	48 403	59 422	72 657	10 886
67 727	76 399	89 858	44 606	64 710	62 166	89 372	07 001
59 402	41 375	42 297	22 319	06 947	61 008	81 301	53 914

例 5-3 以表 5-1 为例，从 300 人中抽取 10 人，用随机数表法如何抽取？

分析：总体单位数目为 300，样本单位数目为 10。利用随机数表进行抽样，其程序如下：

第一步：给总体各单位编号，号码的位数要一致，都是三位，不够位的在前面加“0”，总体各单位的编号为 001～300。

第二步：以随机数表中第 8 行、第 13 列的数字“0”作为起点，往后取两位数字，构成一个与总体所有单位具有相同位数的号码“093”作为起始号码。

第三步：从起始号码开始，从左到右依次抽取 10 个不重复的、位于 001～300 的号码，分别是 093、240、006、120、143、254、008、216、115、221。这 10 个号码对应的 10 个人就是抽取的样本。

课堂思考： 随机抽样的优点有哪些？

（二）系统抽样

系统抽样又称等距抽样法，它根据一定的抽样距离从母体中抽取样本，抽样距离是由母体总数除以样本数得到的。系统抽样经常作为简单随机抽样的替代方式。

1. 系统抽样的操作

在系统抽样中，先将总体从 1～N 相继编号，并计算抽样距离：$K=N/n$（式中 N 为总体单位总数，n 为样本容量），然后在 1～K 中抽一个随机数 k_1 作为样本的第一个单位，接着取 k_1+K，k_1+2K……直至抽够 n 个单位为止。

例 5-4 某市某社区有便利店 110 家，社区拟采用等距抽样方法抽取 11 家便利店作为调查对象，如何抽取？

第一步：将调查总体（110 家便利店）进行编号，即从 1 号编至 110 号。

第二步：确定抽样间隔。已知调查总体 $N=110$，要求的样本数 $n=11$，则抽样间隔为 $110/11=10$（家）。

第三步：确定抽样起点号数。可以从 1～10 号 10 张卡片中随机抽取 1 张卡片，卡片数即为抽样起点号数。假设抽取的是 3 号，3 即为起点号数。

第四步：抽取样本。从 3 号开始，按照抽样间隔抽取，分别为 3、13、23、33、43、43、63、73、83、93、103 这 11 家便利店。

2. 系统抽样的特点

系统抽样最主要的优势是其经济性，方便简单，省去了逐个抽样的麻烦，适用于大规模调查，还能使样本均匀地分散在调查的总体中，不会集中于某些层次，增加了样本的代表性。最大的缺陷在于总体单位的排列上。一些总体单位数可能包含隐蔽的形态或者是“不合格样本”，调查者可能会因为疏忽而把它们抽选为样本。由此可见，只要抽样者对总体结构有一定了解，充分利用已有信息对总体单位进行排队后再抽样，则可提高抽样效率。

（三）分层抽样

分层抽样是一种优良的随机调查组织形式。它是将总体按属性的不同划分为若干层次（或类型），然后在各层次（或类型）中随机抽取样本的技术，也称分类抽样。分层抽样的常见分层标志为年龄、收入、职业等，其实质是科学分组与抽样原理的结合。

分层抽样的方式一般有等比例分层抽样与非等比例分层抽样两种。

1. 等比例分层抽样

等比例分层抽样是按各层（或各类型）中的个体数量占总体数量的比例分配各层的样本数量。

例 5-5 某城区共有居民 20 000 户，按经济收入高低进行分类，其中高收入居民为 4 000 户，中等收入居民为 12 000 户，低收入居民为 4 000 户。要从中抽取 400 户进行购买力调查，采用等比例分层抽样，如何抽取？

分析：因为购买力是与家庭的收入水平密切相关的，所以以收入水平作为分层变量是合适的。按此变量将总体分为高收入户、中等收入户和低收入户三层。具体的抽样程序如下：

第一步：计算各层在总体中的比例。

高收入户：4 000/20 000＝20％

中等收入户：12 000/20 000＝60％

低收入户：4 000/20 000＝20％

第二步：各层在总体中所占的比例与各层在样本中所占的比例是一样的。因此，计算样本在各层中的具体分布数目。

高收入户：400×20％＝80（户）

中等收入户：400×60％＝240（户）

低收入户：400×20％＝80（户）

第三步：在各层中采取等距抽样方法抽取样本单位。

这种方法的优点是：简便易行、分配合理、计算方便、误差较小，适用于各类型之间的个体差异不大的分类抽样调查。但如果各类型之间的个体差异过大，则应采用非等比例分层抽样。

2. 非等比例分层抽样

非等比例分层抽样不是按照各层中个体数占总体数的比例分配样本个体，而是根据其他因素，如各层平均数或成数均方差的大小、抽取样本的工作量和费用大小等，调整各层的样本数。结果表现为，有的层可能多抽些样本个体，有的层可能会少抽些样本个体。此方法适用于各层之间个体相差悬殊的情况。

任务资讯 5-2

分层抽样的应用

(1) 分层抽样的程序：第一步，找出突出的与所调查项目相关的分类特征，如人口统计学特征；第二步，按照所选定的特征，把总体各单位分成两个或两个以上的相互独立的完全的层（组），其中分层所用的标志一般根据常识来判断；第三步，在每个层中进行简单随机抽样，同一层的所有个体被抽取的概率要相同；第四步，各层中抽出的子样本共同构成调查样本。

(2) 分层抽样的优点：该方法相对于简单随机抽样等其他方法更为精确，能够通过较少的抽样单位得到比较准确的推断，总体越大、越复杂，其相对优越性越大；分层抽样在对总体进行推断时，还可以对每一层进行推断。

(3) 分层抽样的局限：分层抽样中的分组工作并不容易，尤其是选择适当的标志时要有一定的经验，还需要收集许多必要的信息，耗时耗力；分层抽样要求每层的大小都是已知的，当它们不精确时，就需要估计，这必然会增加抽样设计的复杂性，从而带来新的误差。

（四）整群抽样

整群抽样也称分群抽样，是指当总体所在基本单位自然组合或被划分为若干个群后，从中随机抽取部分群并对抽取的群内全部或部分单位进行调查的一种抽样组合方法，如图 5-3 所示。

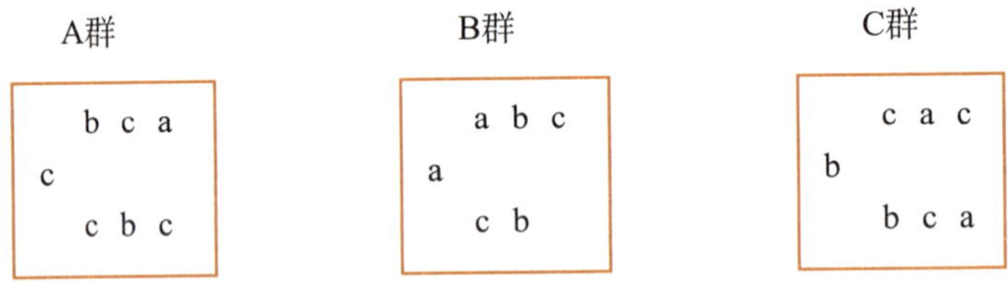

图 5-3　分群抽样后的各群

1. 整群抽样的操作

在整群抽样中，目标整体被无遗漏且无重复地划分成若干个部分或群，每个群内的个体差异较大，而群体与群体之间的差异性较小。在进行抽样时，不是一个一个地抽取个体，而是一次抽取一个群体或几个群体，对于每个被抽取到的群体，内部所有的个体都包含在样本中。

例 5-6　某校有学生 2 000 名，计划从中抽 160 名进行调查。可将学生宿舍作为抽样单位。假设该校共有学生宿舍 250 个，每个宿舍住 8 名学生。我们可以从 250 个宿舍中随机抽取 20 个，其中男生宿舍 10 个，女生宿舍 10 个，对抽中的每个宿舍的所有学生进行调查，这 20 个宿舍共 160 名学生就是此次抽样的样本。

2. 整群抽样的特点

与以前的抽样方法相比，整群抽样主要是为了便于调查，节省人力、时间和费用，提高抽样的效率；其缺点是：往往由于不同群之间的差异较大，导致样本分布面不广、样本对总体的代表性相对较差，由此而引起的抽样误差往往大于简单随机抽样。

3. 整群抽样的适用

整群抽样常用于以下两种情况：第一种情况是调查人员对总体的组成很不了解；第二种情况是

调查人员为省时省钱而把调查局限于某一地理区域内，例如对北京市区的家庭进行调查，可把北京市按行政区域分为几个群体，如东城区、西城区、朝阳区、海淀区、丰台区、石景山区等，或将各个区进一步按居委会分群，抽取所需样本进行调查。

整群抽样是假定样本群中单位特征与总体特征一样存在差异性，其可靠程度主要取决于群与群之间差异性的大小，各群之间的差异性越小，抽样调查的结果越精确，所以，当进行较大规模的市场调查时，群体内个体间的差异性较大，而各群之间的差异性较小时，适合采用整群抽样方式。

二、非随机抽样

在市场调查过程中，常常要用到非随机抽样，这往往是基于以下原因：受客观条件的限制，无法进行严格的随机抽样；为了快速得到调查的结果；调查对象不确定或其总体规模无法确定；调查人员比较熟悉调查对象，且有较丰富的经验，采用非随机抽样可快速推断，做到快、准、省。

（一）方便抽样

方便抽样又称便利抽样、任意抽样或偶遇抽样，是根据调查者的方便与否（随意性原则）去选择样本的抽样方法。方便抽样的基本理论依据是，认为被调查总体的每个单位都是相同的，因此把谁选为样本进行调查，其调查结果都是一样的。事实上，并非所有调查总体中的每一个单位都是一样的，只有在调查总体中各个单位大致相同的情况下，才适宜采用方便抽样法。

方便抽样常用的形式有拦截访问、利用客户名单调查等，被调查者一般与调查者比较接近。

1. 方便抽样的操作

运用方便抽样技术进行抽样，一般由调查人员从工作方便的角度出发，在调研对象范围内随意抽选一定数量的样本进行调查，具体方法有街头拦人法和空间抽样法。街头拦人法是在街上或路口任意找某个行人，将他（她）作为被调查者进行调查。例如，在街头向行人询问对市场物价的看法，或请行人填写某种问卷等。空间抽样法是对某一聚集的人群，从空间的不同方向和方位对他们进行抽样调查。例如，在商场内向顾客询问对商场服务质量的意见；在劳务市场调查外来劳工的打工情况等。

2. 方便抽样的特点

方便抽样的优点是：对于调查条件要求低，难度小，简便易行；接受访问的成功率较高，容易得到受访者的配合；省时省力，且对访问的进度容易控制。方便抽样的不足是：由于没有概率论作为理论基础，所以无法推断总体，且代表性差，偶然性强。

（二）判断抽样

判断抽样也称目的抽样，是主要凭借调查者的主观意愿、经验和知识，从总体中选取具有代表性的个体样本作为调查对象的抽样方法。判断抽样要求调查者对总体的有关特征有相当程度的了解。

判断抽样法广泛应用于商业市场调查中，特别是样本量小，且不易分类时，更具优势。它方便快捷、成本低，只是需要调查者有较丰富的知识、经验和较强的判断力，结果的可靠性不易控制。

判断抽样的做法通常有以下两种。

1. 典型调查

典型调查是指选择最能代表普遍情况的调查对象进行调查，抽样时常以“平均型”和“多数型”为标准。如要了解一国的民风，就应该入乡随俗，和当地最普通的人生活一段时间。

2. 重点调查

重点调查是指对那些被调查总体内较重要的个体进行调查，如调查消费者满意度时，对大客户或贵宾进行调查。

（三）配额抽样

配额抽样也称定额抽样，是指调查人员将调查总体样本按一定标志分类或分层，确定各类（层）单位的样本数额，在配额内任意抽选样本的抽样方式。

配额抽样和分层随机抽样既有相似之处，也有很大区别。配额抽样和分层随机抽样相似的地方在于：二者都是事先对总体中所有单位按其属性、特征分类，这些属性、特征我们称为“控制特性”。例如，市场调查中消费者的性别、年龄、收入、职业、受教育程度等。然后，按各个控制特性分配样本数额。但配额抽样与分层抽样又有区别，分层抽样是按照随机原则在层内抽选样本，而配额抽样则是由调查人员在配额内根据主观判断选定样本。

按照要求的不同，配额抽样可分为独立控制配额抽样和交叉控制配额抽样两种。

1. 独立控制配额抽样

根据调查总体特性的不同，对具有某个特性的调查样本分别规定单独的分配额，因此，调查员有较大自由去选择总体中的样本。如在购买电视机时，按收入、年龄、性别三个属性分别规定三者之间的关系。每种属性控制下的配额都不必考虑其他因素的影响，简单易行，调查员选择余地大，但要注意不要过多抽取某一种属性的样本。

例 5-7 某家电销售企业开展洗衣机消费者需求调查，确定样本量 400 名，选择年龄、性别、收入三个标准进行分类。采用独立控制配额抽样的方法，其各个标准样本配额比例及配额数如表 5-2 所示。

表 5-2　独立控制配额抽样分配数

年龄	人数
18～30 岁	80
31～45 岁	120
46～60 岁	140
61 岁及以上	60
合计	400
性别	人数
男	200
女	200
合计	400
月收入	人数
2 000 元以下	40
2 001～3 000 元	100
3 001～5 000 元	140
5 001 元及以上	120
合计	400

从表 5-2 中可以看出，依据年龄、性别、月收入三种分类标准，分别规定了样本数量，而未规定三者之间的关系。因此，抽样设计人员在抽取样本时，只需考虑其中一种标准，而不需要顾及其他。

2. 交叉控制配额抽样

交叉控制配额抽样是对调查对象的各个特性的样本数额交叉分配，也就是任何一个配额者会受到两个以上的控制属性的影响，从而提高了样本的代表性。

控制配额的目的是以相对较低的成本来获取有代表性的样本，成本低，且调查者可根据每一配额方便地选择个体。其缺点是：选择偏见问题严重，也不能对抽样误差进行估计。

例 5-8 某家电销售企业开展洗衣机消费者需求调查，确定样本量400名，选择年龄、性别、收入三个标准进行分类。采用交叉控制配额抽样，就必须针对这三项特性同时规定样本数，如表5-3所示。

表 5-3　交叉控制配额抽样分配表

月收入 / 性别 / 年龄	2 000 元及以下		2 001～3 000 元		3 001～5 000 元		5 001 元及以上		合计
	男	女	男	女	男	女	男	女	
18～30 岁	4	4	10	10	14	14	12	12	80
31～45 岁	6	6	40	12	20	32	2	2	120
46～60 岁	20	2	6	8	24	14	6	60	140
61 岁及以上	10	4	4	10	16	6	6	4	60
合计	40	16	60	40	74	66	26	78	400

从表5-3可以看出，交叉控制配额抽样对于每一个控制特性所需分配的样本数都做了具体规定，抽样设计人员必须按规定在总体中抽取调查单位，由于每个特性都得到了控制，从而克服了独立控制配额抽样的缺点，提高了样本的代表性。

（四）滚雪球抽样

滚雪球抽样又称推荐抽样，是指先随机选择一些被访问者并对其实施访问，再请他们提供另外一些属于所研究目标总体的调查对象，根据所形成的线索选择此后的调查对象。

例 5-9 滚雪球抽样：在对劳务市场中的保姆进行调查时，因为总体总处于不断流动之中，难以建立抽样框，研究者因一开始缺乏总体信息而无法抽样，这时可先通过各种途径，如邻居或熟人介绍、家政服务公司、街道居委会等，找到几个保姆进行调查，并让其提供所认识的其他保姆的情况，然后再去调查这些保姆，并请后者也引荐自己所认识的保姆。以此类推，可供调查的对象会越来越多，直到完成所需样本的调查，如图5-4所示。

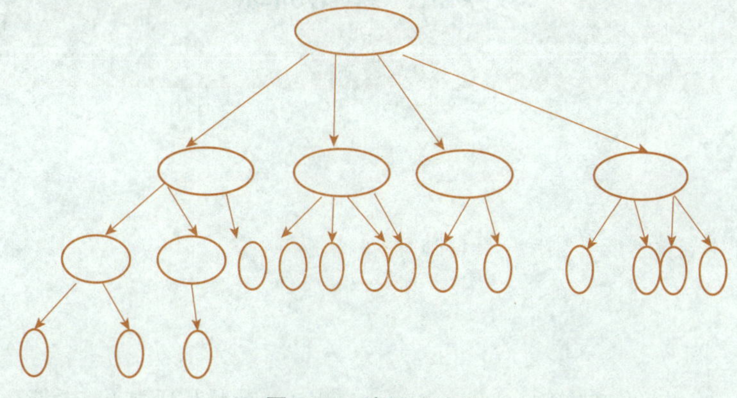

图 5-4　滚雪球抽样

滚雪球抽样的主要目的是估计在总体中十分稀有的人物特征。其优点是可以大大增加接触总体中所需群体的可能性，便于有针对性地找到被调查者，并且大大降低调查费用，其抽样误差也较低。其局限性主要表现在要求样本单位之间必须有一定的联系，并且愿意保持和提供这种关系，否则，将会影响这种调查方法的使用。

课堂测评

测评要素	表现要求	已达要求	未达要求
知识点	掌握重要概念、特征和意义		
技能点	能进行职业操作活动		
任务内容整体认识程度	能概述并认识整体知识与技能		
与职业实践的联系程度	能描述知识与技能的实践意义		
其他	能与其他课程、职业活动相联系		

任务5小结

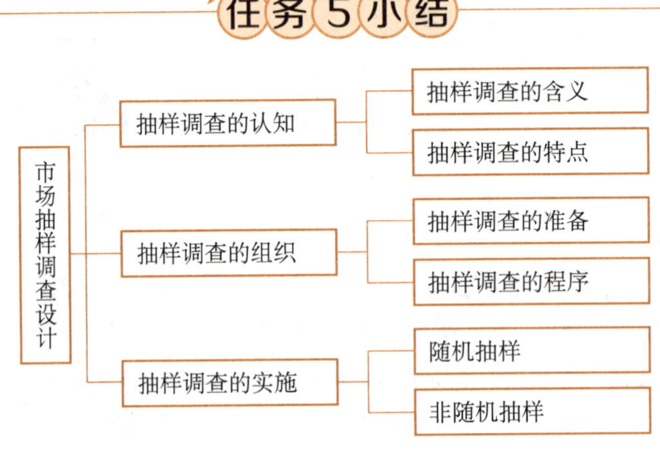

教学做一体化训练

重要概念

抽样调查　样本容量　概率抽样　整群抽样

课后自测

□**单项选择**

1. 狭义上，抽样调查就是指随机抽样。日常生活中所说的抽样调查大多是指(　　)。

A非随机调查　B. 随机调查　C. 抽查　D. 普查

2. (　)就是所有总体单位的集合，是总体的数据目录或全部总体单位的名单。

A. 抽样框　B. 样本　C. 抽样量　D. 总体单位

3. 置信区间是指在某一置信水平下，样本统计值与总体参数值之间的(　)。置信区间越大，置信水平越高。

A. 误差范围　B. 距离　C. 区别　D. 差异

4. 登记性误差是指由于(　)引起的登记、汇总或计算等方面的错误而发生的误差。

A. 客观原因　B. 主观原因　C. 统计分析　D. 资料整理

5. 简单随机样本是从总体中逐个抽取的，是一种(　)。

A. 不放回抽样　B. 放回抽样　C. 科学抽样　D. 无误差抽样

6. 下面关于方便抽样，正确的说法是(　)。

A. 可以科学推断总体　B. 减少偶然性差错

C. 代表性强　D. 难度小，简单易行

□多项选择

1. 随机抽样调查包括(　)。

A. 简单随机抽样调查　B. 分层随机抽样调查

C. 整群随机抽样调查　D. 系统抽样

2. 非随机抽样调查包括(　)。

A. 判断抽样　B. 方便抽样　C. 配额抽样　D. 滚雪球抽样

3. 抽样误差的影响因素有(　)。

A. 被调查总体各单位标志值的差异程度　B. 抽取的调查个体数目

C. 抽样调查的组织方式　D. 抽样时间

4. 样本设计误差产生的原因有(　)。

A. 抽样框误差　B. 调查对象范围误差　C. 抽选误差　D. 回答误差

5. 简单随机抽样方法常用的有(　)。

A. 直接抽取法　B. 抽签法　C. 随机数表法　D. 判断抽样法

6. 分层抽样的方式一般有(　)。

A. 等比例抽样　B. 非等比例抽样　C. 等距抽样　D. 配额抽样

□判断

1. 抽样调查的结果是从抽取样本中获取的信息资料推断出来的。(　)

2. 对于那些有必要进行普查的调查项目，运用抽样调查一样可以达到目的。(　)

3. 样本数量在一般情况下与抽样误差成正比例关系。(　)

4. 随机抽样调查是对总体中每一个个体都给予了平等的抽取机会。(　)

5. 使用非随机抽样调查的主要不足是可以判断其误差的大小。(　)

6. 放回抽样是一种完全重复抽样方法。(　)

□简答

1. 抽样调查可以分为哪些类型？各有哪些特点？

2. 怎样运用简单随机抽样技术进行抽样？

3. 如何运用分层随机抽样法？

4. 什么是抽样误差？影响误差大小及数量多少的因素有哪些？

5. 抽样调查的实施包括哪些程序？

案例分析

案例 1：百货店的调研

杰罗姆的客户是中等或中等以上收入的群体，该商店以经营质量上乘、耐穿而不太时尚的服装著称。该商店同时也出售流行的化妆品，像所有声誉良好的百货店一样，该商店有各种各样的商品，从瓷器、珠宝到软家具与陈列品等。该商店还曾一度销售过主要的家用电器，但是由于竞争太激烈而撤出。

在过去的 12 个月中，该商店经历了服装销售量的缓慢下滑。管理层感到也许是由于该商店所提供的服装对潮流不是很敏感，于是，该商店决定进行市场调查，以确定是否应在男士、女士、儿童服装部多储备一些服装。该商店计划在消费者家中进行调查访谈，调查将持续一个半小时左右。杰罗姆计划向调查对象展示所能增加的许多潜在产品线，包括服装设计师的服装样板及相关信息。调查成本是管理层关心的问题，因此，管理层特别关注应该进行的调查数量，因为这将显著影响调查的整体成本。

资料来源：托尼·普罗科特. 市场调研精要[M]. 吴冠之，译. 北京：机械工业出版社，2004.

阅读材料，回答以下问题：

1. 杰罗姆如何着手进行市场调查？
2. 该商店可以采用哪种抽样方法？

案例 2：错误的抽样

老师给学生布置了一项任务：想出一种新产品的创意，然后对此进行市场调研。学生们可以使用任何一种看起来可行的调研方法，但是在他们设计调研计划之前，老师希望学生们先进行二手资料收集。大多数学生发现，想出产品创意很有趣，但市场调研却很困难，他们很珍惜把自己的一些想法付诸行动的机会。

最终，学生中共产生了 42 项关于新产品的创意，其中有些创意在技术上不可行，或不能获利，有些想法是可行的。无论如何，作业是有关调研的，而不是产品的技术设计，因此产品生产和销售的可行性或其他因素与调研无关。

学生们进行了必要的二手资料收集，然后设计了自己获取一手资料的调研计划。大多数学生使用了问卷调查方法，极少数学生使用了深入面谈法、观察法、实验法或其他技术。

在某种程度上让学生自己想办法，目的是让学生从自己的错误中发现市场调研的陷阱。在大多数情况下，学生竭力想获得相当好的调研结果，但是很明显，他们中的一些人犯有严重的错误。

结果表明，问卷调查是导致更多困难的调研方法之一。除了问卷设计方面的问题外，大多数学生犯了最基本的抽样错误。以下是一些学生书面报告的实例。

(1) 我们星期六上午在街头拦截行人，做了一个购物者的随机抽样。(新型购物筐)

(2) 为了探明年轻人的观点，我们访问了大学的 23 名自愿者。(广播电台)

(3) 我们调查了 10 名女士和 10 名男士。喜欢该产品的女士比男士多 20%左右，有 60 岁以上的人喜欢该产品。总计，40%的调查对象喜欢该产品。(园艺用具)

(4) 对 100 名调查对象的电话调查表明，有 32%的调查对象将会购买屋顶密封帆布。遗憾的是，进一步的调查显示，100 名调查对象中，有 8 人是家中成年的孩子而不是房屋的主人。(屋顶密封帆布)

(5) 我们在调查中碰到的主要问题是大多数人太忙，没有时间停下来接受我们的访问，无论如何，最终我们努力完成了70份有效的问卷。(银行服务)

(6) 在托儿所进行了调研。在母亲接孩子的时候，我们给她们分发了问卷，我们打算在第二天进行回收。不幸的是，第二天我们只收回了一半问卷，但这足以使我们得出某些结论。

(7) 我们的小组由6名男孩和2名女孩组成，年龄在18～20岁。我们向他们展示了产品的模型，并要求他们对模型进行评论。一开始，他们好像说的并不是很多，但经过一些鼓励之后，他们便开始自由地讨论了。(汽车真空吸尘器)

(8) 当我们向他们展示产品时，他们中的大多数人感到很迷惑。一组有6名家庭主妇，所有的人都来自在早上聚在一起喝咖啡的朋友群体。(割草机安全装置)

(9) 我们组常常偏离主题。我们有一个具有代表性的样本，其中有3名青少年（1名男生、2名女生)、2名中年人和3名退休的老年人。(地毯清洁装置)

虽然学生们（大多数情况下）能弄清楚在哪里出现了问题，但是，他们并不能总是知道如何把事情做好。这意味着，老师需要花费大量的时间与他们在一起更正错误的概念，并帮助他们理解在调研中出现的问题。尽管如此，所有的参与者，包括老师和学生，仍感觉到这种实习对市场调研提供了有益的指导。

资料来源：托尼·普罗科特. 市场调研精要[M]. 吴冠之，译. 北京：机械工业出版社，2004.

阅读材料，回答以下问题：

1. 你认为上述材料中的抽样方法存在哪些错误?

2. 你认为学生们应该怎样做?

3. 在以后的调查中，如何避免这些抽样误差?

同步实训

□实训1：抽样准备

实训目的：认识抽样准备工作及相关术语。

实训内容：(1) 设定某一调查主题，如本校、本班级学生智能手机、电脑等购买、使用情况的调查。围绕这一主题，尝试运用抽样调查方式收集相关资料；(2) 讨论分析并写出对应的抽样术语。

实训组织：学生分小组讨论抽样方式，开始进行抽样设计；讨论这一调查活动中对应的抽样术语分别指什么？为什么？分析抽样设计过程中会遇到哪些问题，如何加以克服，并写出书面的讨论报告。

实训总结：学生小组交流抽样术语认知结果，教师根据讨论报告、PPT演示、讨论分享中的表现分别给每组进行评价打分。

□实训2：抽样设计

实训目的：认识抽样设计的原理。

实训内容：(1) 自行设定市场调查主题，进行抽样设计；(2) 尝试运用抽样原理。

实训组织：学生分小组，观察本班级、本学院（系部）学生手机使用情况，并尝试运用抽样调查中的某一种方式设计抽样方案，并以样本指标推断总体指标，描述学生手机购买、使用情况。

实训总结：学生小组交流不同的设计成果，教师根据抽样的设计、对回答问题的分析、PPT演示、讨论分享中的表现分别给每组进行评价打分。

□**实训 3：抽样方式运用**

实训目的：认识不同抽样方式的运用范围。

实训内容：(1) 尝试运用随机抽样与非随机抽样；(2) 分析讨论两种抽样方式的不同之处。

实训组织：学生分小组，观察本班级、本学院（系部）学生手机使用情况，并尝试运用随机抽样、非随机抽样，设计抽样方案，讨论分析两种抽样方式的不同结果。

实训总结：学生小组讨论调查方案，教师根据抽样方案、PPT 演示、讨论分享中的表现分别给每组进行评价打分。

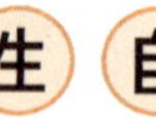

学生自我学习总结

通过任务 5 的学习，我能做如下总结：

一、主要知识点

从任务 5 中，我获取的知识点有：

(1)

(2)

二、主要技能

从任务 5 中，我获取的技能有：

(1)

(2)

三、主要原理

抽样设计在市场调查活动中的地位与作用是：

(1)

(2)

四、相关知识点

任务 5 涉及的主要知识点有：

(1) 抽样调查与市场调查成本的关系是：

(2) 抽样调查的科学原理有：

(3) 抽样调查解决的特定问题是：

五、学习成果检验

完成任务 5 学习的成果：

(1) 完成任务 5 学习的意义有：

(2) 我学到的知识有：

(3) 我学到的技能有：

(4) 我对抽样设计的初步印象是：

任务 6

市场调查问卷设计

知识目标

(1) 认识问卷设计的含义。
(2) 认知问卷设计的原则。
(3) 认知问卷设计的程序。
(4) 认知问卷设计的意义。

能力目标

(1) 能进行问卷问题设计。
(2) 能对问卷进行有效编排。
(3) 能结合实际对问卷进行评价。

任务描述

在市场调查活动中，问卷几乎成为调查者收集市场信息、进行数据分析处理的基本思路和重要载体。调查人员必须在认知问卷的概念、基本框架、设计技术要求的基础上，根据调查目标、信息特征，设计出一份规范而富有创造性的问卷。

任务解析

根据市场调查职业工作活动顺序和职业能力分担原则，"市场调查问卷设计"学习任务可以分解为以下子任务。

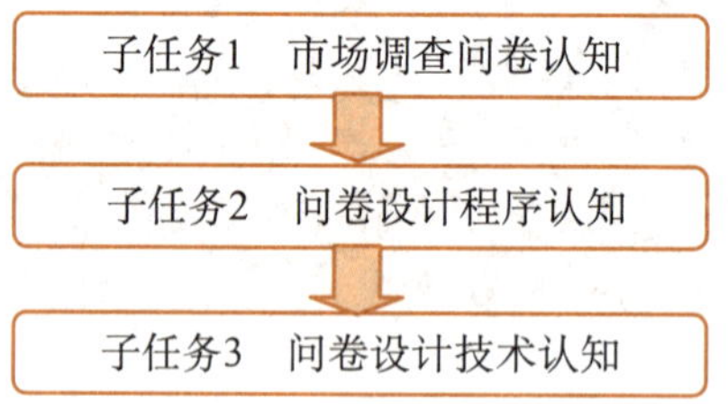

调查故事

我们走在街头，经常会被一些调查人员拦住并被问及若干问题，如"你用某某产品吗?""某某产品怎么样"等；买了一些书，书后面会附有一些连邮票都事先贴好的"读者调查表"或"读者反馈卡"……这就是最常见的问卷调查。

有一家肉类经销商拟对肉类销售市场进行调查，在设计好问卷之后，该经销商派营销调查人员进行了街头拦截调查。一位调查员将调查地点选在了一个商业闹市区，正巧迎面走来了四个人，这四个人一个是意大利人，一个是南非人，一个是韩国人，一个是墨西哥人。调查人员马上上前问道："对不起，打扰一下，您能谈谈对目前肉类供应短缺的看法吗?"结果这四个人的回答让人啼笑皆非。意大利人说："短缺是什么?"南非人说："肉指的是什么?"韩国人说："什么是看法?"墨西哥人说："什么是打扰了?"这个例子说明了在实施问卷调查时，在问卷的设计、提问等环节必须充分运用一定技能的重要性及必要性。在市场调查活动中，询问调查的每一种方法都用到了问卷。问卷几乎成为调查者收集市场信息、进行数据分析处理的基本工具和重要载体。

感悟： 问卷调查是目前国际上市场营销管理活动中常用的一种调查方式，也是近年来我国发展最快、应用最广的一种调查方式。有效地设计并实施问卷调查，是获取市场信息的重要手段。但是，一份好的问卷必须经过精心设计，否则就会得到类似于这个故事中的回答。

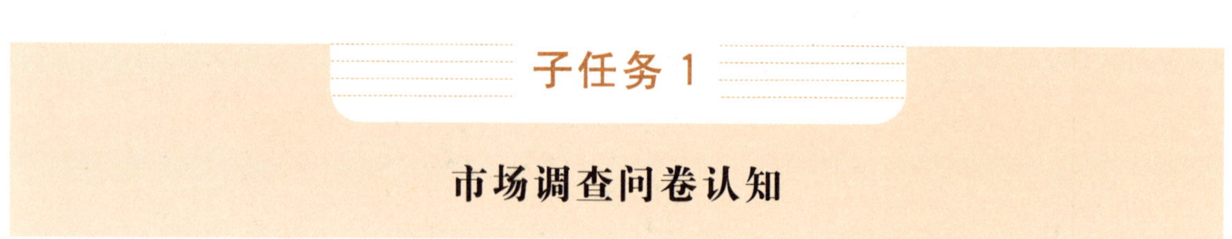

子任务1

市场调查问卷认知

任务提示： 认识调查问卷的基本概念，特别是从市场调查活动实践意义的角度认识问卷调查的作用及特点，在此基础上，认识问卷调查工作的有关术语，并理解问卷调查的作用。

一、问卷含义认知

在早期，问卷调查源于古代中国和古埃及以课税和征兵为目的所进行的调查活动。现代意义上的问卷调查始于20世纪30年代美国新闻学博士乔治·盖洛普组织进行的美国总统选举预测活动。也正是在这一事件之后，问卷调查开始在多个领域迅猛发展。我国自20世纪80年代引入问卷调查，目前已有了十分广泛的应用。

（一）调查问卷的概念

在问卷调查中，调查者依据心理学原理，将精心设计的各种问题全部以询问的形式在问卷中排列出来，许多问题还给出了多种可能的答案，提供给被调查者进行选择。这种方式大大提高了调查的系统性和准确性。那么，什么是调查问卷呢？

重要概念6-1 调查问卷

调查问卷是指调查者事先根据调查的目的和要求，按照一定的理论假设所设计的由一系列问题、备选答案、说明以及代码组成的调查项目表格，调查问卷又称调查表。

（二）调查问卷的类型

根据不同的分类标准，调查问卷可以分为以下类型。

1. 自填式问卷和访问式问卷

（1）自填式问卷。自填式问卷是指向被调查者发放，并由被调查者自己填写答案的调查问卷。这种调查问卷适合于面谈调查、邮寄调查、网络调查及媒体发放的问卷调查。

（2）访问式问卷。访问式问卷是指向被调查者进行询问，由调查人员根据被调查者的回答代为填写答案的调查问卷。这种调查问卷适合于面谈调查、座谈会调查和电话调查。

2. 结构式问卷和开放式问卷

（1）结构式问卷。结构式问卷也称封闭式问卷，是指调查问卷中不仅设计了各种问题，还事先设计出一系列各种可能的答案，让被调查者按要求从中进行选择。这种调查问卷适合于规模较大、内容较多的市场调查。如请被调查者选择两者中其一作为回答："您家有汽车吗？"回答只能是"有"或"没有"。

（2）开放式问卷。开放式问卷又称无结构式问卷，是指调查问卷中只设计了询问的问题，不设置固定的答案，由被调查者自由地用自己的语言来回答和解释有关想法。这种调查问卷适合于小规模的深层访谈调查或试验性调查。如"您为什么喜欢某产品的广告呢？"

课堂讨论：结构式问题与开放式问题有哪些区别？

3. 传统问卷与网络问卷

（1）传统问卷。传统问卷是指目前在一些传统方式（如面访调查、邮寄信函调查、媒体刊载问卷及书籍后附问卷）进行的调查中仍在大量使用的纸质调查问卷。

（2）网络问卷。网络问卷是指随着电子计算机和互联网技术的发展而出现的、网上调查所用的无纸化调查问卷。

任务资讯 6-1

调查问卷的作用

调查问卷的诞生使市场调查获得了质的飞跃，使问题的用语和提问的程序实现了标准化，大大降低了统计处理的难度。具体作用表现如下：

（1）调查问卷使调查活动变得简单易行。调查问卷提供了标准化和统一化的数据收集程序，使问题的用语和提问的程序标准化。每一个访问员询问完全相同的问题，每一个应答者看到或听到相同的文字和问题。只要被调查者有一定的文化水平和语言表达能力，就能完成调查问卷。由于此种方法简单易行，因此问卷调查的适用面非常广泛。

（2）方便调查资料的统计分析。问卷调查的结果统计可以用计算机将每一个被选择的答案进行汇总、归类，大大方便了数据资料的整理和分析。通过提问和回答的方式，调查问卷将消费者实际的购买行为体现出来，同时也揭示出了消费者的态度、观点、看法等定性的认识，并将其转化为定量的研究，这就使得调查人员既了解了调查对象的基本状况，同时，对于与调查对象有关的各种现象也可以进行相关分析。如果不用问卷，对不同应答者进行比较的有效基础就不存在了，从统计分析的角度看，收集到一大堆混乱的数据也难以处理。所以说，调查问卷在这里是一种作用非常大的控制工具，它使得数据资料的收集、整理和分析工作变得有章可循。

（3）节约调查时间，提高作业效率。经过调查人员的工作，许多项目被设计成由被调查者以备选答案的形式回答的问题，调查人员对调查问卷只需要稍作解释，说明意图，被调查者就可以答卷，一般不需要被调查者再对各种问题作文字方面的解答，只需要对所选择的答案做上记号或标识即可，因此可以节省大量时间，使调查者能在较短的时间内获取更多有用的信息。不仅如此，采用调查问卷的情况下，不需要访问人员做大量记录，这样就可以在加快调查进度的同时，使调查的内容更全面、更准确、更能反映出被调查者的意愿。

二、调查问卷的结构与内容认知

一份完整的市场调查问卷应该具有特定的结构与内容要求，也只有这样，调查问卷才能在调查实践中发挥应有的作用。

（一）调查问卷的结构

从结构来讲，调查问卷主要包括三个部分，即：介绍部分、主体部分和基础数据部分。

1. 介绍部分

这一部分的主要作用是使调查活动获得被调查者的认同、被调查者的资格得到确认，从而使调查活动得以有效展开。因此，除了必须具有说服力外，在调查问卷的这个部分还要提一些识别合格应答者的问题，即设置甄别部分，也称过滤性问题。

重要概念6-2　过滤性问题

调查问卷中的甄别部分也称过滤性问题，是指在对被访问者做一份正式的、完整的问卷调查之前，首先对被访问者是否属于问卷调查的人群进行筛选，这是一个成功的问卷调查中十分重要的一步。如果没有经过甄别而直接开始进行问卷调查的话，很有可能得出的结果是毫无意义的。

2. 主体部分

调查问卷主体部包括各种问题，这些问题中蕴含着大量用以解决市场营销中存在问题的信息，问题的具体内容应与被调查对象所具备的知识背景相一致，主要目的是提高调查结论的有效性。

3. 基础数据部分

基础数据主要是指被调查者的重要信息，其主要作用是了解被调查者的人口统计学特征以及有关生活方式和心理测量方面的问题，以方便后期分析。

课堂讨论：调查问卷中为什么要设计过滤性问题？

（二）调查问卷的内容

市场调查问卷通常由标题、说明词、填表说明、问题与备选答案、被调查者的背景资料、编码、作业记录等项内容组成。

1. 调查问卷的标题

调查问卷的标题是对调查主题的大致说明。与我们写论文一样，题目应该醒目、吸引人。调查问卷标题就是让被调查者对所要回答的问题先有一个大致的印象，能够唤起被调查者积极参与调查的兴趣。调查问卷的标题要开门见山，直接点明调查的主题和内容。

例6-1　问卷标题写法。

（1）关于智能手机软件下载需求的调查。

（2）麦当劳外卖市场需求状况调查。

（3）2016年中国房地产市场消费状况调查。

（4）2016年上海市居民海外旅游消费情况调查。

2. 调查问卷的说明词

说明词主要是用来说明调查目的、需要了解的问题及调查结果的用途。有些调查问卷还要有问候语，以引起被调查者的重视，同时还要向被调查者介绍调查组织单位、承诺保密、请求被调查者合作、向被调查者表示感谢等。说明词在调查问卷中非常重要，它可以消除被调查者的顾虑，激发被调查者参与调查的意愿。

例6-2　调查问卷的说明词。

女士/先生：

您好！

我是××的市场调查员。目前，我们正在进行一项有关北京市郊区旅游需求状况的问卷调查，希望从您这里得到有关消费者对郊区旅游需求方面的市场信息，请您协助我们做好这次调查。本问卷不记名，回答无对错之分，请您如实回答。

下面我们列出一些问题，请在符合您情况的项目旁的“(　　)”内打“√”。

占用了您的宝贵时间，向您致以诚挚的谢意！

3. 填表说明

填表说明的目的在于规范和帮助受访者对问卷的回答。填表说明可以集中放在调查问卷前面，也可以分散到有关问题之前。对于自填式问卷，填表说明一定要详细、清楚，而且格式、位置要醒目。否则，即使被调查者理解了题意，也可能回答错误，引起数据偏差或误差。例如，可能造成单选题回答成多选，排序题回答成选择题，该跳答处没有跳答，要求填写的数量单位是“克”却回答成“盒”等。填表说明如果是仅针对问卷中个别的复杂问题，则要紧跟在该问题之后列出；如果是针对问卷中全部的问题和答案，可以单独作为问卷的一个组成部分，在说明词后列出。

例6-3　自填式问卷的填表说明。

(1) 凡符合您的情况和想法的项目，请在相应的括号中打“√”；凡需要具体说明的项目，请在横线上填写文字。

(2) 每页右边的阿拉伯数字和短横线是计算机汇总资料用的，不必填写。

(3) 请回答所有问题。如有一个问题未按规定回答，整个问卷会作废。

操作要点：填表说明是为了帮助和规范被调查者对问卷的回答，应该做到格式统一、位置醒目、内容详细清楚；语言表述要求通俗易懂，忌用生僻的、过于专业的词或词句。

例6-4　在过去6个月内，您是否购买过打印机耗材？

A. 是　　　　　　中止访问

B. 否　　　　　　继续

4. 问题与备选答案

问题与备选答案是调查问卷的主体部分，也是问卷中的核心内容。它主要以提问的方式提供给被调查者，让被调查者进行选择和回答。显然，这部分内容设计的好坏关系到整个调查问卷的成败，也关系到调查者能否很好地完成信息资料的收集，以实现调查目标。

调查问卷中所要调查的问题可分为以下三类：

(1) 事实、行为方面的问题，主要是了解市场中已发生或正在发生的客观现象、人们的行为和结果。

(2) 观点、态度和动机等方面的问题，主要是了解被调查者的主观认识、消费偏好等。

(3) 未来的可能行为，主要是了解被调查者未来的一种态度，而不是一种准确的行为预测。

上述三类问题性质、作用不同，使用的询问方式和询问技术也不一样。

例6-5　调查问卷中的问题与备选答案。

请在您选中答案的方框内打“√”：

A. 您通过什么途径知道了这本书？□听别人介绍　□在书店看到　□杂志　□网络　□报纸　□培训班购买　□其他

B. 您认为这本书的质量怎么样？　□好　□中　□差

C. 您的性别：□　男　□女

D. 您所在单位的行业：□制造业　□咨询业　□金融业　□服务业　□机关　□教育

5. 被调查者的背景资料

被调查者的背景资料是指被调查者的一些主要特征。被调查者的有关背景资料也是调查问卷的重要内容之一，被调查者往往对这部分问题比较敏感，但这些问题与研究目的密切相关，必不可少，如在消费者调查中，消费者的性别、年龄、婚姻状况、家庭类型、家庭人口数、文化程度、职业、经济情况等，单位的性质、规模、行业、所在地等，具体内容要依据研究者先期的分析设计而定。通过这些项目，可以对调查资料进行分组、分类，以方便后期的分析。

例6-6　调查问卷中所列的背景资料。

请填写您单位的基本情况：

A. 单位名称＿＿＿＿＿＿

B. 行业规模：大□　中□　小□

C. 所有制类型＿＿＿＿＿＿

D. 通信地址＿＿＿＿＿＿

E. 2016年销售额＿＿＿＿＿＿

F. 2016年利润总额＿＿＿＿＿＿

G. 2016年所得税额＿＿＿＿＿＿

H. 2016年末职工人数＿＿＿＿＿＿

6. 编码

编码是指问卷中事先确定一个数字作为每一个问题及答案的代码，这是为了问卷调查后期数据处理的方便。一般情况下，市场调查问卷都应该编码，以便分类整理，方便计算机处理和统计分析。编码工作一般在问卷设计时完成，即将代表了相应变量的阿拉伯数字标在答案的最右边，在调查结束后直接输入计算机。与此同时，问卷本身也需要进行编号，该编号除了表示问卷顺序之外，还应包括与该样本单位有关的抽样信息。

例6-7　调查问卷中的编码。

在目前的市场环境中，贵公司所追求的主要经营目标是什么？

①完成当年的销售额和利润计划　(　　)①

②提升自己的社会责任感，重塑商业伦理　(　　)②

③大幅度提高主要产品的市场占有率　(　　)③

④进一步加快国际化的步伐　(　　)④

7. 调查作业记录

调查作业记录主要包括记录调查人员的姓名、访问日期、访问时间、访问地点等（如果有必要，还可以将被调查者的一系列资料进行登记，但必须是在征得被调查者同意的情况下方可登记），其目的是核实调查作业的执行和完成情况，以便对调查人员的工作进行监督和检查。有些重要的调查还需要记录调查过程中有无特殊情况发生、被调查者的配合情况等，因为这些情况的发生和处理方式都将影响调查结果。

例6-8　简要的作业纪录。

被调查者电话＿＿＿＿＿＿

调查员姓名＿＿＿＿＿＿　调查日期＿＿＿＿＿＿

调查开始时间＿＿＿＿＿＿　调查结束时间＿＿＿＿＿＿

问卷审核日期＿＿＿＿＿＿

课堂测评

测评要素	表现要求	已达要求	未达要求
知识点	能掌握调查问卷的含义、作用		
技能点	能初步认识问卷的不同类型		
任务内容整体认识程度	能概述并认识市场调查问卷框架内容		
与职业实践的联系程度	能描述市场调查问卷的实践意义		
其他	能联系其他课程、职业活动等		

子任务 2

问卷设计程序认知

任务提示：认识调查问卷设计的基本程序，特别是从市场调查活动实践意义的角度认识问卷设计的基本方法，在此基础上，认识问卷设计的有关原则和要求，并理解问卷设计的意义。

市场调查问卷设计应遵守一定的设计原则，按照规范的程序和基本格式要求，有序地进行。首先，我们来了解市场调查问卷设计的含义。

重要概念 6－1　问卷设计

问卷设计是指依据市场调查的目标，明确调查所需的信息，设计问题的格式和措辞，并以一定的格式，将其有序地排列组合成调查表（问卷）的活动过程。

一、问卷设计原则认知

调查问卷设计的根本目的是设计出符合调研与预测需要及能获取足够、适用和准确信息资料的调查问卷。为实现这一目的，调查问卷设计必须遵循以下原则。

（一）目的性原则

问卷设计人员必须了解调研项目的主题，能设计出可从被调查者那里得到最多资料的问题，做到既不遗漏一个问句以致需要的信息资料残缺不全，也不浪费一个问句去获得不需要的信息资料。因此，问卷设计人员必须从实际出发拟题，问题目的明确，重点突出，没有可有可无的问题。

（二）逻辑性原则

一份设计成功的问卷，问题的排列应有一定的逻辑顺序，符合应答者的思维顺序。一般是先易后难、先简后繁、先具体后抽象，只有这样才能使调查人员顺利发问、方便记录，并确保所取得的信息资料正确无误。

（三）简明性原则

问卷设计用词应该简明扼要、表述准确，使应答者一目了然，并愿意如实回答。问卷中的语气要亲切，符合应答者的理解能力和认识能力，避免使用专业术语。对敏感性问题要采取一定的技巧调查，使问卷具有合理性和可答性，避免主观性和暗示性，以免答案失真。

（四）非诱导性原则

非诱导性指的是问题要设置在中性位置，不含有提示或主观臆断，完全将被访问者的独立性与客观性摆在问卷操作限制条件的位置上。如果问题具有诱导和提示性，就会在不自觉中掩盖事物的真实性。

（五）方便整理分析原则

成功的问卷设计除了要考虑到紧密结合调查主题与方便信息收集外，还要考虑到调查结果的容易得出和调查结果的说服力，这就需要考虑到问卷在调查后的整理与分析工作。如要求调查指标是能够累加和便于累加的、指标的累计与相对数的计算是有意义的、能够通过数据清楚明了地说明所要调查的问题等。

二、问卷设计流程认知

在设计调查问卷的过程中，设计者必须注意各个环节、各个项目及内容的相关性，依据一定的程序进行，这样才能保证问卷的科学性和易操作性。问卷设计的具体程序可分为准备阶段、设计阶段、复核阶段等，如图 6－1 所示。

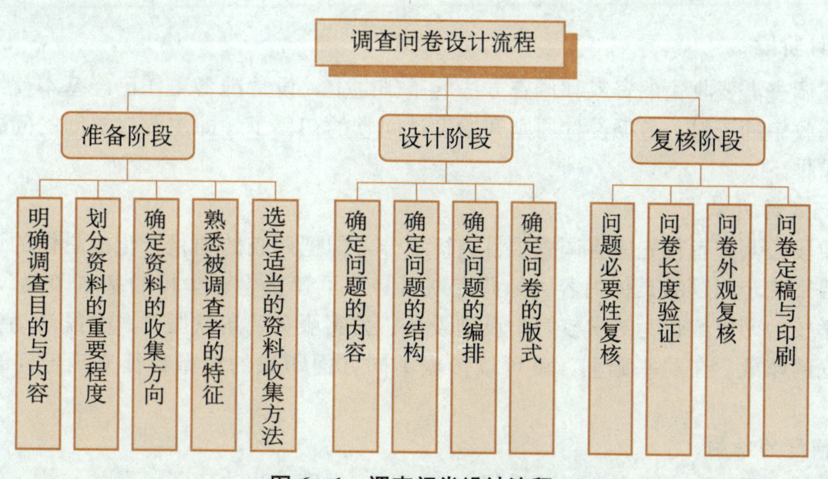

图 6－1　调查问卷设计流程

（一）准备阶段

问卷设计准备阶段的主要工作包括以下内容。

1. 明确调查目的与内容

在问卷设计之前，调查者必须明确调查课题的范围和项目，将所需的资料全部列出。为此，调查者首先要将所要了解的信息划分类别，列出资料清单，并归纳出具体的调查项目。

2. 划分资料的重要程度

设计人员应该划分哪些是主要资料，哪些是次要资料，以确定调查人员分工收集资料时的着力点。

3. 确立资料的收集方向

设计人员应该依据调查项目确定资料的收集方向，即解决向谁收集、从哪里收集的问题。如要了解企业的市场营销行为，调查者需要了解市场调查、市场细分、目标市场选择、市场定位、市场拓展、市场竞争等宏观资料，还应该了解产品、价格、渠道、促销等微观项目资料，依据所列的调查项目，调查者就可以设计出一系列具体的需要被调查者回答的问题，从而获得所需要的信息资料。

4. 熟悉被调查者的特性

在此阶段，调查者需要区分和了解被调查者的各种特性，如被调查者的社会阶层、收入水平、行为习惯等社会经济特征；文化程度、知识结构、理解能力等文化特征；需求动机、购买心理、消费意向等心理特征，以此作为拟定问卷的出发点和基础。同时，调查者还应该广泛听取有关人员的意见，做到使问卷符合客观实际，以满足未来分析的需要。

5. 选定适当的资料收集方法

市场资料可分为原始资料和二手资料。调查目的不同，所需收集的资料不同，调查者所选择的调查方式和方法也会有所不同。如在面谈调查中，由于可以与被调查者面对面地交谈和沟通，故可以询问一些较长的和复杂的问题。在电话调查中，由于受时间限制，调查者只能问一些较短的和简单的问题。邮寄问卷由于是由被调查者自己填写，故询问的问题可以多一些，但要给出详细的填表说明。网络调查收集资料的速度快，且多为匿名访问，故可以询问一些社会热点问题和敏感性问题。

（二）设计阶段

在确定了调查需要收集的资料和调查方法的基础之上，设计准备工作已经基本就绪。调查者就可以根据所需收集的资料，遵循设计原则开始设计问卷的初稿了，即主要对提问的问题和答案进行设计并进行编排。

1. 确定问题的内容

在这一阶段，调查者首先应将调查项目进行细分，即把调查的项目转化成具体的调查细目，并根据调查细目来确定问题的具体内容。如调查项目是“了解新生对学校的基本印象”，那么，就可以将学生对学校的印象细化为对学校教学设施设备、公寓服务、餐饮服务、文娱活动设施、校园整体环境等方面的印象。在此基础上，就可以依据不同方面印象的典型特征来确定问卷问题的主要内容。

2. 确定问题的结构

问卷问题的内容决定了所需资料的提问方式，一定程度上也决定了问题的结构。问题的结构一般指封闭式问题与开放式问题，大多数问卷以封闭式问题为主，辅以少量开放式问题。

3. 确定问题的编排

在设计问卷时，应站在被调查者的角度，顺应被调查者的思维习惯，使问题容易回答。

问题编排的一般原则是：

(1) 排序应注意逻辑性。问题的编排应该注意尽量符合人们的思维习惯，这样才可能使调查有一个良好的开端。

(2) 排序应该先易后难。甄别部分的问题放在最前面，一般性问题、简单易回答的问题紧随其后，逐渐增加问题的难度。

(3) 特殊问题置于问卷的最后。许多特殊问题，如收入、婚姻状况、政治信仰等，一般放在问卷的后面，因为这类问题非常容易遭到被调查者的拒答，从而影响回答的连续性。如果将这类问题放在后面，即使这些问题被拒答，其他前面问题的回答资料仍有分析的价值。此外，由于此时应答者与访问者之间已经建立了融洽的关系，被调查者的警惕性降低，有助于提高回答率，从而增加了获得回答的可能性。

4. 确定问卷的版式

问卷的设计工作基本完成之后，便要着手进行问卷的排版和布局。问卷排版布局总的要求是整齐、美观，便于阅读、作答和统计。

课堂讨论：问卷问题编排的主要原则有哪些？

（三）复核阶段

一般来说，在问卷的初稿完成后，调查者应该在小范围内进行试验性调查，了解问卷初稿中存在哪些问题，以便对问卷的内容、问题和答案、问题的次序进行检测和修正。

1. 问题必要性复核

调查人员应该根据调查目标确定问卷中所列的问题是否都是必需的，能否满足管理者决策的信息要求。每个调查目标都应该有相应的提问，不能有遗漏，而且每一个问题都必须服从一定的目的，如过滤、培养兴趣等。更多的问题是直接与调查目的有关。如果问题不能达到上述目的中的任何一个，就应当删除。

2. 问卷长度验证

调查人员应该通过实验来确定问卷的长度。一般情况下，对于拦截式调查，问卷的长度应控制在15分钟之内，否则，应考虑适当删节。对于电话式调查，应控制在20分钟之内。对于入户访问，如果超过45分钟，应当给应答者提供一些有吸引力的小礼物，如电影票、钢笔、铅笔盒、现金或其他小礼品等。

3. 问卷外观复核

针对邮寄问卷和留置问卷等自填式问卷，要求问卷外表质量精美，非常专业化；适当的图案或图表会调动被调查者的积极性；正规的格式和装订、高质量的印刷、精心设计的封面等是很有必要的。被访问者能感觉到研究者的认真态度，也更愿意予以合作。开放式问题在问卷内部要留出足够的空间，以方便提问、回答、编码以及数据处理；文中重要的地方注意加以强调，以引起被调查者的注意。

4. 问卷定稿与印刷

对问卷进行了修订以后，即可定稿并准备印刷。在问卷定稿阶段，调查者要确定问卷说明词、填表说明、计算机编码等，再一次检查问卷中各项要素是否齐全，内容是否完备。在印刷阶段，调查者要决定问卷外观、纸张质量、页面设置、字体大小等。问卷只有做到印刷精良、外观大方，才能引起被调查者的重视，才能充分实现调查问卷的功能和作用。

课堂测评

测评要素	表现要求	已达要求	未达要求
知识点	能掌握问卷设计的含义、原则		
技能点	能初步认识问卷设计的程序		
任务内容整体认识程度	能概述并认识市场调查问卷设计工作流程		
与职业实践联系程度	能描述市场调查问卷设计原则的实践意义		
其他	能联系其他课程、职业活动等		

子任务 3

问卷设计技术认知

任务提示：认识调查问卷设计的基本技术，特别是从市场调查活动实践意义的角度认识调查问卷设计中问题的基本类型，在此基础上，认识调查问卷设计的有关具体要求，并完整理解调查问卷设计的意义。

一、问卷问题的设计

在市场调查与分析活动中，一旦数据资料收集方法确定以后，实际的问卷设计过程也就开始了。问卷设计首先要做的工作就是确定在问卷中使用什么样的问题类型，然后才是问题答案的设计。

在市场调查问卷设计中，问卷问题的设计首先要考虑应答者的感受。设计者如果仅从自己设计的提问角度来决定问卷形式，忽略被调查者的感受，主观假定被调查者对不同形式问题的反映无显著差异，结果必然导致计量误差。

（一）问题的类型

1. 直接性问题和间接性问题

直接性问题是指通过直接的提问就能得到答案的问题。直接性问题通常是一些已经存在的事实或被调查者对之不很敏感的基本情况。

例6－9 你喜欢在什么场所购买衣服？（可多选）

□品牌专卖店 □大型百货商场 □超市品牌专柜 □就近的商店 □大卖场品牌专柜

这种类型的问题应该是事实存在的，一般不涉及态度、动机等方面的问题，应答者回复时不会感觉到有压力和威胁。

间接性问题指的是对被调查者而言有一些敏感、尴尬、有威胁或有损自我形象的问题，应答者往往有所顾虑，不愿或是不敢真实地表达自己的意见。对这类问题一般不宜直接提问，而必须采用间接或迂回的方式发问，才可能得到答案。如家庭人均收入、消费支出、婚姻状况、政治信仰等方面的问题，如果直接询问，可能会引起被调查者的反感，导致调查过程出现不愉快而中断。因此，应该采取间接询问的方式获得被调查者的回复。如例6－10中的收入问题，可以请应答者在相应的收入区间进行选择。

例6－10 你每月的收入是：

□3 000元～4 000元 □5 000元～7 000元 □7 000元～9 000元

2. 开放式问题和封闭式问题

开放式问题是指调查者对所提出的问题不列出具体的答案，被调查者可以自由地运用自己的语言来回答和解释有关想法的问题。

例6－11 开放式问题。

（1）你认为目前大学生就业难的主要原因有哪些？（自由回答法）

（2）看到“电视”你会想起什么食品？（词语联想法）

（3）请说出你所知道的矿泉水品牌。（回忆法）

（4）你购买智能手机最主要的考虑是（句子完成法）

（5）看到这幅图片，你最直接的感受是（视觉测试法）

开放式问题的优点是：比较灵活，能调动被调查者的积极性，使其充分自由地表达意见和发表想法；对于调查者来说，能收集到原来没有想到，或者容易忽视的资料。同时，由于应答者以自己的体会来回答问题，调查者可以从中得到启发，使文案创作更贴近消费者。这种提问方式特别适合于那些答案复杂、数量较多或者各种可能答案尚属未知的情形。

开放式问题的缺点：被调查者的答案可能各不相同，标准化程度较低，资料的整理和加工比较困难，同时还可能会因为回答者表达问题的能力有差异而产生调查偏差。

封闭式问题是指事先将问题的各种可能答案列出，由被调查者根据自己的意愿选择回答。

例6－12 你购买这款智能手机的主要原因是什么？

A. 价格便宜 B. 玩游戏不卡 C. 整机性能良好 D. 售后服务好

E. 外观造型别致 F. 性价比高

封闭式问题的优点主要有：标准化程度高，回答问题较方便，调查结果易于处理和分析；可以避免无关问题，回答率较高；可节省调查时间。

封闭式问题的缺点主要有：被调查者的答案可能不是自己想准确表达的意见和看法；给出的选项可能对被调查者产生诱导；被调查者可能猜测答案或随便乱答，使答案难以反映自己的真实情况。

3. 动机性问题和意见性问题

动机性问题是指为了了解被调查者的一些具体行为的原因和理由而设计的问题。

例 6-13 你为什么购买××品牌的牙膏？

动机性问题所获得的调查资料对于企业制定市场营销策略非常有用，但是收集难度很大。调查者可以多种询问方式结合使用，尽最大可能将调查者的动机揭示出来。

意见性问题主要是为了了解被调查者对某些事物的看法、想法或态度，也称态度性问题。

例 6-14 你对学校餐厅服务的总体满意程度为______________。

意见性问题在营销调查中也经常遇到，它是很多调查者准备收集的关键性资料，因为意见常常影响动机，而动机决定着购买者的行为。

在实际市场调查中，几种类型的问题常常是结合使用的。在同一份问卷中，既会有开放式问题，也会有封闭式问题，甚至同一个问题也可能隶属于多种类型。调查者可根据具体情况选择不同的提问方式，使用不同的询问技术。

（二）问题设计的用词

不管采用什么样的询问技术，最终都会归结到问题的措辞上。从语言文字表述来讲，问题的提出又有以下要求。

1. 清晰、简明扼要

问题设计用词要求简明扼要、直截了当、措辞通俗并为被调查者所熟悉。

例 6-15 你觉得这一品牌的饮料分销充分吗？（差的提问）

分析提示： 分销是市场营销工作中的专门术语，对于一般意义上的消费者来讲，对市场营销工作本身不一定了解，对一些专业词汇可能更加陌生。如果这样设计问题，调查结果显然会出现误差。所以在决定问题措辞时，应避免使用技术意味很浓的专业术语。

例 6-16 当你想购买这一品牌的饮料时，你是否容易买到？（好的提问）

分析提示： 剔除专业术语“分销”，将问题设计为消费者购买活动的切身感受，应答者易理解问题的意思，回答的真实性与效率都会有所提高。

2. 意思明确

问题设计要意思明确，避免一般化、笼统化，否则，应答者提供的答案资料就没有太大的意义。一个表述清楚的问题应尽可能地把人物、事件、时间、地点、原因和方式六个方面的信息具体化。

例 6-17 某大学在军训结束后对新生进行了入学调研，问卷中有一个问题：你对我们学校印象如何？

□好　□不好　□不了解

分析提示： 这样的问题过于笼统，意思不是很明确，使刚入学的新生不好回答。因为对于新生来讲，对学校的第一印象可能是宿舍条件、就餐环境、社团生活、校园环境等方面。

例 6-18 你最常去购物的商店是哪家？（差的提问）

在最近 2 个月内，你最常去购物的东城区的商店是哪一家？（好的提问）

例 6-19 你通常每周锻炼多少次？（差的提问）

你在过去的一周内锻炼了多少次？（好的提问）

3. 避免诱导性或倾向式问题

诱导性或倾向式问题指的是明确暗示出答案或者揭示出调查人员的观点的问题。这样的问题设计会影响应答者最终作答的客观性。

例6-20　目前，大多数人认为商品房价格偏高，你认为呢？

□是　□不是　□不清楚

分析提示：这是一个诱导性问题，问题中已经包含了建议答案或推荐被调查者在该问题上应该采取的立场。

例6-21　你对“韩流文化”给我国本土文化发展造成的冲击有什么看法？

分析提示：这是一个倾向式问题，这种提问已经揭示了调查人员的基本观点，对被调查者的回答有诱导作用。

4. 不采用要求总结、评价或假设性的问题

例6-22　你每月在生活方面的消费是多少？

分析提示：这是一个要求总结或评价的问题，作为消费者，一般很难在短时间内能精确地统计出自己每月在生活方面的消费。

例6-23　你毕业后是否会马上进入大公司工作？

分析提示：对在校生来讲，这是一个假设性的问题，被调查者可能因假设不成立说不，也可能会选择自由职业者而说不。

二、问题答案的设计

在问卷调查实践中，无论哪种问题类型，都要进行答案设计，尤其是封闭性问题，必须进行全面、系统、详尽的设计，才可以将调查内容信息准确地传递给被调查者，取得对方的充分合作，使其不带偏见地去回答有关问题。一般较常用的答案设计方法有以下类型。

（一）二项选择法

所谓二项选择法，也称是非法或真伪法，是指所提出的问题只有两种对立、互斥的答案可供选择，被调查者只能从两个答案中选择一项。

例6-24　你已经购买了人身保险吗？

□是　□否

分析提示：这样的答案设计态度明确，利于选择，可以得到明确的回答，能迫使倾向不定者偏向一方，能够在较短的时间内得到答案，统计处理方便；缺点是不能反映意见的差别程度，调查不够深入，由于取消了中立意见，结果有时不准确。

（二）多项选择法

所谓多向选择法，是指所提出的问题有两个以上的答案，让被调查者在其中进行选择。多项选择时，要求答案尽可能包括所有可能的情况，避免应答者放弃回答或随意回答。

例 6－25 你在毕业后选择就业时考虑的主要因素是什么？（应注明选项数量）

A. 工资福利　B. 经济发达城市　C. 有利于自身今后发展　D. 专业对口
E. 才能得以施展　F. 积累社会经验　G. 其他

分析提示： 多项选择法的优点是可以缓和二项选择法强制选择的缺点，应用范围广，能较好地反映被调查者的多种意见及其程度差异，由于限定了答案范围，统计也比较方便。缺点是回答的问题没有顺序，且答案太多，不便于归类，对问卷设计的要求较高。

（三）顺序法

顺序法又称排序法，是指提出的问题有两个以上的答案，由被调查者按重要程度进行顺序排列的一种方法。在实践中，顺序法主要有两种：有限顺序法和无限顺序法。

例 6－26 请按重要程度排列出你在购买文具用品时考虑的前三位的影响因素。

A. 价格　B. 品牌　C. 包装　D. 使用方便
E. 商场促销　F. 同学推荐　G. 其他

例 6－27 请按重要程度排列出你在购买文具用品时考虑的影响因素。

A. 价格　B. 品牌　C. 包装　D. 使用方便
E. 商场促销　F. 同学推荐　G. 其他

分析提示： 顺序法不仅能够反映出被调查者的想法、动机、态度、行为等多个方面的因素，还能比较出各因素的先后顺序，既便于回答，又便于分析。但是在实践应用中应注意：被选答案不宜过多，以免造成排序分散，加大整理分析难度；调查内容必须要求对备选答案进行排序时再使用。

（四）比较法

所谓比较法，是指采用对比的方式，由被调查者将备选答案中具有可比性的事物进行比对后做出选择的方法。

例 6－28 请比较下列每一组不同品牌的智能手机，你更喜欢使用哪一种？（每一组中只选一个）

A. 联想　华为　B. 小米　华为　C. 华为　三星　D. 联想　小米
E. 小米　三星　F. 华为　小米

分析提示： 这种方法采用了一一对比方式，具有一定的强制性，使被调查者易于表达自己的态度。但在实际应用时应注意比较项目不宜过多，否则会影响被调查者回答的客观性，也不利于统计分析。

（五）回忆法

回忆法是指通过回忆，了解被调查者对不同商品质量、品牌等方面印象的深浅。调查时，可以根据被调查者所回忆品牌的先后和快慢以及各种品牌被回忆出的频率进行分析研究。

例 6－29 请你列出最近在电视广告中出现的智能手机品牌。

三、态度量表的设计

在市场调查工作中，经常需要对被调查者的态度、意见或感觉等心理活动进行测定和判别，这些工作需要借助各种数量方法进行度量。量表就是对定性资料进行量化的一种度量工具。

重要概念 6-4 态度量表

态度量表就是通过一些事先确定的用语、记号和数目，来测量被调查者的态度、意见或感觉等心理活动的程度的度量工具。它可以对被调查者回答的强度进行测量和区分，而且将被调查者的回答转化为数值以后，可以进行编码计算，便于进行深入的统计分析。

（一）量表的类型

1. 类别量表

类别量表又称“名称量表”“名义量表”，是根据被调查者的性质分类的，用来测量消费者对不同性质问题的分类。类别量表中所列答案都是不同性质的，每一类答案只表示分类，不存在比较关系，被调查者只能从中选择一个答案，而不必对每个答案加以比较。

例 6-30 您来自我国以下哪一地理区域？

①东部 ②中部 ③西部 ④东北

例 6-31 您喜欢大学城的新校区吗？

①喜欢 ②无所谓 ③不喜欢

类别量表中所列答案都是不同性质的，每一类答案只表示分类，不存在比较关系，被调查者只能从中选择一个答案，而不必对每个答案加以比较，如是、否等。表中的数字分配，仅仅是用作识别不同对象或对这些对象进行分类的标记。

2. 顺序量表

顺序量表又称“等级量表”“位次量表”或“秩序量表”，是比较性量表，是将许多研究对象同时展示给受测者，并要求受测者根据某个标准对这些对象排序或分成等级。

例 6-32 以下是一些手机品牌名称，请将它们按你所喜好的程度排序(其中1表示你最喜欢，5表示你最不喜欢)。

联想（ ） 小米（ ） 华为（ ） 中兴（ ） 金立（ ）

在测量过程中，顺序量表根据事物的某一特点，将事物属性分成等级，用数字表示。这种测量水平不仅能区分不同类别，而且能排出等级或顺序，如胖瘦、大小、高矮、上中下、名次等。

3. 等距量表

等距量表也称“区间量表”，用于测量消费者对于某种商品喜欢或不喜欢的次序之间的差异距离。等距量表中，相邻数值之间的差距是相等的，1和2之间的差距就等于2和3之间的差距。有关等距量表最典型的实际例子是温度计。在市场调查活动中，给一个产品外观设计打分，某产品得9分与6分之间的差距和得7分与4分之间的差距也是相同的。需要注意的是，等距量表不能计算测量度之间的比值，如某同学数学考试成绩为0分，并不能简单地说他没有数学知识。

4. 等比量表

等比量表又称“比率量表”，是既具有类别、等级、等距特征，也具有绝对零点的量表。根据测量的不同水平以及测量中使用的不同单位和参照点，测量量表从低到高可分为命名量表、顺序量表、等距量表、等比量表四种类型，等比量表具有命名量表、顺序量表、等距量表的一切特性，并有固定的原点。如在物理测量中，长度、重量、开氏温度量表（绝对温度量表）等。在市场调查活动中，销售额、生产成本、市场份额、消费者数量等变量都要用等比量表来测量。

（二）市场调查常用量表

目前，市场调查中常用的量表主要有以下几种。

1. 评比量表

评比量表是比较常用的一种定序量表，调查者在问卷中事先拟定有关问题的答案量表，由应答者自由选择回答。

例 6-33 你觉得大学园区的新校区整体环境怎么样？

1. 很好　　2. 较好　　3. 一般　　4. 较差　　5. 很差

评价量表用不同的数值来代表某种态度，目的是将非数量化的问题加以量化，而不是用抽象的数值随意排列。一般情况下，选项不应超过五点，否则普通应答者可能会难以做出选择。评比量表的优点是省时、有趣、用途广、可以用来处理大量变量。

2. 等级量表

等级量表是顺序量表的一种，就是让受访者对评价对象的不同等级予以区分，也就是说，以受访者自己心目中的评价方式给出某种顺序的相对分值。在调查品牌偏好、广告片效果比较、形象和地位评选等方面的问题时，可以使用这种方法。

例 6-34 在你的心目中，你认为自己对下列五种电视机品牌喜欢的顺序是__________。

长虹　　康佳　　海尔　　TCL　　海信

例 6-35 下面有四张广告图片（注：图片略），请你评选出 1～4 名并把序号写在括号里。

图片 A（　　）　　图片 B（　　）　　图片 C（　　）　　图片 D（　　）

3. 矩阵量表

矩阵量表也称语义差异量表，是用成对的反义形容词测试被调查者对某一事物的态度。在市场调查中，它主要用于市场与产品、个人及集体之间的比较，以及人们对事物或周围环境的态度的研究，具体做法是在一个矩阵的两端分别填写两个语义相反的术语，中间用数字划分为七个等级，由应答者根据自己的感觉在适当位置画上记号。

例 6-36 您对太平洋百货的看法是怎样的？下面是一系列评价标准，每个评价标准两端是两个描述意义相反的形容词。请用这些标准来评价太平洋百货，在您认为合适的地方打钩。

可信的	1	2	3	4	5	6	7	不可信的
时尚的	1	2	3	4	5	6	7	不时尚的
不方便	1	2	3	4	5	6	7	方便
服务态度好	1	2	3	4	5	6	7	服务态度不好
昂贵	1	2	3	4	5	6	7	便宜
选择多	1	2	3	4	5	6	7	选择少

4. 利克特量表

利克特量表是利克特于 1932 年提出的，也是运用非常广泛的量表。它要求被调查者表明对某一表述赞成或否定，回答者将赞成和不赞成分成若干等级，以区别其态度。

任务资讯6-2

电话访问问卷和邮寄问卷

电话访问问卷最重要的特点是简洁明了。电话访问的时间不能太长，一般为3分钟到5分钟。所以，电话访问常用于过滤样本或做简短的调查。

(1) 说明词要开门见山。电话访问的说明词最简单，内容也不如其他方法那样繁多，要简明扼要。

(2) 问句要短、明白、完全口语化。问句太长会使被调查者不易理解或误解。另外，多项选择问句、列举问题，尤其是使用图表、照片、卡片等的问句不能使用。问的口气要清晰、客气，问句要简单，最好也要让对方的回答简单，便于记录。

(3) 样本特性资料要间接询问。电话访问中有关样本特性资料，如年龄、收入、受教育程度等，因为不能呆板地分层列出，而直接询问又过于唐突，因此，最好采用间接询问的方式。例如，询问年龄可问"您是哪年出生的?"询问受教育程度可以问"您最终就读于哪一所大学?"有时，也可以采用试探性询问，例如，"您是复旦大学毕业的吧?"对方或许答"是"，或许答"不是的，我是上海财经大学毕业的"。总之，因为电话访问是相当容易被拒绝的，我们在样本特性资料的询问中要尽量委婉。

(4) 记录要做好事前准备。电话访问中记录答案的时间很短，而且所用的都是自由式问句，更需要能够迅速记录。记录一般采用速记或录音整理的方式，要求做好准备工作。当然，对于调查所需要的材料，也是在准备之列的。询问一结束，立即对记录做回忆整理补充。除此以外，资料的计算机编号和作业证明记载部分与派员访问基本没有区别。

邮寄访问的进程和结果难以控制，被调查对象对问句有疑问或误解时，不能得到及时的纠正。所以，邮寄访问问卷的设计要注意以下方面：

(1) 外形要亲切稳重。邮件要封口，字体要稳重大方，书写工整。信函要用私人信函以示尊重，公函或印刷品邮件容易被忽视，最好能注明收件人姓名。

(2) 说明词写作要详尽。邮寄访问的控制绝大部分要依靠说明词。说明词不仅要写得亲切，还要尽量详细。除了基本内容以外，还必须写清阅卷的方法、回收的日期、回寄的地点、邮政编码等，最好还能说明按要求回答、寄回问卷将受到的奖励。

(3) 问句要少且要透明。邮寄访问的问卷完全依赖收件人的意愿和理解来回答，所以问卷的篇幅，即问句的数量要精简，以免让收件人产生厌烦情绪。问卷的思路要连贯，不要让人有中途停止的想法。对于问句的回答，要写清回答的方法，必要时可举例说明。对于某些专有名词、术语等，也可做适当的解释。

(4) 促进回收的设计。邮寄访问问卷回收率低是最大的缺陷，改进这一缺陷就可大大提高调查的效果。因此，要注意问卷设计的技巧性。必须注意的是，回收信件的地址不能是委托调查的企业，而必须是调研机构或者使用者信箱。回收日期要考虑邮件的路程远近。一般来说，在寄出15～20天回收比较恰当。在寄出问卷的同时要寄一个贴好回邮邮票、注明回邮地址、邮政编码的信封；尽量使用私人信函而非公函，尽量粘贴有价值的邮票而不采用加盖"邮资已付"戳等，上述做法均可以增加问卷的回收率。当然，对按要求寄回问卷者可参加抽奖的方法，也可大大增加邮寄问卷的回收率。在美国调研机构中，还常在所寄问卷的邮件内附上一美元的钞票以做酬劳，既表示对对方劳动的尊重，也是一种促进回收的好方法。

测评要素	表现要求	已达要求	未达要求
知识点	能掌握调查问卷问题与答案的类型、作用		
技能点	能初步认识调查问卷设计的技术要领		
任务内容整体认识程度	能概述并认识市场调查问卷设计技术要求		
与职业实践的联系程度	能描述市场调查问卷设计技术的实践意义		
其他	能联系其他课程、职业活动等		

任务6小结

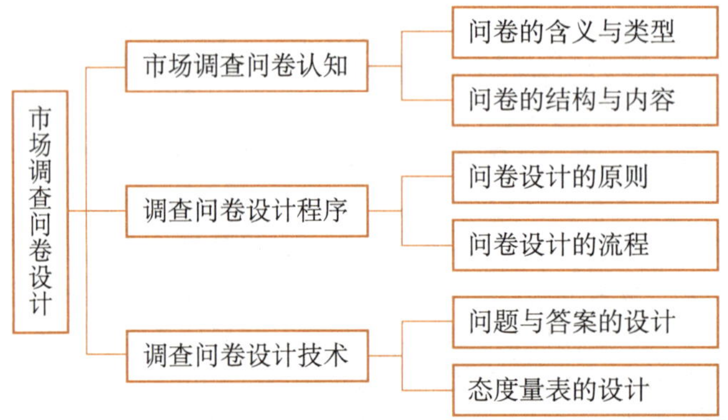

教学做一体化训练

重要概念

问卷　过滤性问题　问卷设计　量表

课后自测

□**单项选择**

1. 下列关于问卷中甄别部分的叙述，正确的是(　　)。

A. 简单易懂的放在前面　　B. 特殊性问题放在前面

C. 用来识别合格应答者　　D. 开放性问题放在后面

2. 一般情况下，问卷的长度应控制在(　　)的回答时间。

A. 0～30分钟　　B. 30～40分钟　　C. 0～50分钟　　D. 50～60分钟

3. 问卷设计是否合理，调查目的能否实现，关键在于(　　)的设计水平和质量。

A. 前言部分　　B. 主体内容　　C. 附录部分　　D. 说明部分

4. 调查问卷的说明部分主要是对(　　)的说明。

A. 调查的目的与意义　　B. 调查的对象　　C. 调查的问题　　D. 有关事项

5. “您是否喜欢××牌子的自行车?”问句是(　　)问句。

A. 事实性　　B. 行为性　　C. 动机性　　D. 态度性

6. 问卷设计的首要步骤是(　　)。

A. 进行必要的探索性调查　　B. 设计问句项目

C. 把握调查的目标和内容　　D. 收集和研究相关资料

7. 某调查问卷的问题“您对网上购物有什么看法?”属于(　　)问题。

A. 公开式　　B. 开放式　　C. 保守式　　D. 封闭式

□多项选择

1. 自填式问卷是指向被调查者进行询问，由被调查者自己填写答案的问卷。这种问卷适合(　　)时使用。

A. 面谈调查　　B. 邮寄调查　　C. 网络调查　　D. 电话调查

2. 问卷中所要调查的问题可分为(　　)。

A. 事实、行为方面的问题　　B. 观点、态度等方面的问题

C. 未来的可能行为　　D. 动机方面的问题

3. 在问卷设计实践中，往往要求设计者注意(　　)。

A. 用词必须清楚、简洁　　B. 选择用词应避免对被调查者的诱导

C. 应考虑到被调查者回答问题的能力　　D. 应考虑到被调查者回答问题的意愿

E. 避免所提出的问题与答案不一致

4. 你认为今后我国住房价格的上涨幅度将：

□加快　　□趋缓

以上问题属于(　　)。

A. 开放式问题　　B. 多项式选择问题　　C. 二项选择问题　　D. 比较式问题

5. 量表可以测量消费者的(　　)。

A. 态度　　B. 意见　　C. 感觉　　D. 行为

□判断

1. 问卷中问题与答案的设计应该生动、新颖，以吸引被调查者的注意，有时为了使其配合调查，可以将问句偏离调查目标与内容。(　　)。

2. 为了保证收集到重要资料，问卷设计一定要面面俱到，时间控制在至少30分钟以上。(　　)

3. 问卷中的一些词汇，如“经常”“通常”等已经成为人们有较大共识的词语，可以在设计时大量采用。(　　)

4. 在现实生活中，许多人认为年龄、收入、受教育程度等都属于个人隐私，不愿意如实回答，所以在设计问卷时可以把这些问题省略，以免影响整个回答的真实性。(　　)

5. 对于被调查者不清楚的某些问题，调查人员可以适当加以提示，以引导被调查者完成调查，达到调查目标。(　　)

□简答

1. 简述问卷的基本结构。
2. 问卷设计的步骤有哪些？
3. 问卷中问题的排序应注意什么？
4. 问卷的外观设计有哪些要求？其主要目的是什么？
5. 为什么对严格按照程序设计好的问卷还要进行检测与修正？可不可以省略？

案例分析

案例1：读者基本情况调查问卷

我们期待您填写此登记卡，您的回答将严格保密并进入读者数据库。届时，您可在邮购图书时得到优惠（不仅可免邮寄费，更可享受书价九折优惠）。若您对所购书籍有任何意见，请另附纸张一并寄给我们公司，我们将十分感谢！

请在您选中答案的方框内打“√”，或将您的答案填在横线上。

1. 姓名____________
2. 性别：□男　□女
3. 年龄：____________岁
4. 您所在单位的行业：□制造业　□咨询业　□金融业　□服务业　□商业　□机关　□教育
5. 您的职位：□总经理　□营销总监　□部门经理　□职员　□教师　□公职人员　□学生　□其他
6. 您单位的员工数：□100人以下　□100～500人　□500～1 000人　□1 000～5 000人　□5 000人以上
7. 您的收入：每月____________元人民币
8. 文化程度：□高中　□大专　□本科　□硕士　□博士
9. 通信地址：____________邮政编码：____________
10. E-mail地址：____________
11. 您购买的书名是：____________
12. 您是如何知道这本书的：□别人介绍　□在书店看到　□杂志　□网络　□报纸　□培训班购买　□其他
13. 您认为这本书的质量如何？　□好　□中　□差
14. 请在以下几个方面予以评价：

	很好	好	一般	不太好	差
（1）理论、专业水平的角度	5	4	3	2	1
（2）实用、可操作性的角度	5	4	3	2	1
（3）内容新颖、创新的角度	5	4	3	2	1
（4）文笔、案例生动的角度	5	4	3	2	1
（5）印刷、装帧质量的角度	5	4	3	2	1

以上是我们最常见的问卷，仔细阅读后回答以下问题：

1. 问卷中问题的排序有无不当之处？

2. 问卷中问题的措辞有无不当的地方，应如何改正？

案例2：北京市中、高档商品房需求调查表

被调查者电话____________

调查员姓名____________　　调查日期____________

调查开始时间____________　　调查结束时间____________

问卷审核日期____________

被调查者所在区：□朝阳区　□东城区　□西城区　□海淀区　□丰台区　□石景山区

过滤性问题：

请问我能否和您或您家里任何30岁以上的成年人通话吗？

□可以　　　　继续访问

□不可以　　　停止访问

请问您的配偶是否购买了有完全产权的中、高档商品房？

□是（跳至Q16）

□不是　　　　停止访问

请问您是否在两年内计划购买具有完全产权的中、高档商品房？

□是　　　　继续访问

□不是　　　停止访问

问卷主体：

（提请调查员注意：Q1～Q14是对意向购买者的提问，Q15之后是对已购买者的提问）

Q1：北京的房地产公司中你听说过的有哪些？（请说出至少三个）

□____________

□____________

□____________

Q2：下面是北京一些较知名的商品房小区名单，请问您听说过的有哪些？

□今典花园

□万泉新新家园

□嘉慧园

□曙光花园

□冠城园

□现代城

□京华豪园

□其他____________（请注明）

Q3：您是通过何种渠道了解商品房消息的？

□报纸

□杂志

□互联网

□朋友介绍

□电视

□房展会

□广播

□其他____________（请注明）

Q4：目前已推出的商品房对你的购买力来讲：

□很高

□有些高

□适中

□有些低

□很低

Q5：您认为商品房价格趋势将会怎样？

□会上升

□变动不大

□会下跌

□说不清楚

Q6：您购房所能承受的总价格是____________万元。

Q7：您希望选择的付款方式为：

□一次性付款

□分期付款

□小于5年的银行贷款

□10年的银行贷款

□15年的银行贷款

□15年以上的银行贷款

Q8：您若购房，最希望选择的地段是：

□东城区

□西城区

□丰台区

□海淀区

□朝阳区

□石景山区

Q9：您心目中预期购买商品房的建筑面积是____________平方米。

Q10：您预期购买商品房的户型是：____________室____________厅____________卫。

Q11：您预期购买的商品房楼型是：

□多层

□高层

□复式结构

□别墅式

Q12：您购房的目的是：

□投资

□自用

□为家人购买

□其他（请注明）____________

Q13：您购置商品房所考虑的最重要的前三位因素是：

第一因素____________

第二因素____________

第三因素____________

Q14：您在购买商品房时所希望的装修标准是：

□毛坯房

□初装修

□橱卫精装

□全部精装

Q15：您购买商品房所期望的是：

□期房

□现房

（访问员注意：意愿购房者回答完Q15后跳至D1个人部分，Q 16～Q26仅对已经购置商品房者提问）

Q16：您目前所在的商品房小区是____________。

Q17：您当时购置商品房所考虑的前三位最重要的因素是：

第一位因素____________

第二位因素____________

第三位因素____________

Q18：您购买商品房的价格是______元。

Q19：您购置的商品房付款方式为：

□一次性付款

□分期付款

□小于5年的银行贷款

□5年的银行贷款

□10年的银行贷款

□15年的银行贷款

□15年以上的银行贷款

Q20：您购买商品房的总建筑面积是____________平方米。

Q21：您家的房屋户型是：____________室____________厅____________卫。

Q22：您购买商品房的楼型是：

□多层

□高层

□复式

□别墅式

Q23：您购房的目的是：

□投资

□自用

□为家人购买

□其他

Q24：您在最近的两年内会不会再购买商品房？

□会

□不会

Q25：您对您小区的物业管理满意度：

□很满意

□满意

□稍满意

□无所谓

□稍不满意

□不满意

□很不满意

Q26 您所购买的商品房房价相对您的购买力来说：

□很高

□有些高

□适中

□有些低

□很低

Q27 您认为商品房今后两年的价格趋势是：

□会上升

□变动不大

□会下跌

□说不清楚

个人及家庭背景

D1：您的年龄是______岁。

D2：您的性别：

□男

□女

D3：您的婚姻状况：

□已婚

□未婚

□离婚

□分居

□丧偶

□其他

D4：您的家庭有几口人？

□一人

□二人

□三人

□四人

□四人以上

D5：您的职位是：

□董事长

□部门主管

□总经理/副总经理

□市场营销/销售总监

□财务总监/总会计师

□专业人士

□行政经理/人力资源经理

□其他（请注明）________

D6：您工作单位的地点是：

□东城区

□西城区

□丰台区

□海淀区

□朝阳区

□石景山区

D7：您的受教育程度是：

□研究生及以上

□大学本科

□大学专科

□高中

□中专

□初中

□小学及以下

D8：您的家庭年收入为：

□1万元～3万元（含3万元）

□3万元～5万元（含5万元）

□5万元～7万元（含7万元）

□7万元～9万元（含9万元）

□9万元～11万元（含11万元）

□11万～13万元（含13万元）

□13万元～15万元（含15万元）

□15万元～20万元（含20万元）

□20万元以上

□不知道/拒答

D9：您是否有供自己自由支配的汽车：

□是

□否

资料来源：雷培莉．市场调查与预测[M]．北京：经济管理出版社，2004．

以上是一份对北京市中、高档商品房需求调查的模拟问卷。仔细阅读并回答以下问题：

1. 请你概括这份问卷的调查目标。
2. 这是一份自填式问卷还是访问式问卷？
3. 你认为问卷中对访问员的提醒有必要吗？为什么？
4. 问卷中还有哪些方面的问题设计得不完善？为什么？
5. 结合所学，你认为还有需要补充的问题吗？如有，请补充完整。

同步实训

□**实训 1：问卷内容认知**

实训目的：认识市场调查问卷的内容框架。

实训内容：（1）教师设定某一调查主题，如本校、班级同学智能手机、电脑等购买使用情况的调查。围绕这一主题，尝试规划一份调查问卷。（2）讨论分析并搭建调查问卷框架内容。

实训组织：学生分小组，讨论框架内容安排，开始进行问卷设计；讨论这一调查问卷中如果要有甄别部分，过滤性问题应该如何设计？为什么？

实训总结：学生小组交流问卷框架内容设计认知结果，教师根据讨论报告、PPT 演示、讨论分享中的表现分别给每组进行评价打分。

□**实训 2：问卷问题设计**

实训目的：认识市场调查问卷问题的设计方法。

实训内容：（1）教师设定某一调查主题，如本校、本班级同学智能手机、电脑等购买使用情况的调查。在搭建起的调查问卷框架内容基础上，进行问卷问题的设计。如开放性问题、结构性问题；直接性问题、间接性问题。（2）尝试运用不同类型问题的设计方法。

实训组织：学生分小组，观察班级、学院（系部）同学手机使用情况，并尝试运用不同类型问题的设计思想，设计出一些问题，并说明这样设计的理由。

实训总结：学生小组交流不同的设计成果，教师根据问题的设计、对回答问题的分析、PPT 演示、讨论分享中的表现分别给每组进行评价打分。

□**实训 3：问卷问题的编排**

实训目的：认识问卷问题的编排技巧。

实训内容：（1）教师设定某一调查主题，如本校、本班级同学智能手机、电脑等购买使用情况的调查。结合实训 2 设计的问题，在明确调查目的、问题编排程序的基础上，对这些设计好的问题进行编排。（2）分析讨论编排原则的实践意义。

实训组织：学生分小组，尝试对自己小组设计出的问题进行编排，讨论分析问卷问题编排原则是否得到体现。

实训总结：学生小组讨论编排结果，教师根据编排、讨论、评价结果、PPT 演示、讨论分享中的表现分别给每组进行评价打分。

通过任务 6 的学习，我能做如下总结：

一、主要知识点

从任务 6 中，我获取的知识点有：
(1)
(2)

二、主要技能

从任务 6 中，我获取的技能有：
(1)
(2)

三、主要原理

问卷设计在市场调查活动中的地位与作用是：
(1)
(2)

四、相关知识点

任务 6 涉及的主要知识点有：
(1) 问卷设计与调查资料收集的关系是：
(2) 问卷问题编排的科学原理有：
(3) 量表能够解决的特定问题有：

五、学习成果检验

完成任务 6 学习的成果：
(1) 完成任务 6 学习的意义有：
(2) 我学到的知识有：
(3) 我学到的技能有：
(4) 我对市场调查问卷设计的初步印象是：

任务7

市场调查活动组织

知识目标

(1) 认识市场调查实施过程。
(2) 认知实施主管和督导职责。
(3) 认知访问员培训内容与方式。
(4) 认知市场调查组织的意义。

能力目标

(1) 能进行访问员培训组织。
(2) 能对访问过程进行有效控制。
(3) 能结合实际对访问技巧进行评价。

任务描述

市场调查活动过程必须精心组织、高效实施，才能取得好的效果。作为调查初学者，必须在认知市场调查过程、岗位职责范围、实施技术要求的基础上，根据调查目标要求，卓有成效地开展市场调查资料的收集工作。

任务解析

根据市场调查职业工作活动顺序和职业能力分担原则，“市场调查活动组织”学习任务可以分解为以下子任务。

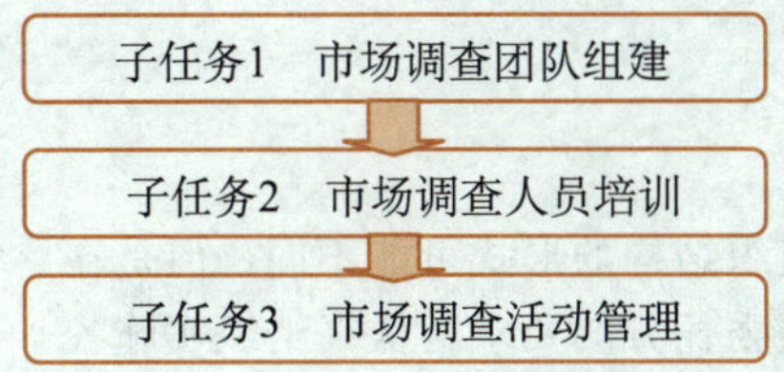

调查故事

每当秋季来临时，天空中成群结队南飞的大雁就是一个完美的团队。雁群是由许多有着共同目标的大雁组成的，在组织中，它们有明确的分工，当队伍中途飞累了停下来休息时，它们中有负责觅食、照顾年幼或老龄大雁的青壮年大雁，有负责雁群安全放哨的大雁，有负责安静休息、调整体力的领头雁。在雁群进食的时候，巡视放哨的大雁一旦发现有敌人靠近，便会长鸣一声发出警示信号，群雁便整齐地冲向蓝天、列队远去。而那只放哨的大雁，在其他大雁都进食的时候自己不吃不喝，体现了一种为团队牺牲的精神。

据科学研究表明，大雁组队飞要比单独飞提高22%的速度，飞行中的雁的两翼可形成一个相对的真空状态，飞翔的头雁是没有谁给它真空的，漫长的迁徙过程中总要有带头搏击者，这同样是一种牺牲精神。而在飞行过程中，雁群大声嘶叫以相互激励，通过共同振动翅膀来形成气流，为后面的队友提供“向上之风”，而且“V”字队形可以增加雁群70%的飞行范围。如果在雁群中有任何一只大雁受伤或生病而不能继续飞行，雁群中就会有两只大雁自发地留下来守护照看受伤或生病的大雁，直至其恢复或死亡，然后它们再加入新的雁群，继续南飞，直至到达目的地。

感悟：上述故事充分体现了组织或团队的重要性。一个完整的调查组织应包括调查项目主管、调查督导、调查员三重管理结构，它们之间相互制约，互为监督。这样，才能保证市场调查结果不会出现偏差。

子任务1

市场调查团队组建

任务提示：认识市场调查组织实施的主要工作，特别是从市场调查活动实践意义的角度认识市场调查组织工作的重要作用及特点，在此基础上，认识市场调查组织工作的具体内容，并理解调查组织的意义。

在业务活动中，市场调查的组织需要做好两方面的工作：一是做好实地调查项目团队的建设工作；二是做好实地调查过程的协调、控制工作。归根结底，是要做好人的组织工作。

市场调查活动团队组织结构应包括调查领导组、调查督导和调查员三重结构，它们之间相互制约，互为监督，而一些企业在组织市场调查工作时往往只设调查负责人和调查人员两重结构，缺少对调查工作的监督和后期检查的措施，市场调查这种组织结构的欠缺往往造成调研数据造假，致使市场调查结果出现偏差。

一、建立市场调查领导组

不同的市场调查机构，其组织结构的形式可能不同，但是在接受委托单位的委托，开始按照委托方的要求，认真组织实施各个阶段的调查工作时，为了保证项目的顺利实施，需要在公司内部先建立项目领导小组，主要负责管理控制项目的实施，并及时向委托方反馈调查进程和调查工作的有关信息。

（一）组建市场调查领导组

一些社会市场调查公司内部都会根据专业分工、技术力量分布等情况，设置不同的调查业务部门，这些部门的主要职责就是执行市场数据资料的收集与分析工作。一般情况下，根据职责分工，专业调查公司会指派市场调查业务部人员组成项目领导组。

如果受托项目规模较大，涉及多个方面的工作，这时就需要调查公司内部的研究开发部、调查部、统计部、资料室等多个部门指派相关人员，一起组成市场调查项目领导组，以保证调查工作的顺利实施。

项目领导组成立之后，由项目主管负责整个项目管理，包括协调各部门的关系、起草初步计划、制定预算并监督使用情况。如果项目较大，还需要根据项目的具体情况，选定多名项目实施主管，分别负责一定（区域或数量）的子项目。

（二）明确项目主管职责

一般对于规模不大的市场调查项目，市场调查项目主管也可能就是项目实施主管，其主要职责有：深入了解调查研究项目的性质、目的以及具体的实施要求；负责选择合适的实施公司（如果需要的话），并与之进行联络；负责制订实施计划和培训计划；负责挑选实施督导和调查员（如果需要的话）；负责培训实施督导和调查员；负责实施过程中的管理和质量控制；负责评价督导人员和调查员。

二、确定调查督导人员

市场调查督导人员是指在数据采集过程中，负责对访问人员的工作过程进行检查、审核与验收的监督人员。监督的方式可以是公开的，也可以是隐蔽的。

（一）选择调查督导人员

督导人员实施的督导工作主要包括现场的督导、数据的编辑和编码、数据的分析等，也是市场调查活动的基础性工作。其工作成效关系到后续调查工作的成效，甚至关系到市场调查结论的科学、精准与否。因此，督导人员应该由对工作认真负责、业务技能精湛的市场调查机构或部门人员担当。

（二）明确督导人员职责

督导人员有以下职责。

1. 公开或隐蔽地对调查人员实行监督

对于训练有素的调查员和动机明确的调查员，在没有任何迹象表明其可能存在欺骗或错误的情况下，公开的监督是没有必要的。隐蔽的监督之所以有必要，是因为如果调查员知道受到（公开的）监督时，其行为表现可能会有所差别。

隐蔽的监督可以有以下两种方式：

（1）在访问的名单中或在访问的现场组织一些调查员不认识的人士，要求这些人士将受访问的情况向督导报告。

（2）在调查员不知道的情况下对访问进行监听或录音。

如果在实施的过程中有可能进行隐蔽的监督，那么一定要事先通知调查员，向其说明可能会有不公开的检查监督。否则，如果过后调查员发现他们受到暗中监督时，会产生极大的不满。

2. 现场指导调查人员进行调查

督导又可以分为调查现场督导和调查技术督导。督导很有必要经常到实施现场去，以确保调查员没有松懈，没有养成什么坏习惯，也没有投机取巧走捷径。例如，对于面访调查，督导应该对调查员开始进行的几个试调查实行陪访，并在整个实施的过程中有计划地进行陪访。对于电话调查，开始的几个访问应当有督导在场，督导可以通过分机聆听访问的对话，以便进行必要的帮助。

3. 对实施情况进行检查

督导最好要求调查员每天都将当天完成的访问结果（完成的问卷）上交督导。督导对实施的情况可以一天一检查，一天一报告，发现问题及时纠正，以保证问卷资料的完整性与有效性。

三、确定市场调查人员

调查人员也称访问员，是市场调查项目实施的具体执行者，因此，调查人员的自身素质是调查实施能够成功的最重要的保证。调查人员一般都是从申请者中经过认真挑选后选定的。

（一）选择市场调查人员

专业市场调研机构一般不可能拥有太多的专职访问员，而兼职的访问员队伍又不太稳定。因此，调查公司常常要大量进行招聘访问员的工作。招聘市场调查人员，可以采取书面的形式，也可以采取面试的形式。

在招聘过程中，对调查人员主要考虑的条件应该包括以下几点：

（1）责任心。责任心在市场调查中十分重要，缺乏责任心的人，即使工作能力很强、专业水平很高，也很难把事情做好。

(2) 普通话。尽量选择普通话标准的人作为市场调查人员，同时也要具体情况具体分析。比如我国方言很多，许多地方平时习惯使用方言，如果访问员能够使用方言与受访者交谈，容易得到受访者的认同，从而可以降低受访者的心理防御，提高访问的成功率。

此外，挑选调查人员时还应考虑以下因素：

(1) 访问对象的人口特征（性别、年龄、受教育程度、职业等）和社会经济特征，要尽量选择与之相匹配的调查员。

(2) 调查人员完成访问工作的有效性和可靠性。

(3) 是否能够按照访问指南的要求进行调查，并有持之以恒的决心。

(4) 善于交流。调查人员的工作是与被访问者进行交流。因此，能干的调查人员应该既善于向他人做有效的询问，又能细心地倾听、正确地领会和理解他人的回应。虽然一般都希望调查人员是比较合群、善于交际、性格外向、愿意并喜欢与他人接触的，但是调查人员不能过于活跃。

(5) 调查人员的信念和个人的道德是避免作弊的最重要的因素，所以，申请者应该具有诚实和勤奋的品质。

课堂思考： 市场调查公司为什么会临时招聘大量的调查人员？

（二）明确市场调查人员的素质要求

市场调查活动是一项科学细致的工作，作为一名优秀的调查人员，必须具有相应的知识和技能。

1. 思想品德素质要求

思想品德素质是决定调查人员成长方向的关键性因素，也是影响市场调查效果的重要因素。一个具有良好的思想品德素质的调查人员应该能够做到以下几点：

(1) 政治素质高。如：熟悉国家有关的方针、政策、法规；具有强烈的社会责任感和事业心。

(2) 道德修养较高。具有较高的职业道德修养，表现在调查工作中能够实事求是、公正无私，绝不能满足于完成任务而敷衍塞责，也不能迫于压力屈从或迎合委托单位和委托单位决策层的意志。

(3) 有敬业精神。要热爱市场调查工作，在调查工作中认真、细致，具有敏锐的观察力，不放过任何有价值的资料数据，也不错拿一些虚假的资料。凭自身业务素质，断定有些资料存在疑点时，能够不辞辛苦，反复核实，做到万无一失。

(4) 谦虚谨慎、平易近人。调查人员最主要的工作是与人打交道。一些谦逊平和、时刻为对方着想的调查人员，往往容易得到被调查对象的配合，从而能够获得真实的信息，而脾气暴躁、盛气凌人、处处只想到自己的调查人员，容易遭到拒答或得到不真实的信息。

2. 业务素质要求

业务素质的高低是衡量市场调查员的首要条件。市场调查工作不仅需要一定的理论基础，还需要具备较强的实际经验，具体包括：

(1) 具有市场调查的一些基础知识。如了解调查工作中访问员的作用和他们对整个市场调查工作成效的影响；在访问中要保持中立；了解调查计划的有关信息；掌握访谈过程中的技巧；熟知询问问题的正确顺序；熟悉记录答案的方法。

(2) 具有一定的业务素质。如阅读能力，即理解问卷的意思；表达能力，即将要询问的问题表达清楚；观察能力，即能判断受访者回答的真实性；书写能力，即能够准确、快速地将受访者的回答原原本本地记录下来；独立外出能力，即访问员能够独自到达指定的地点，寻找指定的受访者，并进行访问；随机应变能力，即访问员能够随机应变，适应不同类型的人的特点。

(3) 身体素质。身体素质包括两个基本素质：体力和性格。市场调查是一项非常艰苦的工作，特别是入户访谈和拦截调查，对调查人员的体力要求较高。

同时，市场调查人员的性格最好属于外向型，能交际、善谈吐、会倾听，善于提出问题、分析和解决问题，谨慎而又机敏。

在实地调查过程中，调查工作是通过一支良好的调查队伍来实现的。调查人员的思想道德素质是必需的，是前提条件，而调查人员的业务素质和身体素质则可以随着调查方法的不同而有所不同。

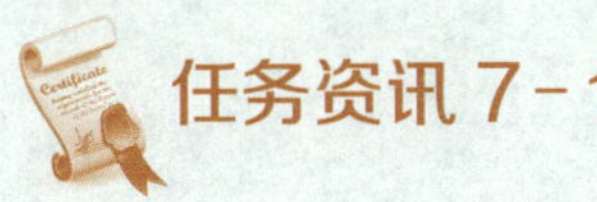

任务资讯7-1

市场调查人员的选择

所谓市场调研访问员，是指在市场调研过程中执行入户询问与记录的调查人员。在决定整个市场调研报告质量的诸多因素中，访问员的表现无疑是极为重要的。正如国外市场调研专家经常援引的一句名言："Rubbish in，rubbish out!（垃圾进，垃圾出！）"其含义就是如果调查员采集来的第一手资料谬误百出，那么无论你的抽样技术多科学、数据处理多精确、分析水平多高超，最后得出来的结论仍将一文不值。因此，一些国外著名市场研究公司都将访问员的培训与管理置于其整个调查工作的第一位。

课堂测评

测评要素	表现要求	已达要求	未达要求
知识点	能掌握市场调查人员组织结构的含义、作用		
技能点	能初步认识对调查人员的要求		
任务内容整体认识程度	能概述并认识市场调查人员的组织过程		
与职业实践的联系程度	能描述市场调查人员组织的实践意义		
其他	能联系其他课程、职业活动等		

子任务2

市场调查人员培训

任务提示：认识市场调查人员的培训工作，特别是从市场调查活动实践意义的角度认识市场调查人员培训的重要作用及特点，在此基础上，认识市场调查人员培训的具体内容，并理解培训的要求。

根据不同的项目要求，市场调查公司通常会向社会招聘一部分市场调查人员。为了使这些人员能够尽快掌握调查技术与方法，以及项目本身的情况，就需要对市场调查人员进行培训。

一般来说，国内绝大多数中小型市场调研机构承接的调研业务在时间分布上往往是既不均匀又无规律的，有时可能一个月里同时要承担好几项大业务，而有时可能一个月连一项业务也没有，往往无法维持一支专职的访问员队伍，而只能根据任务随时组建并培训一批业余访问员。这样虽然能够降低调研机构的运行成本，但对于那些受聘的访问员来说，这种不定期的工作也因此有着强烈的临时工作性质。因此，市场调查人员的培训工作意义重大。

一、调查人员培训的组织

市场调查人员培训中，出于组织与管理的需要，市场调查公司管理部门相关人员还应该做好两项工作：第一，及时发出培训通知；第二，组织管理培训的具体运行。

（一）培训工作的通知

市场调查人员培训管理者应提前发出培训通知，让受训者能就本次培训做好相应的学习准备；提前通知培训师，显示调查公司对培训工作比较重视，也为培训师的提前准备预留充足的时间；有的培训还会涉及其他部门或组织的配合，提前告知会给培训工作带来便利，从而保证培训如期举行。

（二）培训工作的运行

在人员培训工作中，培训组织者应该注意以下几点：

（1）保证组织到位，要确认培训师、学员都能按时到位，培训所需的材料发放到位，座次安排得当，入场井然有序。

（2）确保培训进程顺利，时间控制要严格。

（3）收集第一手培训信息。在培训具体实施过程中，培训组织者要收集第一手信息，为以后的培训安排做好准备。

（4）按时进行培训中的效果调查，及时发放效果调查表，指导学员填写。要针对调查表的具体要求实施，如针对课程的调查表就要在课程开始前发放，课程结束后就要回收；而针对整个培训的调查表就适合在培训即将结束时发放并马上回收，以防时间过长丢失。

（5）对培训中出现的突发情况，要及时应对。

二、人员培训方式的确定

对调查人员的培训主要包括三种形式：讲授、模拟、试访与陪访等。

（一）讲授

讲授是指市场调查培训者用语言传达想要访问人员学习的内容。这是按照一定的组织形式有效传递大量信息的成本最低、时间最节省的一种培训方法。通过讲解，可以使调查人员牢记调查项目的重要性、目的和任务，并通过训练手册熟悉各项任务要求。讲授法作为能够传递大量信息的主要沟通方法之外，还可作为其他培训方法的辅助手段，如市场调查行为示范和技术培训。

（二）模拟

模拟是指由培训人员与有经验的访问员分别担任不同角色，模拟调查活动中对各种问题的处理。其主要方式包括：情景模拟、问卷试填、案例分析等。为了确保调查结果的正确性，必须防范或克服因缺乏实际经验而可能产生的各种不良影响以及调查人员的心理挫折。因此，在尚未正式进行调查之前，多利用模拟训练的方式，可以使市场调查从业人员增加经验，较好地化解未来可能遭遇的情况。

（三）试访与陪访

试访与陪访是确保访问员培训效果必不可少的一环。试访是在调查项目正式开始之前，访问人员所进行的“小试身手”；陪访则是由督导人员陪同访问人员一起进行访问。具体做法是：在课堂培训结束后，先拿出少量问卷，将调查任务分派给每个访问员，让他们按正式要求去试访几份。与此同时，培训专家或督导人员则以旁观者的身份，对每一个访问员的入户进行一次陪访，实地观察访问员在实际工作中存在什么问题。在试访与陪防结束后，培训专家再对访问员进行一次集中总结，及时纠正试访中存在的问题，并及时淘汰部分难以胜任工作的访问员。这样，整个培训工作的效果就能得到基本保障。

课堂思考：为什么要进行陪访？

三、人员培训内容的确定

根据项目需要，对调查人员的培训一般包括普通培训、专业培训和项目培训。由于上述三类培训内容不同，所要解决的问题也不同，因此通常由不同的培训师分别进行。

（一）普通培训

普通培训是指对访问员进行诸如公司文化以及纪律与职业道德、自我介绍、入户方式、应变能力、工作态度、安全意识、报酬计算标准、奖惩条例、作业流程等内容的培训。普通培训重点针对首次应聘的访问员，并由市场调查公司管理人员（如督导）来承担；而对于已多次参与过调查任务的老访问员，则只就新的规定作扼要的说明，而将培训重点放在专业培训上，以提高培训工作的效率，避免访问员对培训工作产生厌倦情绪。

（二）专业培训

专业培训是指针对某一份具体调查项目中问卷所涉及的问题，诸如如何甄选被访对象、如何统一理解或向被访问者解释某些专业概念与名词、如何跳问问题、如何做好笔录、如何追问以及如何自查问卷等技术性问题的培训。除非是针对同一产品的同一份问卷的重复调查，否则任何专业问卷都会因为访问员对某一产品认识深度的差异，或对某些特殊问题理解的不一致而出现调查误差。所以，专业培训应成为每一次培训的重点内容，最好由来自委托企业技术专家与市场调查公司的方案设计者共同完成，这样才能最大限度地保证培训效果的准确性与高效性。

任务资讯 7-2

市场调查人员的责任

（1）接触被访问者。按照调查实施负责人的安排，在合适的时间接触抽样计划所要求的调查对象。为了确保样本的代表性，不要轻易地被拒绝。另外，要确定家庭中受访者的资格，一个家庭只能访问一个人。如果被访问者拒绝回答，则按要求向上反映，或严格按要求寻找替代的调查对象。要切记的是，调查人员不能自作主张地访问另一个人来代替拒访者。

（2）保密。保密是市场调查人员应该具备的职业道德。调查人员不能将在调查中掌握的受访者的个人隐私透露给其他人员。同时，在调查过程中如果有邻居在场，要委婉地向被调查人员询问是否要再找个时间。

（3）提问。每次调查访问之前，对于如何向受访者提问，调查公司都有统一的规定，所以调查人员一定要按要求去提问，不要太随意。

（4）记录。记录被调查者的回答时，要求记录准确、填写清楚、整洁，以免编码时出差错。提问和记录的有关问题在访谈技巧中还要详细说明。

（5）审查。在结束访问时，提问人员要检查整个问卷是否都已准确完成，字迹、答案是否清楚，等等。

（6）发送礼品、礼金。如果对被访问者表示感谢，要一一发送礼品或酬金，注意不要多发或少发。

（三）项目培训

项目培训是针对每个特定的调查项目对调查人员进行的培训，主要内容包括项目方案介绍、项目背景知识、抽样方案、问卷结构与具体内容的解释、填写要求、具体注意事项、现场可能遇到的问题以及处理方法等。

四、访问技巧的培训

访问技巧是指调查人员为了获得准确、可靠的调查资料，引导受访对象提供所需情况的各种方法和策略。根据调查方案的要求，访问者可能是入户访问，也可能是街上拦截访问。为了保证调查的质量，提高访问员的工作效率，对访问员进行培训是非常必要的。例如，通常在入户访问调查中，训练有素的访问员，其入户成功率可达 90%，没有技巧的访问员则只能达到 10%，而后者所完成的访问，无论如何也不可能促成有效的调查。

（一）如何避免访谈开始就被拒访

访问员与被调查者最初的接触，是能否获得被调查者合作的关键步骤。最有效的开场白就是自我介绍，自我介绍要按规范的形式进行。通常在问卷设计中已精心编写了开场白（自我介绍词）。

访问员做自我介绍时，应该快乐、自信，如实表明访问目的，出示身份证明。有效的开场白可增强潜在的被调查者的信任感和参与意愿。

例 7-1 访问员在首次面对被调查者时所使用的开场白。

您好！我叫李华，我是对外经贸大学管理学院市场营销专业的学生，这是我的学生证。我们正在做一项有关市民网上购物习惯的调查。您正好是这次调查中经过科学抽样设计选中的被访问者之一，您的观点对我们的研究非常重要，我们希望您能够回答几个问题。

您好！我叫 Sonia，我是 Georgia Tech 营销部的代表，这是我的证件。我们正在进行一项关于家庭对大型购物中心偏好的研究。您是经过科学选样挑选出的参与调查研究的调查对象之一。我们高度重视您的意见，希望您能回答几个问题。

自我介绍的另一个原则是：不要机械地请求获得对方准许。如“我可以耽误您几分钟吗?”“您能抽几分钟回答我的提问吗?”等，以这类问话开头很容易遭到拒绝。心理学研究表明，与不请求准许的开场白相比，请求获得准许的拒访率更高。

任务资讯 7-3

被访问者拒访的原因

主观的原因：(1) 怕麻烦。随着市场调查越来越普及，被调查者以前有过不愉快的经历或怕麻烦而拒绝接受访问。(2) 怕露底。由于社会治安方面的问题，担心随便让人进来会遭抢劫或让人知道了自己的财产后被盗，所以拒绝访问。(3) 感到调查对自己没有意义。

客观的原因：(1) 调查人员行为不当。调查人员仪表、态度、语言、举止等令受访对象感到不舒服，因而拒绝被访问。(2) 回答有困难。受访对象在回答问题方面有障碍，如语言表达不清楚、听力不好、说方言等让调查人员听不懂等。(3) 受访对象文化程度低，看不懂问卷、不理解问卷的意思、不会写字等。(4) 有事不顺心而无法配合。比如工作不顺心、生病等原因引起的心情不好而拒绝访问。(5) 家中有客人。即访问员拜访时正好遇到受访对象家中有客人。

（二）如何避免访谈中途拒访

通常情况下，被调查者一旦开始参与访问，就不会中途停止，除非出现一些特殊情况。

选择适当的入户访问时间，可以减少或避免拒访的尴尬现象。一般来说，在工作日，访问可选择在晚上 7:00—9:00 进行；在双休日，访问可选择在上午 9:00—晚 9:00 进行，但应避开吃饭时间和午休时间。

被调查者如果要拒绝访问，通常会找出许多借口，访问员要想出不同的对策。如果被调查者以“没有时间”拒访，访问员要主动提出更方便的时间，如傍晚6点，而不是问被调查者“什么时间合适”。如果被调查者声称自己“不合格”或者“缺乏了解，说不出”时，访员应该告诉被调查者：“我们不是访问专家，调查的目的是让每个人有阐明自己看法的机会，所以您的看法对我们很重要”或“您把您知道的情况说出来就可以了”等，以鼓励被调查者。如果被调查者以“不感兴趣”为理由拒访，访问员可以解释：这是抽样调查，每一个被抽到的人的意见都很重要，请您协助一下，否则调查结果就会出现偏差。

在这一环节，访问员要随时关注受访者的理解程度与配合态度，设法调动被调查者的情绪，用眼神和神情表露出对对方的欣赏与鼓励。

任务资讯 7-4

中途拒访的原因

(1) 问卷太长。在回答提问的过程中，被调查者发现问卷太长，完成问卷花费的时间太多，因而产生厌烦的情绪，没有了耐心。

(2) 问题不好回答。问卷上的提问是被调查者不太熟悉的领域，与被调查者的生活经历相差太远，或者有些问题需要被调查者极力去回忆等。

(3) 问题不便回答。问卷中涉及一些不便回答的问题，如婚姻状况、个人收入、政治倾向等，因而被调查者拒绝回答。

(4) 其他事情的打扰。如有人拜访、电话打扰、突然有事需要处理等。

(三) 如何合理控制环境

理想的访问应该是在没有第三者的环境下进行，但访问员总会受到各种干扰，所以，访问员要注意运用控制环境的技巧。

例 7-2 如果访问时有其他人插话，应该有礼貌地说：“您的观点很对，我希望过一会儿请教您！”

访问员应该尽力使访问在脱离被调查者其他家庭成员的情况下进行，如果访问时由于其他家庭成员的插话，访问员得不到被调查者自己的回答时，则应该中止访问。

如果周围有计算机或电视机发出很大的噪声，访问员一般很难建议把声音关小，这时，如果访问员有意识地降低说话声音，被调查者就注意到了噪声，可能会主动关掉。

(四) 保持中立

在市场调查活动中，访问员的惊奇表情、对某个回答的赞同态度等，都会影响被调查者的应答。所以，访问员应时刻保持冷静、中立，在访问中，除了表示出礼节性兴趣外，不要做出任何其他反应。即使对方提问，访问员也不能说出自己的观点。同时，要向被调查者解释，他们的观点才是真正有用的。此外，还要避免向被调查者谈及自己的背景资料。如果被调查者执意追问，访问员应该给出一个模糊的回答，并鼓励被调查者谈他们自己的见解。

课堂思考：访问员为什么要保持中立？

（五）如何进行提问与追问

访问员在调查过程中应按问卷设计的问题顺序及提问措词进行提问。对于开放题，一般要求充分追问。追问时，不能引导，也不要用新的词汇追问，要使被调查者的回答尽可能具体。熟练的访问员能帮助被调查者充分表达他们自己的意见。追问技巧不仅可以给调研提供充分的信息，而且可以使访问更加有趣。

任务资讯 7-5

提问的技巧

(1) 提问用词。调查问卷上的提问用词往往都是经过仔细推敲的，因此，访问员对于每个问题都要严格按照调查问卷用词进行提问，如果提问或用词有误，就可能影响调查结果。

(2) 问题顺序。在调查问卷设计过程中，由于问题的先后次序会对问卷整体的准确性及能否顺利进行访问有重要影响，因此，调查问卷中每个问题的顺序都是经过精心编排的。访问员在提问时，要严格按照问卷上问题的顺序提问，不要随意改变问题的顺序。

(3) 严格按要求询问。当被调查者不理解题意时，访问员可重复提问，但不能自作解释或加上自己的意见而影响被调查者的独立思考。

(4) 调查问卷上的每个问题都应问到。访问员在访问中要注意不可因为访问次数多、同样的问题重复遍数多或认为某些提问不重要而自作主张放弃应该询问的问题。

(5) 某些问卷有一些划横线的关键词，在提问时应加重语气或重复。

(6) 提问时的音量应控制在被调查者能清晰听到为宜，语速应不快不慢。

(7) 提问过程应根据被调查者的情绪随时加以调节和控制。

在调查过程中，有时被调查者不能很好地全面回答提问，这时就需要运用追问技巧来达到预期的目的。

例 7-3 可以通过以下做法来追问：重复读出问题；重复被调查者的回答；停顿、无言或使用中性追问用语。具体的追问用语可参考表 7-1。

表 7-1 访问员追问用语

标准访问员用语	缩写语	缩写符号
还有其他想法吗？	另因	(+?)
还有另外的原因吗？	他因	(△+?)
您的意思是什么？	意思	(……)
哪一种更接近您的感觉？	近似	(∽)
为什么您会这样认为呢？	原因	(⊙?)
重复问题！	重复	(<?)
您能告诉我您的想法吗？	想法	(?:)

例 7－4 开放式问题的追问技巧："您说的'挺好、不错'，指的是什么，请具体说一下。""您还喜欢……""您还有没有其他喜欢的呢？""还有呢？还有呢？"等。

（六）如何结束访问

当所有希望得到的信息都得到之后，就要面临结束访问了。此时，可能被调查者还有进一步的自发陈述，他们也可能有新的问题，访问员工作的原则是认真记录有关的内容，并认真回答被调查者提出的有关问题。总之，应该给被调查者留下一个良好的印象。最后，一定要对被调查者表示诚挚的感谢。

调查人员要感谢被调查者抽出时间给予合作，并使被调查者感受出自己对这项调查研究做出了贡献。迅速检查问卷，看有没有遗漏，问题的答案有没有空缺；问题的答案是否有前后不一致的地方；是否有需要被调查者澄清的含糊答案；单选题是否有多选的情况等。再征求意见，询问被调查者的想法、要求，并告诉他如有可能，还要进行一次回访，希望也给予合作。离开现场时，要表现得彬彬有礼，为被调查者关好门，并与被调查者及其家人告别。

课 堂 测 评

测评要素	表现要求	已达要求	未达要求
知识点	能掌握市场调查人员培训组织内容		
技能点	能初步认识市场调查人员培训的技术要求		
任务内容整体认识程度	能概述并认识市场调查人员的培训组织过程		
与职业实践的联系程度	能描述市场调查人员培训的实践意义		
其他	能联系其他课程、职业活动等		

子任务 3

市场调查活动管理

任务提示：认识市场调查活动的管理工作，特别是从市场调查活动实践意义的角度认识市场调查活动管理的重要作用及特点，在此基础上，认识市场调查活动管理的具体工作内容，并理解管理的要求。

市场调查工作千头万绪，调查人员本身的素质、条件、责任心等参差不齐，都在很大程度上制约着市场调查的质量。因此，加强人员组织管理是市场调查中的重要工作。

通常情况下，市场调查活动管理主要表现为对市场调查项目本身的控制和对市场调查人员的管理。

一、市场调查项目管理

市场调查项目管理应该做好以下工作。

（一）实地调查工作的组织

实地调查是一项较为复杂、烦琐的工作，要按照事先划定的调查区域确定每个区域调查样本的数量、访问员的人数、每位访问员应访问样本的数量及访问路线，每个调查区域配备一名督导人员；明确调查人员及访问员的工作任务和工作职责，以及如何做到工作任务落实到位、工作目标责任明确。当需要对调查样本的某些特征进行控制时，要分解到每个访问员，例如，某调查项目，调查样本 1 000 人，要求调查男性 600 人，女性 400 人，调查对象的男女比例为 3∶2，则要求每个访问员所调查样本的男女比例都应控制为 3∶2，从而保证对总样本中男女比例的控制。

（二）监督调查工作计划的执行

调查工作计划是指为确保调查的顺利实施而拟定的具体工作安排，包括调查人员安排和培训、调查经费预算、调查进度日程等。

调查工作计划直接关系调查作业的质量和效益。调查人员的工作能力、职业态度、技术水平等因素会对调查结果产生重要影响，一般要求调查人员应具有沟通能力、创造力和想象力；调查费用因调查种类和收集资料精确度的不同而有很大差异，调查组织者应事先编制调查经费预算，制定出各项费用标准，力争以最少的费用取得最好的调查效果；调查进度日程指调查项目的期限和各阶段的工作安排，包括规定调查方案设计、问卷、抽样、人员培训、实地调查、数据录入、统计分析、报告撰写等工作的完成日期。为保证调查工作的顺利开展和按时完成，调查者可制定调查进度日程表，对调查任务加以具体规定和分配，并对调查进程随时进行检查和控制。

（三）实地调查工作的协调

调查组织人员要及时掌握实地调查的工作进度完成情况，协调好各个访问员之间的工作进度；要及时了解访问员在访问中遇到的问题，并协助解决，对于调查中遇到的共性问题，提出统一的解决办法。要做到每天访问调查结束后，访问员首先对填写的问卷进行自查，然后由督导员对问卷进行检查，找出存在的问题，以便在后面的调查中及时改进。

（四）调查问卷的审核

在问卷的初稿完成后，调查者应该在小范围内进行试验性调查，了解问卷初稿中存在哪些问题，以便对问卷的内容、问题和答案、问题的次序进行检测和修正。试验调查的具体方法可以是：选择一些有代表性的调查对象进行询问，将问卷中存在的问题尽可能表现出来，如问卷中的语言使用、问题的选项、问卷的长短等，然后依据试调查的结果，看被调查者对问卷中所有问题是否愿意回答或能够回答，哪些问题属于多余，还有哪些不完善或遗漏的地方。发现问题应该立即进行修改。如果预先测试导致问卷内容发生了较大的变动，调查者还需要进行第二轮测试，以使最后的定稿更加规范和完善。

（五）抽样方法的审核

抽样方法的选择取决于调查研究的目的、调查问题的性质、调研经费和允许花费的时间等客观条件。调研人员应该在掌握各种类型和各种具体抽样方法的基础上，对拟选择的抽样方法进行验证。只有这样，才能在各种环境特征和具体条件下及时选择最为合适的抽样方法，以确定每一个具体的调查对象，从而保证数据采集的科学性。

任务资讯 7-6

调查资料采集程序

对于一个调查项目，运用问卷进行资料采集的程序包括以下步骤：

（1）调查员根据抽样结果，使用问卷对调查对象进行调查。

（2）调查员记录工作进度及工作情况，以备检查。

（3）调查员每完成一份问卷，应立即检查问卷，确认无误后再离开调查对象，并在交给督导员前再一次审核问卷，检查无误后交给督导员。

（4）督导员每日现场督导调查进展情况，对调查员的工作给予指导和帮助，同时及时审核调查员已完成的问卷，将问卷中出现的问题立即反馈给调查员，以便及时更正问卷数据；对现场还没有来得及审核的问卷，督导员应在当日完成问卷的审核，并对检查合格的问卷签字后统一进行编号。

（5）督导员记录工作进度，对调查员工作质量进行评价，并将评价记录备案保存。

（6）督导员在将合格的问卷交给调查负责人签字后，将问卷交给录入员。

（7）录入员完成数据录入后将调查表交回督导员，分卷保存。

二、市场调查人员管理

市场调查人员所收集的被调查者的问卷是研究者重要的信息来源。但是，在实际工作中，由于各种原因，调查人员的问卷来源不一定真实可靠，因此必须对调查人员进行适当的监控，以保证调查问卷的质量。

任务资讯 7-7

调查人员所引起的问卷质量问题

调查人员所引起的问卷质量问题有如下几种情形：

（1）调查人员自己填写了很多问卷，没有按要求去调查被调查者。

（2）调查人员访问的对象并不是研究者指定的人选，而是其他人群。

（3）调查人员按自己的想法自行修改问卷的内容。

（4）调查人员没有按要求发放礼品。

（5）有些问题漏记或没有记录。

（6）有的问题答案选择太多，不符合要求。

(7) 调查人员嫌麻烦，放弃地址不好找或家里没有人的受访对象。

(8) 家庭成员的抽样没有按抽样要求进行。

一般利用下列措施来判断调查人员访问的真实性，然后再根据每个调查人员的任务完成质量，从经济上给予相应的奖励或惩罚。

(一) 现场准备

1. 编写发放调查员手册

调查员手册是重要的工作指南，它通常包括以下内容：

(1) 一般信息，包括陈述调查的目的、数据信息的用途、调查机构收集数据的原则。

(2) 简介。

(3) 问卷说明，包括问卷调查中所用的概念和术语的定义。

(4) 问卷的审核与整理，即调查员在访问期间或访问结束后应立即对问卷进行现场审核。

(5) 单个样本单元的管理，主要内容是对无回答的被调查者的再访、调查员为了得到答案应尝试的次数。

(6) 作业管理，主要内容是管理的细节。

(7) 问题与答案。手册的最后一部分列出调查员会遇到的问题和正确的解决办法。

(8) 一般的调查技能和技术。

2. 编写发放督导手册

督导手册包括以下内容：

(1) 招聘和培训调查员。

(2) 向调查员分配任务。

(3) 质量和执行控制。

(4) 后勤服务。

(5) 特殊情况下替代数据的收集方法。

(6) 被调查者的安全和隐私保密承诺。

(7) 说服拒访者。

(二) 现场监督

对调查员现场监督管理的目的是要保证调查员能按照培训的方法和技术来实施调查。要搞好对调查员的监督管理，首先要了解调查员在调查过程中由于自身的原因可能出现的问题，其次要掌握监控的各种方法和手段，从而对调查员的工作过程和质量实施监督管理。

对调查员的监督管理，重点在于保证调查的真实性，同时也是衡量调查员的工作业绩、实行奖优罚劣的需要。比如，每天按15%的比例，由督导采取公开与隐蔽相结合的方法，监督调查员每天的工作。如果发现操作问题，及时纠正，必要时对调查员进行进一步培训。对问卷质量的监控是由督导每天回收当天完成的问卷，并且每天对每份问卷做检查，以查看是否所有该回答的问题都回答了、字迹是否清楚、跳答的问题是否按要求跳答了，等等。对检查中发现的问题，督导应及时对调查员进行正面反馈。

(三) 调查员的评价和报酬支付

1. 调查员的评价

对调查员进行评价是一项非常重要的工作。调查员评价的准则主要有：费用和时间；回答率；

访问的质量；数据的质量。

2. 调查员的报酬支付

调查员的报酬主要有两种支付方式，即按完成调查问卷份数支付（计件制）和按工作的实际小时数支付（计时制）。在有些情况下，也有按月支付工资或根据全部工作量付费的。

（四）调查进度的监督管理

调查进度安排得是否合适，会直接影响到调查的完成情况和调查工作的质量。调查进度表经双方一致认可后，市场调查公司就必须严格按照这个进度表来执行，保证市场调查的所有工作在进度表规定的时间内完成。

调查进度与调查质量密切相关，要防止调查员为了赶进度、讲求经济效益或片面追求完成问卷的数量而忽视调查的质量。为此，很有必要对调查员每天完成问卷的份数做出规定。进度的安排要综合考虑所有相关的因素。确定调查进度主要考虑的因素有客户的要求、兼职调查员和督导的数量和比例、调查员每天完成的工作量等。

（五）电话回访

根据调查人员提供的电话号码，由督导或专职访问员进行电话回访。电话回访本身就是对访问员作弊行为的一个“威慑”，也是对访问结果的质量进行的复核。

课堂思考：电话回访的意义有哪些？

（六）实地复访

如果电话回访找不到有关的被调查者，根据调查人员提供的真实地址，由督导或专职访问员进行实地复访。这种方法比电话回访真实可靠，但需要花很多的时间和精力。

在电话回访和实地复访过程中，通常要根据以下几个方面来判断调查人员访问的真实性：一是电话能否打通或地址能否找到；二是家中是否有人接受访问；三是受调查的问题是否与该调查吻合；四是调查时间是否与问卷记录时间相符；五是受访者所描述的访问员形象是否与该访问员相符；六是访问过程是否按规定的程序和要求执行。

任务资讯 7-8

市场调查人员伦理道德

（1）注重商业信誉。商业信誉是市场调查者的行为表现和工作结果给客户和社会留下的印象。商业信誉主要包括以下内容：不折不扣地执行国家的有关法规、方针、政策；信守合同；诚实经营。

（2）尊重客户和被调查者的意愿，并保护其利益。市场调查者有义务和职责尊重客户的意愿，保护客户的利益；要尊重客户调查的要求，按其要求开展调查；要注意保护客户的利益。

（3）提供优质服务。市场调查者有义务和职责向客户以及被调查者和信息提供者提供优质的服务。市场调查者要按照市场调查原理、原则的要求，遵循科学合理的程序，采用各种有效的、先进的方法和手段开展市场调查活动，向客户提供适用的、详尽的、正确的信息资料和高质量的市场调查报告。

(4) 坚持公平交易。公平交易是市场经济运行规律的体现和要求。坚持公平交易，首先要坚持公平竞争，坚决反对把同行视作敌人，给予不正当对待的做法。其次要坚持平等自愿、等价交换的原则，在法律许可的范围内，参与者按照自己的意愿进行有关活动。

课堂测评

测评要素	表现要求	已达要求	未达要求
知识点	能掌握市场调查活动管理的含义		
技能点	能初步认识市场调查项目控制的技术要求		
任务内容整体认识程度	能概述并认识市场调查活动的管理过程		
与职业实践的联系程度	能描述市场调查活动管理的实践意义		
其他	能联系其他课程、职业活动等		

任务 7 小结

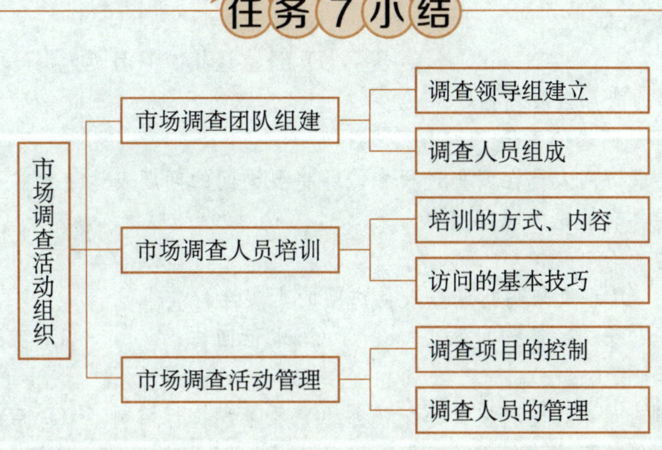

教学做一体化训练

重要概念

访谈技巧　市场调查人员培训　市场调查项目控制

课后自测

□**单项选择**

1. 市场调查督导人员是指在数据采集过程中，负责对访问人员的工作过程进行检查、审核与验收的监督人员。监督的方式可以是(　　)的。

A. 公开或隐蔽　B. 详细　C. 粗略　D. 科学

2. 调查员也称访问员，是市场调查项目实施的具体(　　)。

A. 策划者　B. 规划者　C. 执行者　D. 领导者

3. 试访是在调查项目(　　)，访问人员所进行的“小试身手”。

A. 正式开始之前　B. 正式开始之后　C. 正式实施中　D. 正式结束之后

4. 根据不同的项目要求，市场调查公司通常会向社会招聘一部分市场调查员，这是为了(　　)。

A. 提高人员素质　B. 弥补自身人员不足　C. 引入人才　D. 丰富人力资源

5. 对调查员的监督管理，重点在于保证调查的(　　)。

A. 真实性　B. 科学性　C. 可行性　D. 合理性

6. 实地复访比电话回访(　　)，但需要花很多的时间和精力。

A. 真实可靠　B. 效率高　C. 效率低　D. 答复率低

□多项选择

1. 市场调查人员的素质包括(　　)。

A. 思想品德素质要求　B. 政治素质

C. 敬业精神　D. 谦虚谨慎、平易近人

2. 市场调查人员的业务素质包括(　　)。

A. 阅读能力、理解问卷的意思

B. 表达能力，要求访问人员在调查过程中能够将要询问的问题表达清楚

C. 观察能力，要具有敏锐的观察能力

D. 随机应变能力

3. 一般利用（　　）手段来判断调查人员访问的真实性。

A. 现场监督　B. 审核问卷　C. 电话回访　D. 实地复访

4. 督导手册内容包括(　　)。

A. 招聘和培训调查员　B. 向调查员分配任务　C. 质量和执行控制　D. 后勤服务

E. 特殊情况下替代数据的收集方法

5. 调查员评价的准则主要有(　　)。

A. 费用和时间　B. 回答率　C. 访问的质量　D. 数据的质量

□判断

1. 进行市场调查工作往往多用兼职人员，因为这些人比较稳定，业务水平高，也就不用再外聘市场调查员。(　　)

2. 为了保证收集、分析问题全面，我们在调查时，应该进行市场调查整个项目的科学管理与控制。(　　)

3. 一般情况下，调查企业很难招聘到合格的市场调查人员。所以，招聘进来之后，都应该进行培训。(　　)

4. 在实际中，由于各种原因，调查人员的问卷来源不一定真实可靠，因此必须对调查人员进行适当的监控，以保证调查问卷的质量。(　　)

5. 一般会利用一些手段来判断调查人员访问的真实性，然后再根据每个调查人员的任务完成质量，从经济上给予相应的奖励或惩罚。(　　)

6. 电话回访本身就是对访问员作弊行为的一个"威慑"，也是对访问结果的质量进行的复核。(　　)

7. 结束访问时，给被调查者留下什么印象并不重要。(　　)

□简答

1. 市场调查人员培训应该注意什么?

2. 书面培训与口头培训各有哪些侧重点?

3. 市场调查人员应该明确哪些责任?

4. 访谈阶段如何运用技巧来达到活跃气氛的目的?

5. 市场调查人员应遵循哪些伦理道德?

6. 调查人员引发的调查质量问题有哪些?

案例分析

案例 1：热茶、冰红茶与中国人

1999 年，北京一家生产饮料的企业曾组织过这样一场市场调查活动：在一间宽大的单边镜访谈室（也称深度访谈室，里面的人看不到外面，外面的人可以观察到里面被访问者的一举一动，以便得到被调查者更真实的反应）里，桌子上摆满了没有任何标签的杯子，有几个被调查者被请了进去，逐一品尝不知名的饮料，并把口感描述出来写在面前的卡片上……这场调查的目的是想知道公司试图推出的新口味饮料能不能被消费者认同。

在这之前，大量的二手资料显示：中国人历来有喝热茶的习惯，超过 60%的被调查者认为不能接受"凉茶"，他们认为中国人忌讳喝隔夜茶，冰茶更是不能被接受的。该企业调查项目小组认为，只有进行了实际的口味测试才能判断这种新产品的可行性。

通过现场测试，终于拿到调查的结论。经过分析后，产品研发者的信心被彻底动摇了，被测试的消费者表现出对冰茶的抵抗，一致否定了装有冰茶的测试标本。就这样，刚刚试制出来的新产品在调研中被否定了。

2000 年、2001 年，以旭日升为代表的冰茶在中国全面旺销，这家饮料饮业再想要迎头赶上为时已晚，一个明星产品就这样历经了详尽的市场调查后，却与市场擦肩而过。说起当年的教训，当时该企业的一位市场调查负责人还很是惋惜："我们举行口味测试的时候是在冬天，被调查者从寒冷的室外来到现场，没等取暖就进入测试，寒冷的状态、匆忙的进程都影响了被调查者对味觉的反应。被调查者对口感温和浓烈的口味表现出了更多的认同，而对清凉淡爽的冰茶则表示排斥。测试状态与实际消费状态的偏差让结果走向了反面。"

"驾驭数据需要系统谋划。"好在这家企业并没有从此怀疑市场调查本身的价值，"去年，我们成功组织了对饮料包装瓶的改革。我们通过测试发现，如果在塑料瓶装的外形上增加弧形的凹凸，不仅可以改善瓶子的表面应力，增加硬度，更重要的是可以强化消费者对饮料功能性的心理认同。"

北京一家知名调研公司的副总经理说："调研失败如同天气预报不准确给渔民带来的灾难，无论多么惨痛，总还是要在每次出海之前听预报、观天气、看海水。"

根据上述材料，回答以下问题：

1. 你觉得该公司在调查组织方面存在什么问题?

2. 从该案例中我们可以得到哪启示?

案例 2：错误的市场调查组织

2015 年 12 月，某家电生产厂家进行了一次市场调查，调查目标是“列举您会选择的电视机品牌”。

该企业从市场调查部抽取了两组人员，设计了问卷，进行了街头拦截调查。收集到资料数据后，经整理分析发现：其中一组的结论是有 15%的消费者选择本企业的电视机；另一组得出的结论却是 36%的消费者表示本企业的产品将成为其购买的首选。巨大的差异让公司管理层非常恼火，为什么完全相同的调查抽样，会有如此矛盾的结果呢？公司决定聘请专业的调查公司进行调查诊断，找出问题的真相。

专业调查公司的执行小组与参与调查的访问员进行了交流，并很快提交了简短的诊断结论：首先，第二组在进行调查过程中存在误导行为。调查期间，第二组的成员佩戴了公司统一发放的领带，而领带上有本公司的标志，该标志足以让被调查者猜测出调研的主办方。其次，第二组在调查过程中，把选项的记录板（无提示问题）向被调查者出示，而该企业的名字处在选题板的第一位。以上两个细节，向被调查者泄露了调研的主办方信息，影响了消费者的客观选择。

这家企业的老总训斥调研部门的主管：“如果按照你的数据，我要增加一倍的生产计划，最后的损失恐怕不止千万。”

市场调查是直接指导营销实践的大事，对错是非可以得到市场验证，只是人们往往忽视了市场调查本身带来的风险。“错误的数据不如没有数据”包含了众多中国企业家对数据的恐慌和无奈。

根据上述材料，回答以下问题：

1. 你觉得该家电生产厂家的市场调查组织工作存在什么问题？
2. 从该案例中我们可以得到哪些启示？

同 步 实 训

□**实训 1：市场调查人员组织认知**

实训目的：认识市场调查人员组织的基本要求。

实训内容：（1）设定某一调查主题，如本校、本班级同学智能手机、计算机等物品的购买使用情况调查。围绕这一主题，尝试进行市场调查人员的组织。（2）讨论分析并搭建三层管理架构。

实训组织：学生分小组，讨论三层管理架构中各类人员的来源、基本要求；讨论市场调查督导人员的工作职责，以及市场调查督导对于市场调查项目本身的意义。

实训总结：学生小组交流对调查人员组织三层架构的认知结果，教师根据讨论报告、PPT 演示、讨论分享中的表现分别对每组进行评价打分。

□**实训 2：市场调查人员培训认知**

实训目的：认识市场调查人员培训的基本要求。

实训内容：（1）设定某一调查主题，如本校、本班级同学智能手机、计算机等物品的购买使用情况调查。围绕这一主题，尝试进行市场调查人员培训内容设计。（2）讨论分析人员培训的主要内容。

实训组织：学生分小组，讨论人员培训的内容、方式；分析讨论市场调查人员培训的组织过程，以及市场调查人员培训对于市场调查项目本身的意义。

实训总结：学生小组交流对调查人员培训内容、培训组织过程的认知结果，教师根据讨论报告、PPT 演示、讨论分享中的表现分别对每组进行评价打分。

□实训 3：市场调查活动管理认知

实训目的：认识市场调查活动管理的内容与要求。

实训内容：现假定学校教学管理部门要在学生中进行一次教师教学质量、教学效果的调查活动。调查访问人员组成可以包括学校教务处管理人员、各系部专业教师、社会专业人士、本校在校学生、毕业生。请你对本次调查人员组织进行初步设计（至少提出人员组成架构），并分析按照你自己的设计，会产生哪些调查结果。

实训组织：学生分小组，讨论本次调查人员的合理组成；分析讨论这些人员的加入对于教学效果调查活动的意义。

实训总结：学生小组交流对调查人员选择与组成的认知结果，教师根据讨论报告、PPT 演示、讨论分享中的表现分别对每组进行评价打分。

学生自我学习总结

通过任务 7 的学习，我能做如下总结：

一、主要知识点

从任务 7 中，我获取的知识点有： （1） （2）

二、主要技能

从任务 7 中，我获取的技能有： （1） （2）

三、主要原理

调查活动组织在市场调查活动中的地位与作用是： （1） （2）

四、相关知识点

任务 7 涉及的主要知识点有：
（1）人员组成与调查资料收集的关系是：
（2）人员三层架构的科学原理有：
（3）市场调查活动过程管理能够解决的特定问题有：

五、学习成果检验

完成任务 7 学习的成果：
（1）完成任务 7 学习的意义有：
（2）我学到的知识有：
（3）我学到的技能有：
（4）我对市场调查活动组织的初步印象是：

任务8

市场调查资料处理

知识目标

(1) 认识资料整理的含义。

(2) 认知资料审核与编码的方法。

(3) 认知资料整理的程序。

(4) 认知资料分析的意义。

能力目标

(1) 能进行资料审核、分类。

(2) 能对资料进行图表化显示。

(3) 能对资料进行初步分析。

任务描述

收集数据资料的工作完成以后，呈现在调查人员面前的可能是一大堆填答完的问卷，少则几百份，多则几千份。市场调查人员应该根据一定的程序，认真回收、确认这些数据资料，在此基础上，按照特定的目的，运用适当的技术对其做出分析，得出数据结论。

任务解析

根据市场调查职业工作活动顺序和职业能力分担原则，“市场调查资料处理”学习任务可以分解为以下子任务。

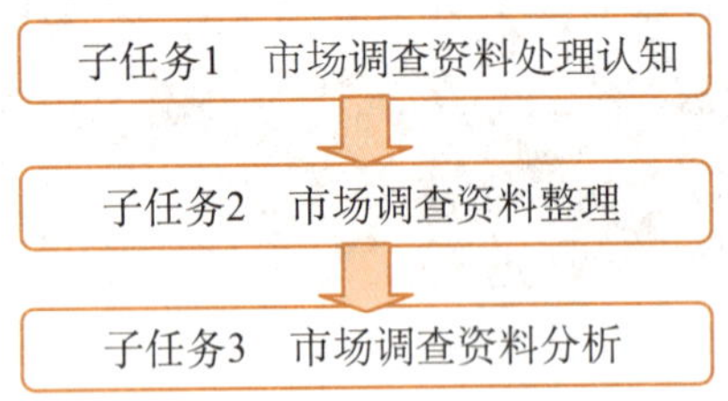

调查故事

在我国，有许多被称作“网络水军”的人，即有偿在线发帖和评论（主要出于营销目的）的一群人。学术研究发现，这些人正在降低互联网信息的质量。对于商家而言，付费发帖是影响产品公众口碑的一种方式。如果一家公司雇用了足够多的在线用户，那么它就可以创建热点话题以获得关注。进而，这些由一群付费发帖者发布的文章或评论就很有可能获得普通用户的关注，进而影响他们的决定。

据中国国家互联网信息办公室消息，截至 2015 年 6 月，我国互联网普及率为 48.8%，网民总数已达 6.68 亿人。其中，网民中使用手机上网的人群规模达 5.94 亿，继续保持稳定增长，手机超越台式电脑成为第一大上网终端，中国互联网已进入移动互联网时代。由于线上的国际边界消失，充满了市场营销机会，全世界的顾客将聚集在公司的网站上。面对浩如烟海的互联网信息，该如何有效整理利用，显然是个严峻的问题。

感悟：网络资料纷繁复杂，信息量庞大。在市场调查中，资料的系统整理是为进一步分析做准备的。运用科学的方法，对整理好的资料进行分析，以做到去伪存真、由表及里、由此及彼，最终才能为调查结果的分析、确立形成一个良好的开端。

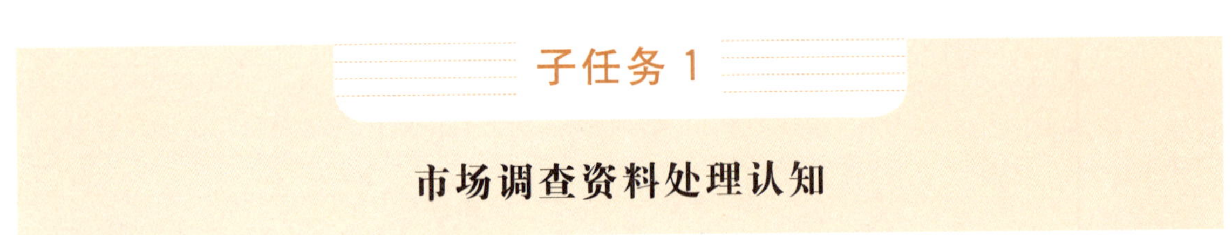

子任务 1

市场调查资料处理认知

任务提示：认识市场调查资料处理的主要工作，特别是从市场调查活动实践意义的角度认识市场调查资料整理与分析的重要作用及特点，在此基础上，认识市场调查资料处理工作的具体内容，并理解调查资料整理与分析的意义。

随着市场调查活动阶段性工作的结束，回收的大量数据资料还处于“毛坯”阶段，要想使其成为半成品、成品，尚需对其进行进一步的加工处理，进而揭示出这些数据的本来面目。这就是市场调查数据资料处理工作。

具体来讲，市场调查数据资料处理工作包括市场调查数据资料的整理、市场调查数据资料的分析与市场调查数据资料的存储。

一、市场调查资料整理

从工作顺序角度讲，在调查活动中，根据项目大小的不同，市场调查资料可能来自各个分散的被调查单位，这些数据须经整理、确认、汇总后，才能为进一步分析研究做准备。所以，我们首先遇到的工作是市场调查数据资料的整理。

市场调查资料整理是根据市场分析研究的需要，对市场调查获得的大量原始资料进行审核、确认，或对所收集的二手资料进行再加工的过程。

（一）市场调查资料整理的含义

简单来讲，市场调查资料整理就是通过一系列的操作将收集到的第一手或是第二手资料转变为数据结果，以便于研究者了解、揭示其中的含义。在调查实践中，调查者整理的资料多为问卷资料。

重要概念8-1　市场调查资料整理

市场调查资料整理是指按照一定的程序与科学的方法，对所收集到的资料加以整理、分析及统计运算，把庞大、复杂、零散的资料集中简化，使资料变成易于理解和解释的形式，为揭示和描述市场现象的特征、问题和原因提供初步加工信息的过程。

（二）市场调查资料整理的内容

市场调查资料整理的基本内容包括以下三个方面。

1. 数据确认

数据确认是指对调查所收集到的原始数据或二手资料进行审核，查找问题，采取补救措施，确保数据质量。

2. 数据加工

数据加工是指对调查问卷或调查表提供的原始数据进行分类和汇总，或者对二手数据进行再分类和调整。

3. 数据陈示

数据陈示是指对加工整理后的调查数据用统计表、统计图、数据库、数据报告等形式表现出来。

（三）市场调查资料整理的意义

为了理解市场调查资料整理的重要性，我们可以对这一环节工作的意义做如下简要总结。

1. 资料整理是市场调查必要的环节

市场调查的根本目的是获取足够的市场信息，为正确的市场营销决策提供依据。从市场调查的过程可知，在市场信息收集与市场信息的使用之间，必然有一个市场信息的加工处理环节。这是因为运用各种方法，通过各种途径收集到的各类信息资料，尤其是各种第一手资料，大都处于无序的状态，很难直接运用，即使是第二手资料，也往往难以直接运用，必须经过必要的加工处理。通过对市场信息的加工处理，可以使收集到的信息资料统一化、系统化、实用化，从而方便使用。

2. 资料整理提高了调查资料的价值

未经处理的信息资料由于比较杂乱、分散，其使用价值有限。资料整理是一个去伪存真、由此及彼、由表及里、综合提高的过程，它能大大提高市场信息的浓缩度、清晰度和准确性，从而提升信息资料的价值。

3. 资料整理可以激发新信息的产生

在信息资料的处理过程中，通过调查人员的智力劳动和创造性思维，使已有的信息资料相互印证，从而有可能促使一些新信息产生。应用各种历史和现状信息资料，推测和估计市场的未来状态，这种预测信息也是一种新的信息。

4. 资料整理可以纠正调查工作偏差

在市场调查工作的各个阶段、各具体环节，都会出现计划不周或工作中有偏差等问题。比如，对市场调查问题的定义可能并不十分全面；对市场调查的设计可能忽视了某些工作；信息资料的收集可能存在遗漏或者收集方法有欠缺等。这些问题有可能在实施过程中，通过检查、监督、总结等活动被发现，并加以纠正。

课堂思考： 市场调查资料整理过程中为什么会产生新的信息？

（四）市场调查资料整理程序

市场调查资料整理的一般程序如图 8－1 所示。

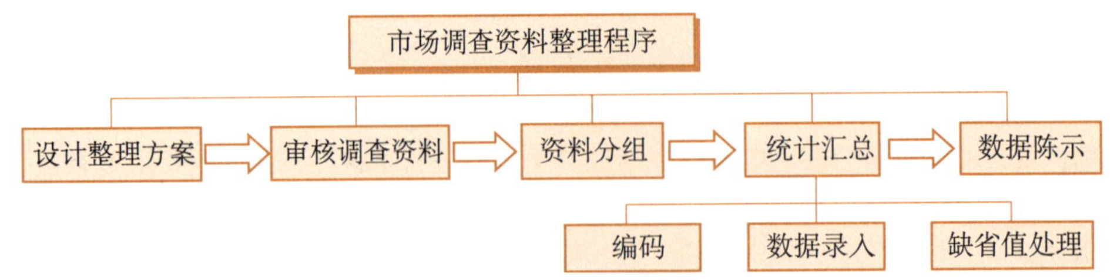

图 8－1　市场调查资料整理程序

1. 设计整理方案

市场调查资料整理方案一般包括整理的目的与要求、资料审核、整理的内容与方式、汇总办法、整理时间、人员安排、数据管理等方面的一些设计和规定。

2. 审核调查资料

审核调查资料主要是审核调查问卷或调查表的完备性、完整性和填答的准确性，以便发现问题进行纠正、补充或删除，防止有问题的问卷或调查表进入整理的流程，或者对二手资料的可靠性、准确性、时效性、可比性等进行评估以决定其取舍。

3. 资料分组

原始资料和二手资料审核无误后，即可进行分组处理。分组是根据研究的需要，按一定的标志或标准将总体各单位区分为若干组（类）的一种数据加工处理方法，用以划分市场现象的不同类型，揭示总体的内部结构和分布特征，显示市场现象之间的依存关系。市场调查资料分类的标准有属性、数量、时间、空间、关联性等，利用这些分类标准可以对问卷或调查表数据进行多方向、多层次的加工开发和交叉开发。

4. 统计汇总

统计汇总是在分组处理的基础上，利用手工汇总或计算机汇总技术求出各种分组的各组单位数、总体单位数、各组指标、总体综合指标等。其中手工汇总技术主要有过录法、折叠法、卡片法、问卷分类汇总法，等等。计算机汇总一般包括编码、数据录入、缺省值处理等工作程序，它具有速度快、精度高和便于存储数据等特点，特别适用于大批量的数据处理。

5. 数据陈示

市场调查资料整理的最终结果需要借助于一定的形式表现出来，以供调研者和用户阅读、使用和分析研究。数据陈示的形式主要有统计表、统计图、数据库、数据报告等。

任务资讯 8-1

市场调查资料整理的原则

1. 目的性原则

市场调查资料整理要服从于市场调查的目的和要求，针对市场调研需要解决的问题，即用户管理决策的信息需求，有针对性地加工开发出总括性数据与结构性数据相结合的信息。

2. 核查性原则

为确保数据处理质量，市场调查资料整理应注意事前、事中和事后都必须对数据质量进行核查，以求发现问题，查找差错，确保数据的准确性和可靠性，为进一步分析研究提供高质量的信息。

3. 系统化原则

市场调查资料整理不能停留在调查问卷或调查表数据的简单加工汇总上，应实行多方向、多层次的加工开发，以及调查项目之间的交叉开发，使加工开发的信息序列化，最大限度地满足分析研究的需要。

4. 时效性原则

市场调查资料整理是数据处理的过程，需要耗费一定的时间，如果不提高加工整理的效率，数据的时效性就会受到影响。因此，应利用计算机自动汇总技术、数据库技术等对数据及时进行加工处理，及时传输和反馈。

二、市场调查资料分析

市场调查资料经过整理后得到了反映总体特征的统计图表，使我们对数据的分布类型和特点有了大致了解，但是，这种了解只是表面上的，为了进一步掌握数据分布的特征和规律，以反映市场现象，还需要对资料做进一步分析。

（一）市场调查资料分析的含义

简单来说，资料分析是指根据一定的调查目的，采用一种或几种数据分析方法，按照一定的程序，对通过调查并经过整理的数据资料进行分析，发现得到所调查事物或市场现象的本质及其规律，进而指导营销决策。

对市场调查资料的分析，既是市场调查的具体工作过程，也是市场调查人员的思维活动过程。在这一过程中，要采用各种科学的数据分析方法，耗费大量的智力劳动，使原始数据信息成为加工信息。数据分析是市场调查工作中的重要阶段，它与市场调查前期的调查设计、数据收集及整理阶段密不可分。

（二）市场调查资料分析的方法

从大的角度分，市场调查资料的分析方法包括静态分析方法和动态分析方法，这两种方法相互补充，同等重要，在市场调查中都具有广泛的应用价值。

1. 静态分析方法

市场调查数据的静态分析是指抽象了时间因素和具体变动过程，精细地对比分析数据之间的相互关系。常见的静态分析方法有数据的集中趋势分析和数据的离中趋势分析。

2. 动态分析方法

动态分析又称时间序列描述性分析，其核心是处理和分析动态数据，用来解释现象发展变化的水平、速度、趋势和规律。动态分析主要包括水平分析、速度分析、季节变化分析等方法。

任务资讯 8-2

市场调查资料分析的原则

1. 针对性原则

针对性是指要采用与调查目的、调查资料性质、现有资源相适应的分析方法，对调查资料进行分析。任何一种分析方法都有其优点和不足，有不同的使用范围和分析问题的角度。某一种情况可能就需要某一种或几种特定的统计分析方法，所以分析人员就需要对各种分析方法的特点和作用有准确的把握，将多种与调查目的相匹配的方法组合应用，形成最准确、恰当的方法系统，各方法之间相互取长补短、相互配合，从而得出全面和准确的结论。

2. 完整性原则

完整性是指对调查资料进行多角度的、全面的分析，以反映和把握调查资料的总体特征。它不是对资料进行局部的分析，而是全面考察各种相关因素的现状和趋势，分析现象之间的关系。

3. 客观性原则

客观性是指必须以客观事实和调查的资料为依据进行分析，不能受到外来因素或内部主观倾向的影响，否则，就会使前面各阶段的努力化为乌有，更重要的是会误导企业决策者做出背离实际的决策，使企业陷入困境。

4. 动态性原则

动态性是指对调查资料分析时，不但要分析把握其现状，更要分析把握其变化趋势。要注意分析各相关因素的变化特点，用发展的观点、动态的方法来把握问题，从而正确地引导企业的发展。在具体操作中，要主动掌握并合理运用科学的预测方法，得出符合市场变动趋势的分析结论。

三、市场调查资料的存储

对于以文字为载体的市场调查数据资料，在经过整理与分析之后，就进入了存储阶段，以备作为编写市场调查报告素材之用，或作为历史数据支持未来的市场调查业务活动。

（一）市场调查资料存储的准备

在资料存储阶段，市场调查数据处理人员一般应该做好资料库的划分、资料的排列、资料的剔除等工作，以区别数据资料的重要程度、排列顺序以及时效性。

（二）市场调查资料存储的方法

信息技术的发展使调查数据处理变得更加容易，计算机除了处理文字信息外，还能处理大量图片信息，成为一个庞大的数据库。其中的数据按一定的数据模型组织、描述和储存，具有较小的冗余度、较高的数据独立性和易扩展性，并可为各种用户共享。

课 堂 测 评

测评要素	表现要求	已达要求	未达要求
知识点	能掌握市场调查资料整理的含义、意义		
技能点	能初步认识调查资料整理的技术		
任务内容整体认识程度	能概述并认识市场调查资料整理的过程		
与职业实践的联系程度	能描述市场调查资料整理的实践意义		
其他	能联系其他课程、职业活动等		

子任务2

市场调查资料整理

任务提示：认识市场调查资料整理的主要工作，特别是从市场调查活动实践意义的角度认识市场调查资料整理的重要作用及特点，在此基础上，认识市场调查资料整理工作的具体内容，并理解调查资料整理的意义。

从大的角度划分，市场调查资料整理可以分为实地调查获取的原始资料整理和文案调查获得的二手资料的整理。资料整理有一定的要求与规范，那么，这些要求与规范是怎样的？实际操作又是如何呢？

一、原始资料整理

原始资料整理是指对问卷或调查表提供的原始数据进行加工整理和开发，即对经过审核的问卷或调查表中的原始数据进行分类和汇总，使数据系统化、综合化和条理化，得出能够反映所研究现象总体数量特征的综合资料，并用数据表的形式反映出来。在制订整理方案的基础上，原始资料整理的基本程序如图 8－2 所示。

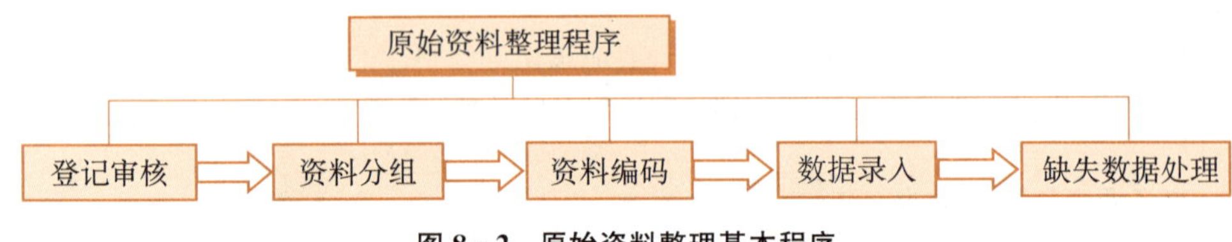

图 8－2　原始资料整理基本程序

（一）问卷登记与审核

市场调查问卷回收之后，为了避免信息损失以及评价访问员的工作成绩，要先对资料进行登记分类。分类的标准可以是时间、地区、访问员等。在登记过程中，分别记录各地区、各调查员交回的问卷数量、交付时间、实发问卷数量、丢失问卷数等情况。在此基础上，对数据资料进行审核，以免不合格、有差错的问卷或调查表进入分类汇总作业流程。

1. 审核的内容

原始资料审核主要是对受访者条件，调查过程是否符合标准，收回的问卷或调查表的齐备性、完整性、准确性、时效性和真伪性进行分类汇总前的审核，如表 8－1 所示。

表 8－1　问卷审核的内容

审核项目	具体内容
齐备性	问卷或调查表的份数是否齐全，是否达到了调查方案设计的样本量的要求。
完整性	问卷或调查表填答的项目是否完整。不完整一般有三种情形：(1) 大面积无回答或者相当多的问题无回答，应作废卷处理。(2) 个别问题无回答应视为有效调查问卷，所留空白以后补救，或直接归入“暂未决定”“其他答案”中。(3) 相当多的问卷对同一问题无回答，仍作为有效调查问卷，对此项提问可作删除处理。
准确性	问卷或调查表中的项目是否存在填答错误，一般有三种情形：(1) 逻辑性错误。明显不符合事实，前后不一致。一旦发现可用电话核实更正，无法核实的，按“不详值”对待。(2) 答非所问的答案。一旦发现应通过电话询问纠正，或者按“不详值”对待。(3) 无兴趣回答的错误。一般是被调查者对回答的问题不感兴趣。如果仅属个别调查问卷，应彻底抛弃，如果有一定数目，且集中出现，应把这些问卷作为一个独立的子样本看待，在资料分析时应给予适当的注意。

续前表

审核项目	具体内容
时效性	对调查问卷或调查表的访问时间、有关数据的时间属性进行检查，以评价调查数据是否符合时效性的要求。若延迟访问对调查结果没有什么影响，则问卷仍然是合格的；若延迟访问导致数据的时间属性不一致时，则应废弃这样的调查表或问卷。
真伪性	对调查表或问卷的真实性进行检验，评价访问员是否存在伪造问卷或调查表的行为。一般采用抽样复检的办法进行核实。

2. 审核的方式

较大规模的市场调查项目收回的问卷或调查表往往是大量的，需要聘用审核员进行集中审核。审核的作业方式应该是在将问卷或调查表分配给审核员的基础上，实行一卷或一表从头审到尾。审核的具体办法有以下两种：

(1) 逻辑审核。即利用逻辑和经验判断的方法，检查问卷或调查表中的填答项目是否合理，项目之间有无相互矛盾的地方。

(2) 计算审核。即对数据进行计算性的检查，如分项相加是否等于小计，小计相加是否等于合计，数据之间该平衡的是否平衡。

课堂思考：为什么要对问卷进行审核？问卷审核的要点有哪些？发现有问题的问卷该如何处理？

(二) 资料分组

原始资料经过审核，问卷或调查表的质量得到确认之后，即可对问卷或调查表中的问题及答案进行分组处理。分组处理的目的在于将原始数据分门别类，使资料综合化、条理化和层次化。

1. 资料分组的方法

根据资料统计分组时采用标志的多少，可以分为简单分组和复合分组两种分组方法。简单分组是对所研究的现象只采用一个标志进行的单一分组；复合分组是对所研究的现象采用两个或两个以上的标志进行连续分组。

例 8-1 简单分组：在对某高校学生手机使用情况调查资料整理中，按性别这一单一标准对资料进行分组，将手机使用者分为男生和女生。

例 8-2 复合分组：同上例，在资料整理汇总中，可以先采用性别标志进行分组，然后再按照年级进行分组，还可以进一步根据生源地、手机消费偏好等标志进行第三次、第四次分组。

需要注意的是，如果采用的标志太多，会使所分组数成倍增加，导致各组单位数过少，反而达不到分组目的。因此，不宜采用过多标志进行分组。在封闭型问卷中，每个调查问题都是分组的标准，问题下的备选答案都是分组后的组别或类别。由于调查问题及备选答案是在调研设计阶段事先设计好的，又称事前分组处理。调查资料收集工作结束后，问卷的数量和质量得到确认，调研者只需要把每个问题下的备选答案的被调查者的填答次数统计起来，即可得到一系列简单分组的结果。

重要概念 8－2　分组标志

分组标志就是将统计总体划分为几个性质不同部分的标准或依据。按照标志特征的不同，分组标志可以分为品质标志与数量标志。品质标志表示事物的质的特征，如性别、职业等，是不能用数值直接表示的属性。数量标志表示事物的量的特征，如人口数、收入、年龄等，是可以用数值直接表示的。

2. 资料分组的操作

资料分组的操作如下：

（1）选择恰当的分组标志。分组标志就是对市场调查资料分组的依据和标准，划分各组界限就是在分组标志变异范围内划定各相邻组之间的性质界限和数量界限。总体内各总体单位有很多标志，究竟选择哪个标志作为分组标志，要根据调查研究的目的和总体本身的特点决定。

（2）确定分组界限。这是指根据分组标志设定组与组之间划分的界限。对于品质标志分组而言，性别、职业等分组界限就比较明确；数量标志分组则需要确定组数、组距、组限、组中值等。

（3）按某一标志进行分组，不要遗漏任何原始资料所提供的数据，组距尽可能取整数，各组的组距尽可能相等，即尽可能多用等距分组，少用不等距分组；问卷中的回答项目本身就已经分类的，今后表格化时就按上述分类进行排列；对非区间范围的某一具体数字，应设计出分组，使其在分组的间隔中。

重要概念 8－3　数量标志分组概念

组数是指分组的数量；组距是指各组中最大值与最小值的差额；组距相等的称作等距分组，当标志值变动不均匀时，可采用不等距分组；组限是指组距的两个端点，每组最小值为组的下限，最大值为组的上限，组中值＝（上限＋下限）÷2。

3. 资料分组的意义

资料分组具有以下意义：

（1）通过分组，可以对各种市场现象的类型在本质上进行区分，可以识别各种类型的本质特征及其发展变化的规律。

（2）可以用来分析、研究市场现象之间的依存关系以及因果关系，便于企业通过一些促销手段来改变目标人群的观点、态度，从而改变其行为。

（3）通过分组能反映事物内部的结构及比例关系，从而为企业寻找目标市场提供基础数据。科学的分组方法，一方面，可以明显表明各组中频（次）数的分布情况，从而使研究者对被调查对象的结构情况有一个大致的了解；另一方面，还可以使许多普通分组显示不出来的结论明显化，从而为企业寻找目标市场提供基础数据。

例 8－3　按营业额分组

某公司通过市场调查了解当地用户对其某类产品的采购方式。调查发现，各家公司的采购方式与各自公司规模大小、经营产品类别密切相关。于是，在资料分析时，根据营业额把这几家公司划分为五类：营业额每年 1 000 万元及以上；营业额每年 500 万元～999 万元；营业额每年 250 万元～

499万元；营业额每年100万元～249万元；营业额每年99万元及以下。

分类之后，市场调查人员只需要对这五类规模大小各异的企业公司进行比较即可说明问题，而不必逐一进行相互比较。

(三) 资料编码

资料编码是把原始资料转化为符号或数字的资料标准化过程，即问卷设计者在编写题目时，给予每一个变量和可能答案一个符号或数字代码，也称事前编码；如问题已经作答，为每个变量和答案给予一个符号或数字代码，则称为事后编码。编码要与分组相适应，具有唯一性、完备性。通过编码，不但可以使资料能够简单方便地输入计算机中，更重要的是，通过合理编码，可以使得不同的信息易于分辨、理解、计算，并对统计计算和结果解释工作产生较大影响。

1. 封闭式问题编码

一般来说，标准化的封闭式问卷资料的编码过程比较简单，常用事前编码，可节省时间。

例8-4 您家里是否有第二辆汽车吗？ 1—有 2—没有（18）

在这个问题中，代码1代表“有”，代码2代表“没有”，括号中的数字表示这个答案记录在编码表中的18栏。

2. 开放式问题编码

开放式的问卷资料或讨论、记录资料的编码过程比较复杂，常用事后编码。其主要工作包括以下内容：

(1) 列出答案。编码人员首先应尽可能地列出每个开放式问题的答案。当总体数量较少时，所有答案都应该列出。在大型调查活动中，也需要列出一定数量样本的答案。

(2) 合并答案。根据开放式问题答案的性质，编码人员可以将相近类型的答案进行合并处理。合并时，需要考虑分组标志的意义，以及对数据分析的影响。某调查项目开放式问题“为何选择某品牌手机”的答案合并处理如表8-2所示。

表8-2 **为何选择某品牌手机的答案**

问卷答案	合并答案
1. 质量好 4. 耐用 7. 科技含量高	质量好
3. 名牌 6. 大家都买这个牌子 9. 许多人推荐	名牌
……	……

(3) 设置编码。答案合并处理后，分别赋予每一个类别答案一个数字编号，如表8-3所示。

表8-3 **开放式问题答案的合并与编码**

答案描述	表8-2合并答案	编码
质量好	1、4、7	5
名牌	3、6、9	9
……	……	……

（4）其他情况。非问卷题目的有关问题，如在做地区划分时，将北京定为“1”、上海定为“2”。

3. 编制编码手册

当所有问题答案编码都规定清楚之后，编码人员要编写一本编码手册，说明各英文字母、数码的意思。编码手册具备下列功能：

（1）录入人员可根据编码手册中的说明录入数据。

（2）研究人员或计算机程序员可根据编码手册编写统计分析程序。

（3）研究者阅读统计分析结果，不清楚各种代码的意义时，可从编码簿中查询。

某空调消费者调查问卷所用的编码手册如表8-4所示。

表8-4 **编码手册**

变量代码	变量含义	题号	变量名称	是否跳答	数据说明
1	长虹的知名度	Q1	Q1－1	否	1＝选中，2＝未选中
2	海尔的知名度	Q1	Q1－2	否	1＝选中，2＝未选中
……	……				
10	其他品牌知名度	Q2	Q1－10	否	1＝选中，2＝未选中
11	最常用品牌知名度	Q2	Q2－1	否	1＝长虹，2＝海尔……11＝其他，99＝漏答
12	次常用品牌知名度	Q2	Q2－2	否	同上
13	第三常用品牌知名度	Q2	Q2－3	否	同上
……	……				
30	长虹价格合理排序	Q10	Q10－1a	是	1＝最合理……6＝最不合理
31	海尔价格合理排序	Q10	Q10－1b	是	1＝最合理……6＝最不合理
……	……				

表8-4中，变量是指问卷中所调查的问题或项目；变量代码是给各变量一个新的数码，表示各变量在数据库中的输入顺序；变量含义是指问卷中问题意思的概括；题号是指变量属于问卷中的第几题；变量名称是变量的代号，便于计算机识别与统计操作；是否跳答是指该问题或项目是否是跳答答案；数据说明是对各数码代表受访者的某种反应的说明。

任务资讯 8-3

分组编码

分组编码是根据调查对象的特点和信息资料分类及处理的要求，把具有一定位数的代码单元分成若干组，每个组的数字均代表一定的意义。所有项目都有着同样的数码个数。例如，对目前在校大学生进行一次关于使用信用卡意向的调查，相关的信息包括性别、类别、月消费额、使用意向四项。用分组编码法进行编码如下：

性别	类别	月消费额	使用意向
1＝男性	1＝本科生	1＝小于 150 元	1＝已有卡
2＝女性	2＝硕士生	2＝151 元～300 元	2＝准备使用
	3＝博士生	3＝301 元～500 元	3＝不准备使用
		4＝501 元～700 元	4＝无意向
		5＝701 元～1 000 元	
		6＝1 001 元～2 000 元	
		7＝大于 2 000 元	

则编码 1234 就表示一名男性硕士研究生，每月消费在 301 元到 500 元，并且不准备办理信用卡。

课堂思考：编码手册的基本内容包括哪几部分？编码手册在市场调查数据整理中有哪些用途？

(四) 数据录入

数据的录入形式有两种：一种是以单独数据文件的形式录入和存在；另一种是直接录入专门的统计分析软件中（如 Excel、SPSS）。数据录入前，一般应对所有的问卷进行编号，以便按照问卷编码顺序进行每份问卷数据的录入。数据录入一般是由数据录入员根据编码的规则（编码手册）将数据从调查问卷上直接录入计算机数据录入软件系统中，系统会自动进行记录和存储。在录入过程中，为了避免差错，应随时进行错误检查，如利用软件自动识别错误，也可以在全部调查问卷的数据录入完毕后，运用事先设计的计算机逻辑错误检查程序进行检查。当逻辑检查确认数据录入无逻辑错误时，则可利用设定的计算机汇总与制表程序自动生成各种分组（类），为分析研究准备综合化的数据。

(五) 缺失数据处理

缺失数据也称缺失值。在数据录入过程中，若遇到数据缺失，先分析数据缺失的原因，如果有个别问题未作答，或是调查员没有记录，可采用以下方法纠正：

(1) 找一个中间变量代替，如该变量的中间值，或量表的中间值（1～5 分，可选 3）；如是性别变量，可将第一个缺失值用男性数值代替，第二个用女性数值代替，并依次交替。

(2) 用一个逻辑答案代替。如收入缺失，可依据职业情况和个人能力来推断；性别缺失，可依据受访者笔迹来推断。

(3) 删除处理。删除处理可分为两种情况：一种是把整个样本资料全部删除，这种方法在样本数众多时采用；另一种是在进行缺失样本统计时，将该样本删除，这种方法适合在该变量不重要时采用。

课堂思考：如果缺失值过多，会出现什么情形？该如何处理？

二、二手资料整理

二手资料的加工整理是指对采用文案调查法、网络调查法等方法收集的次级资料进行再加工整理，使之符合调研者对特定的市场问题研究的需要。二手资料有各种不同的来源，它们的收集目的、总体范围、指标口径和计算方法等与现有问题研究的要求可能存在一定的差别。因此，要使次级资料适用，就必须进行再加工整理。其程序如图 8－3 所示。

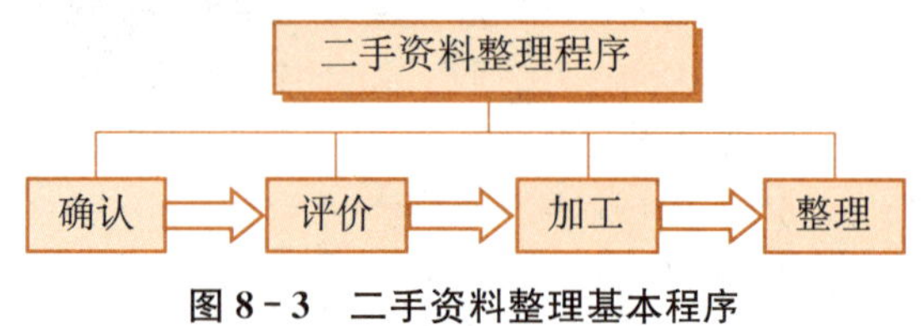

图 8－3　二手资料整理基本程序

（一）二手资料确认

二手资料确认又称二手资料甄别，是指对二手资料的真实性、准确性、时效性、可靠性等进行检查和判定，以便从中选定那些可供利用的资料。二手资料确认的主要内容包括：确认二手资料原来调查研究的目的是什么，确认资料收集的方式方法是什么，确认调查的总体范围是什么，确认调查的样本量有多大，确认指标口径、计算方法和数据分类是怎样的。通过这些方面的确认，判定二手资料能否适合当前问题研究的需要，并做出取舍的决定。

（二）二手资料评价

二手资料评价是根据当前问题研究的需要，对所选定的二手资料的可利用程度进行评价，以判别哪些资料可直接利用，哪些资料需要进行再加工处理才能利用。

（三）二手资料加工

二手资料加工是对不能直接利用的二手资料进行改造，使之符合分析研究的需要。当二手资料的总体范围、指标口径、计算方法等因种种原因造成前后时期市场调查数据不可比时，一般可用加进、减去、换算等方法进行调整。例如，由于行政区域、组织系统、隶属关系、经营范围变更导致的数据不可比时，应以现行的行政区域、组织系统、隶属关系和经营范围为准，调整过去的统计数据。如果统计数据的计量单位和计价标准前后时期不一致时，则应按现行的计量单位和计价标准进行换算。

（四）二手资料整理

二手资料经过确认、评价、加工之后，为了使历史数据和有关资料实现有序化，更好地满足分析研究的需要，还应对二手资料进行整理。二手资料整理主要包括数据的列表陈示、各类统计表的汇编、编印资料手册、文献资料的分门别类和归档管理等。

任务资讯 8－4

资料整理的人员要求

信息资料的整理与分析是一项专业性、技术性很强的工作。它对信息整理分析人员的要求很高。一个称职的资料整理人员，除了应该具备一个现代化经营管理人员所必须具备的思想方面的素养、文化知识方面的素养、经营管理方面的素养、道德品格方面的素养、性格风度方面的素养和强健的体魄外，还必须具有高度的敏感性、广博的知识、广泛的兴趣、较高的综合分析能力、严谨的作风，要有较深的市场经济知识，懂得现代信息科学的有关知识，掌握一定的现代信息处理技术和方法。一般来说，要由专职人员来承担市场信息的处理分析工作。

课堂测评

测评要素	表现要求	已达要求	未达要求
知识点	能掌握市场调查资料分组和编码的含义、作用		
技能点	能初步认识资料分组的技术要求		
任务内容整体认识程度	能概述并认识市场调查资料整理过程		
与职业实践的联系程度	能描述市场调查资料整理的实践意义		
其他	能联系其他课程、职业活动等		

子任务3

市场调查资料分析

任务提示：认识市场调查资料分析的主要工作，特别是从市场调查活动实践意义的角度认识市场调查资料分析的重要作用及特点，在此基础上，认识市场调查资料分析工作的具体内容，并理解市场调查资料分析的意义。

市场调查资料分析是市场调查信息处理的重要内容，它是指对市场调查过程中收集到的各种原始数据进行适当的处理，使其显示一定的含义，进而反映不同数据之间的联系，并通过分析得出某些结论。数据分析所采用的主要是一些统计技术。那么，数据资料分析的技术有哪些呢？

基于职业成长规律的考虑，我们只介绍市场调查资料的图表分析、静态描述分析以及常用软件分析。

一、调查资料制表分析

（一）交叉列表分析

交叉列表分析是同时将两个或两个以上具有有限类目数和确定值的变量，按照一定的顺序对应排列在一张表中，从中分析变量之间的相关关系，得出科学结论的技术。变量之间必须交叉对应，从而使交叉列表中每个结点的值反映不同变量的某一特征，如表8-5所示。

表 8-5　　**AB 公司商品销售统计**　　单位：万元

销售增长	商品特点			行总计
	日用品	耐用消费品	食品	
速度慢	45	24	50	119
速度快	52	63	23	138
列总计	97	87	73	257

从表 8-5 中可以很容易分析出各类目的明细数量及对应总数，简明直观。

交叉列表分析技术在市场调查中被广泛使用，是因为其结果很容易为那些非专业的使用者接受并理解；同时，通过交叉列表分析技术，可以使调查得到的数据资料中的复杂事物变得清晰和有条理。

（二）交叉列表分析法的种类

1. 单变量列表

单变量列表也就是只有一个变量对收集的数据产生控制。例如，某高职院校 2015 级汽车营销一班学生人数如表 8-6 所示。

表 8-6　　**2015 级汽车营销专业一班学生人数**　　单位：人

性别		合计
男	女	
25	23	48

由于单变量列表所表达的内容过于简单，故使用不是很普遍。

2. 双变量交叉列表

双变量交叉列表是最基本的交叉列表分析法。在双变量交叉列表中，每个单元格中的数字都同时受到两个变量的约束，故反映的信息更多，如表 8-7 所示。

表 8-7　　**2015 级市场营销专业一班学生人数**　　单位：人

	宿舍							
性别	103	104	105	106	212	213	214	合计
男	8	8	7	2				25
女					8	7	8	23
总计	8	8	7	2	8	7	8	48

3. 三变量交叉列表

在实际工作中，双变量交叉列表对于某些信息不能准确分析时，就需要加入第三个变量，形成三变量交叉列表。该列表可以较详细地反映数据原有两个变量之间的联系，如表 8-8 和表 8-9 所示。

表 8-8　　**汽车购买者中收入与购买汽车档次的关系**

小汽车购买档次	收入状况	
	较高收入	普通工薪阶层
高（%）	70	35
低（%）	30	65
列总计（%）	100	100
被调查者人数（人）	300	500

表 8-9　汽车购买者中收入、性别与购买汽车档次的关系

小汽车购买档次	收入状况			
	男性		女性	
	较高收入	普通工薪	较高收入	普通工薪
高（%）	85	25	40	50
低（%）	15	75	60	50
列总计（%）	100	100	100	100
被调查者人数（人）	200	300	100	200

说明：由于引入了第三个变量——性别，使得原有结论更加准确。

二、调查资料制图分析

统计图是指用各种图形表现统计资料的一种形式。它是以统计资料为依据，借助于几何线、事物的形象和地图等形式，显示社会经济现象的数量，表现规模、水平、构成、相互关系、发展变化趋势、分布状况。与统计资料的另外两种形式——统计表和文字报告相比，统计图的显著优点是：简明具体、形象生动、通俗易懂，易给人留下明确而深刻的印象。

图形广泛应用于市场调查资料整理分析和市场调查报告中，并以其形象、直观、富有美感和吸引人等特点受到特别的重视。通常情况下，只要有可能，就应尽量用图形来帮助理解报告的结果。一张精心设计的图形可能抵得上千余字的说明。

（一）常用统计图分析

按资料的性质和说明的准确性，统计图可分为以下几类。

1. 比较图

比较图常用于两项事物之间的比较。常见的比较图有条形图、面积图（饼图除外）、立体图、线图。条形图如图 8-4 所示。

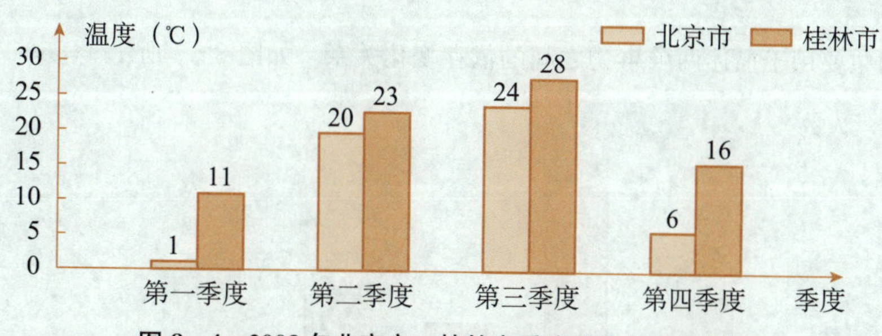

图 8-4　2003 年北京市、桂林市季度平均气温比较图

2. 结构图

结构图用于反映总体中各部分与总体的结构关系。常见的结构图是饼图。饼图只适用于单选问题，整张饼图总计 100%，每一部分的面积就表示了某个变量对应取值的百分数，即比重。饼图可以是平面的，也可以是立体的。最好将每一部分的说明尽可能直接记在饼形图上，利用颜色的不同表示不同的部分也是一个好的办法。饼图能够很好地将部分与总体之间的关系表现出来。饼图如图

8－5 所示。

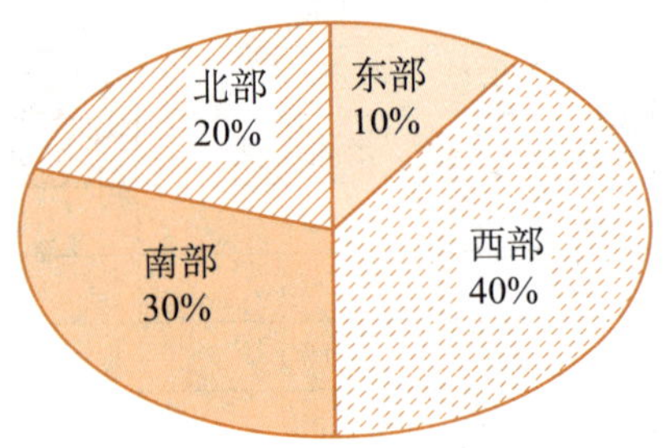

图 8－5　某公司产品在广东省的市场分布

3. 动态图

动态图用于描述与时间相关的事物随时间的变化而变化的状况。常见的动态图有立体图和线图等。线图如图 8－6 所示。

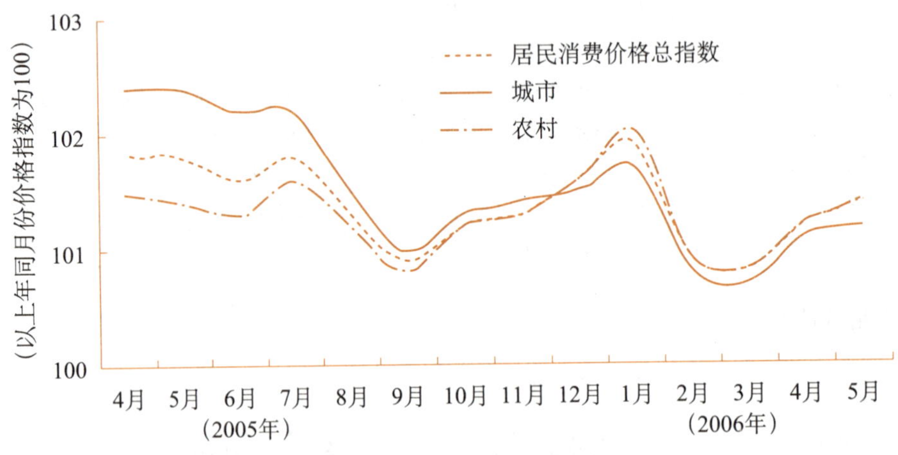

图 8－6　2005—2006 年全国居民消费价格指数图

4. 依存关系图

依存关系图主要用于描述两项事物之间的依存变化关系，如图 8－7 所示。

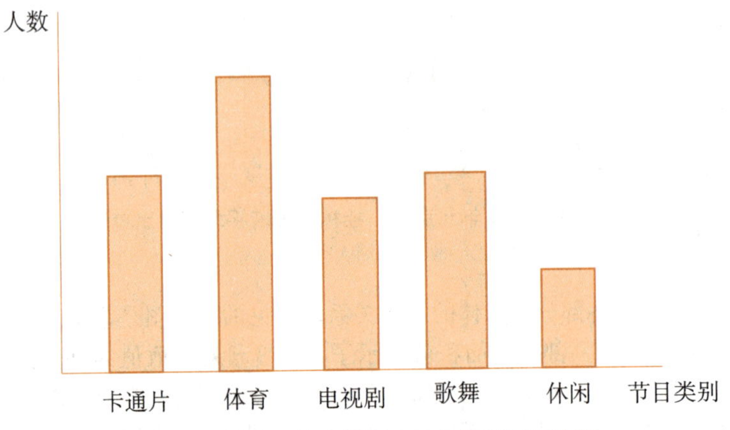

图 8－7　某班小学生最喜欢的电视节目统计图

（二）制图规则

1. 统计图构成

统计图的构成主要包括：

(1) 图号、图题。

(2) 图目，即在纵轴的侧面和横轴的下面所标注的表明不同类别、地点、时间等的文字或数字，说明纵轴、横轴所代表的事项及单位。

(3) 尺度线（网络线）或点、尺度数及尺度单位。

(4) 说明图例、资料来源等。

2. 制图规则

绘制统计图时，图题要说明资料所属的内容、地点和时间，尺度线与基线垂直，尺度的设置应能包括资料中最大的数值，尺度点之间的距离应相等，相同距离必须表示相同数值，尺度点过多时，可间隔写。项目较多时，最好按大小顺序排列，以使结果一目了然。避免有过多或过少的标注和线条，整个图形既要清楚又要简明。度量单位的选择要适当，以使图形的表现均衡，使所有的差异都是可视和可解释的。作图时最好既使用颜色，又使用文字说明，以便在进行必要的复制时仍能清晰如初。

三、调查资料静态描述分析

通过制表、制图分析，可以对市场调查资料进行对比研究，从而得出初步的调查结论。为进一步揭示和描述市场现象特征、问题和原因，还必须运用描述性分析方法和推论性分析方法对数据资料进行科学分析，以便深入揭示其内涵。本书主要介绍描述性分析的静态分析方法。

简单地说，静态分析就是抽象（忽略）了时间因素和具体变动的过程，静止地、孤立地考察某些市场现象与现象之间的相互关系。常用的方法有集中趋势分析和离散趋势分析。

（一）集中趋势分析

调查资料的集中趋势分析在于揭示被调查者回答的集中程度，通常用最大频数或最大频率对应的类别选项来衡量。数据的集中趋势是指大部分变量值趋向于某一点，将这一点作为数据分布的中心，数据分布的中心可以作为整个数据的代表值，也是准确描述总体数量特征的重要内容。表8-10是描述某高校大学生月均生活费支出的数据。

表8-10　某高校大学生月均生活费支出统计

月均生活费支出（元）	消费者数（人）	各组人数比重（%）
300～350	11	4.66
351～500	20	8.47
501～750	37	15.68
751～800	46	19.49
801～850	52	22.03
851～900	42	17.80
901～950	21	8.9
951～1 000	7	2.97
合计	236	100

以上资料显示，某高校大学生月均生活费开支额在801元～850元附近的各组消费人数较多，这里就是数据分布的中心区域，从整体的数据分布状况来看，数据集中趋向于变量值801元～850元这一组。其实际意义就是：被调查的大学生月均生活支出大部分集中在801元～850元这个范围之内。

集中趋势数据的特征是，总体各单位的数据分布既有差异性，又有集中性。它反映了社会经济、市场发展状况的特性，即总体的社会经济数量特征存在差异，但客观上还存在一个具有实际经济意义的、能够反映总体中各单位数量一般水平的数值。描述性统计分析就是要找出这个数值。常见的描述数据分布中心的统计量有平均数、众数、中位数等。

1. 平均数

平均数是总体中各单位标志值之和除以单位总数得到的数值，是最常用的集中趋势分析指标。简单的算术平均数的一般公式为：

$$\bar{x}=\frac{x_1+x_2+\cdots+x_n}{n}=\frac{\sum_{i=1}^{n}x_i}{n}$$

利用平均数，可以将处在不同空间的现象或不同时间的现象进行对比，反映现象一般水平的变化趋势或规律，分析现象间的相互关系等。

例8-5 某公司2015年各月销售记录如表8-11所示。

表8-11 某公司2015年各月销售记录

1月	2月	3月	4月	5月	6月	7月	8月	9月	10月	11月	12月
33	31	29	28	29	30	33	32	31	28	29	30

$$\bar{x}=\frac{33+31+29+28+29+30+33+32+31+28+29+30}{12}=30.25(\text{万元})$$

即：该公司2015年月平均销售额为30.25万元。

说明：在本例中，30.25万元充分体现了2015年全年的平均销售水平，同时也可与上一年数据进行比较分析，也能为下一年度的经营活动或销售计划的制订等工作提供数据准备。

2. 众数

众数是数据中出现次数最多的变量值，也是测定数据集中趋势的一种方法，它克服了平均数指标会受数据中极端值影响的缺陷。

例8-6 某高职院校在校生每周上网次数调查统计数据，如表8-12所示。

表8-12 某高职院校在校生每周上网次数统计

上网次数（次）	被调查者（人）	上网次数（次）	被调查者（人）
1	16	5	14
2	25	6	11
3	29	7	9
4	34	小计	136

从表8-12可以看出，每周上网4次的频数最多，达34次，即为众数。

3. 中位数

中位数是将数据按某一顺序（从大到小，或相反）排列后，处在最中间位置的数值。

例8-7 某企业委托市场调查公司对顾客在某一时间段内购买其生产的日用品次数进行调查。

对15个顾客的调查结果按次数排序是：0、0、0、0、1、1、1、1、1、2、2、2、3、7、9。则它们的中位数为1。

在这次调查中，中位数为1说明被调查人群在本店购买行为的常态为1次。

计算中位数很简单，对于N个数据，若N为奇数，则排序之后的第（$N+1$）/2位置的数据就是中位数；若N是偶数，则排序后的第$N/2$位置的数据与$N/2+1$位置的数据的平均值就是中位数。

（二）离散趋势分析

数据的离散趋势分析是指数据在集中分布趋势状态下，同时存在的偏离数值分布中心的趋势。离散趋势分析是用来反映数据之间的差异程度的。

例8-8 表8-10反映某高校大学生月均生活费支出的数据，大学生的月均支出在300元～1 000元这个范围内，虽然其中大多数大学生的支出都在751元/月～900元/月，但也有一些大学生的开支偏高或偏低，从而使数据的分布出现离散状态。对于一组数据规律性的研究，集中趋势是数据数量特征的一个方面，离散程度则是数据特征的另一个方面。集中趋势反映的是数据的一般水平，我们用均值等数值来代表全部数据，但要更加全面地掌握这组数据的数量规律，还应该分析反映数据差异程度的数值。

四、统计分析软件SPSS

SPSS（Statistical Package for the Social Sciences，社会科学统计软件包）是世界著名的数据统计分析软件之一，开发迄今已有30余年的历史了。SPSS在全球约有25万用户，这些用户分布于通信、医疗、银行、证券、保险、制造、商业、市场研究、科研教育等多个领域和行业，可以说，SPSS是世界上应用最广泛的专业统计软件之一。在国际学术界有条不成文的规定，即在国际学术交流中，凡是用SPSS软件完成的计算和统计分析，可以不必说明算法，由此可见其影响之大和信誉之高。

（一）SPSS软件的特点

SPSS软件具有以下特点。

1. 操作简便，界面友好

SPSS的主界面如图8-8所示。除了数据录入及部分命令程序等少数输入工作需要键盘录入外，SPSS的大多数操作可通过鼠标拖曳、点击菜单按钮和对话框来完成。

2. 编程方便

SPSS具有第四代语言的特点，研究人员只需要告诉系统要做什么就可以了，无须告诉系统该怎样做。

3. 功能强大

SPSS具有完整的数据输入、编辑、统计分析、报表、图形制作等功能。

4. 全面的数据接口

SPSS能够读取及输出多种格式的文件。

5. 适用性强

SPSS对初学者、熟练者及精通者都比较适用。

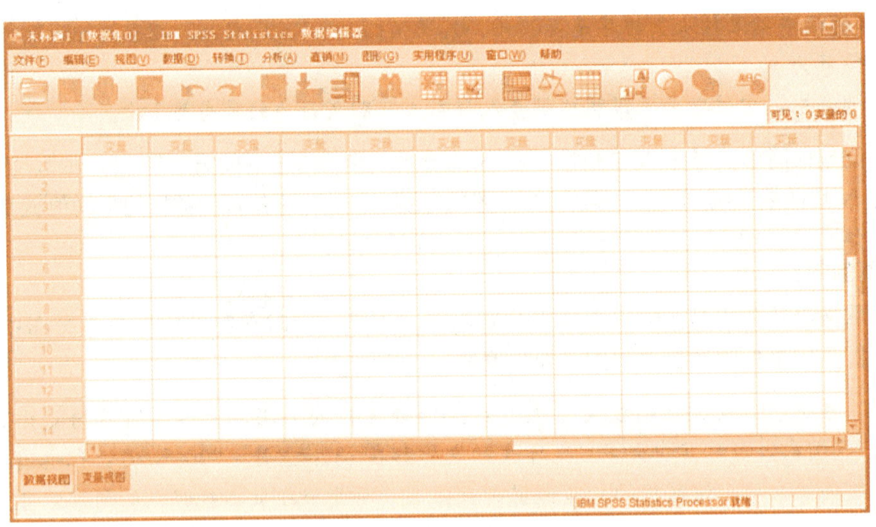

图 8-8　SPSS 软件主界面

(二) SPSS 软件统计分析的基本过程

SPSS 进行数据统计处理的基本过程如下。

1. 数据录入

将数据以电子表格的方式输入 SPSS 中，也可以从其他可转换的数据文件中读出数据。这一工作分两个步骤：一是定义变量；二是录入变量值。

2. 数据预分析

原始数据录入后，要对其进行必要的预分析，如数据分组、排序、平均数、分布图等的描述，以掌握数据的基本特征，保证后续工作的有效性。

3. 统计分析

按照调查的要求和数据情况确定统计分析方法，对数据进行统计分析。

4. 统计结果展示

统计过程结束后，系统会自动生成一系列数据表，其中包含统计处理产生的整套数据。为了能更形象地呈现数据，可利用系统提供的图形生成工具将所得数据展示出来。

5. 保存和导出分析结果

数据结果生成后，可利用系统自带的数据格式进行存储，同时也可利用系统的输出功能以常见格式进行输出，以供其他系统使用。

课 堂 测 评

测评要素	表现要求	已达要求	未达要求
知识点	能掌握市场调查资料分析的含义、作用		
技能点	能初步认识调查资料分析的方法与技术要求		
任务内容整体认识程度	能概述并认识市场调查资料分析的过程		
与职业实践的联系程度	能描述市场调查资料分析的实践意义		
其他	能联系其他课程、职业活动等		

任务 8 小结

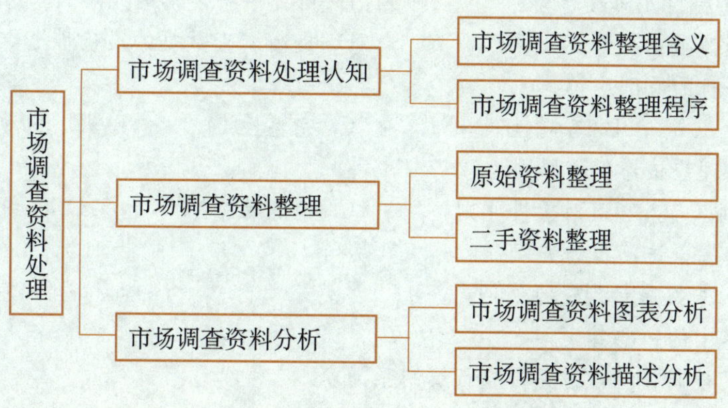

教学做一体化训练

重要概念

调查资料整理　编码　分组标志　数量分组标志

课后自测

□单项选择

1. 分组是指根据研究的需要，按一定的(　　)将总体各单位区分为若干组（类）的一种数据加工处理方法。

A. 时间　B. 空间　C. 标志或标准　D. 维度

2. 问题已经作答，为每个变量和可能答案给予一个符号或数字代码，称为(　　)。

A. 事后编码　B. 事前编码　C. 事中编码　D. 无序编码

3. 单变量列表也就是只有(　　)对收集的数据产生控制。

A. 一对变量　B. 一个变量　C. 两对变量　D. 两个变量

4. 调查资料的集中趋势分析在于揭示被调查者回答的(　　)。

A. 正确程度　B. 集中程度　C. 科学程度　D. 合理程度

5. 在数据录入过程中，若遇到数据缺失，应该(　　)。

A. 直接删除　B. 直接无视

C. 先分析原因，再妥善处理　D. 不用录入

□多项选择

1. 市场调查资料整理与分析的意义在于(　　)。

A. 资料整理提高了调查资料的价值
B. 资料整理可以激发新信息的产生
C. 资料整理可以对前期工作起到纠偏作用
D. 加速了调查结论的提出

2. 定性调查的优点有(　　)。

A. 揭示事物发展的方向及趋势
B. 研究事物规模的大小
C. 得到有关新事物的概念
D. 提高调查数据的准确性

3. 调查资料分析的原则应该是(　　)。

A. 针对性　　B. 客观性　　C. 完整性　　D. 变动性

4. 调查资料整理应该遵循的原则为(　　)。

A. 适用性原则　　B. 时效性原则　　C. 精确性原则　　D. 系统性原则

5. 以下(　　)属于访问员的失职。

A. 擅自变更，未按原计划进行访问
B. 改动了问卷上的一些答案
C. 由于未找见被调查者，访问员自行填制了问卷
D. 访问员未依据被调查者的心理活动过程进行访谈

6. 描述数据分布中心的统计量，常用的有(　　)。

A. 均值　　B. 众数　　C. 中位数　　D. 离差

□判断

1. 调查资料的整理过程也包含调查人员的思维活动过程。(　　)

2. 精确性是数据整理的生命，也是整个市场调查获得成功的决定性因素。(　　)

3. 市场调查资料的审核与鉴别还应该审核或检查访问员。(　　)

4. 市场调查资料的分析就是将资料进行简单处理，把资料表面显示的内容表达出来，以服务于调查结论。(　　)

5. 定性分析方法是对收集资料进行逻辑分析。(　　)

6. 统计图是用各种图形表现统计资料的一种形式。它是以统计资料为依据，借助几何线、事物的形象和地图等形式，显示社会经济现象的数量。(　　)

7. 集中趋势分析属于一种对数据的静态分析方法。(　　)

□简答

1. 市场调查资料整理的过程大致分几步?
2. 如何对问卷进行审核?
3. 编码有哪几种类型?
4. 简述调查资料整理和分析的程序。
5. 为什么要审核访问员? 举例说明。
6. SPSS 软件有哪些特点?

案例分析

案例 1：关于消费者空调购买行为的调查

某家电经销商为了了解消费者空调购买行为，从某市城镇居民家庭中抽取了 1 000 户进行问卷调查，并从市统计局收集了有关的数据。资料整理如下：

(1) 近10年城镇居民可支配收入、空调拥有量等数据资料。

可支配收入（元/人）	1 592	1 783	2 168	2 817	3 886	4 705	5 052	5 209	5 435	5 818
消费性支出	1 294	1 446	1 732	2 194	3 138	3 886	4 098	4 137	4 482	4 800
耐用品支出	88	105	128	168	245	269	332	352	394	486
空调拥有量（台/百户）	108.1	110.8	114.2	117.1	119.5	121.0	122.8	125.1	128.1	132.32

(2) 去年年末不同收入家庭空调拥有量（台/百户）。

收入	最低收入	低收入	中等偏下	中等收入	中等偏上	高收入	最高收入
拥有量	88.46	116.35	119.32	123.32	140.12	145.32	151.32

(3) 调查的1 000户居民家庭中，计划近三年内购买空调的户数分别为53户、89户和58户（1 000户中，有868户拥有空调1 316台，132户没有空调）。

(4) 计划购买空调的200户家庭关注空调服务、质量、促销、价格、其他要素的分别为28、144、4、20、4户。

(5) 买空调的200户中，准备购买单冷机的有23户，冷暖两用的有170户，到时再决定的有7户；准备购买窗式机的有39户，准备购买柜机的有43户，准备购买壁挂机的有118户。

(6) 计划购买空调的200户中，空调信息来源的渠道分别为：报纸刊物90户、电视87户、销售现场8户、朋友同事告知6户、销售人员促销3户、户外广告4户、网络广告2户。

(7) 计划购买空调的200户中，考虑购买空调地点分别为：专卖店77户、大型电器商场94户、综合性商场82户、家电连锁店56、厂家直销店48户（有同时选择多个地点的情形）。

(8) 计划购买空调的200户中，考虑购买时间选择分别为：夏季86户、冬季60户、厂家促销期42户、春季和秋季12户。

(9) 计划购买空调的200户中，空调功率选择分别为：1匹以下7户、1匹41户、1.5匹48户、2匹35户、2.5匹12户、3匹以上23户、到时视情况而定的34户。

(10) 计划购买空调的200户中，空调价位选择分别为：2 000元以下的12户、2 000～3 000元的56户、3 000～4 000元的45户、4 000～5 000元的36户、5 000元以上的30户、到购买时再定的21户。

(11) 居民家庭对空调降价的态度分布为：非常欢迎的482户、无所谓的106户、不欢迎的5户。

(12) 居民家庭对绿色环保空调的看法为：符合空调发展方向的252户、符合消费需求的312户、对空调的必需要求127户、厂家炒作112户、不知道的197户。

(13) 居民家庭对变频空调的看法：符合空调发展方向的169户、符合消费者需求的294户、对空调的必需要求140户、厂家炒作99户、不知道的298户。

(14) 居民家庭对静音空调的看法：符合空调发展方向的239户、符合消费者需求的391户、对空调的必需要求210户、厂家炒作52户、不知道的108户。

(15) 居民家庭认为厂家宣传推广对购买决策很有影响的170户、有影响的280户、一般的235户、无影响的15户。

阅读材料，回答以下问题：

1. 你认为上述调查数据处理有何特点，有哪些缺陷？在实际工作中应如何弥补这些缺陷？
2. 根据这些数据，你认为可制作哪些形式的统计表和统计图？
3. 若再次做同类调查，你能设计出更为完善的调查问卷和数据整理方案吗？

案例 2：海量数据中的商业机遇

“可能感兴趣的人”“猜你喜欢”“购买此商品的人还购买了……”在你刷微博、网上购物时，经常会在相应的位置上见到上述提示。这些看似简单的用户体验背后，其实正孕育着被誉为“新油田”的大数据产业。

美国互联网数据中心指出，互联网上的数据每年将增长 50%，每两年便可以翻一番，而目前世界上 90%以上的数据是最近几年才产生的。这些数据又并非单纯指人们在互联网上发布的信息，全世界的工业设备、汽车、电表上有着无数的数码传感器，随时测量和传递着有关位置、运动、震动、温度、湿度乃至空气中化学物质的变化，也产生了海量的数据信息。

大数据技术的战略意义不在于掌握庞大的数据信息，而在于对这些含有意义的数据进行专业化处理。换言之，如果把大数据比作一种产业，那么这种产业获利的关键，在于提高对数据的“加工能力”，通过“加工”实现数据的“增值”。

虽然大数据目前在国内还处于初级阶段，但是其商业价值已经显现出来。首先，手中握有数据的公司站在金矿上，基于数据交易即可产生很好的效益；其次，基于数据挖掘会有很多商业模式诞生，这些商业模式的定位角度各不相同，或侧重数据分析，比如帮助企业做内部数据挖掘，或侧重优化，比如帮助企业更精准地找到用户，降低企业营销成本，提高企业销售率，增加企业利润。据统计，目前大数据所形成的市场规模在 51 亿美元左右，而到 2017 年，此数据会上涨到 530 亿美元。

阅读材料，回答以下问题：

1. 大数据时代的到来会给二手资料整理分析带来哪些影响？
2. 大数据时代对于企业的意义有哪些？

同 步 实 训

□**实训 1：市场调查资料整理认知**

实训目的：初步认识市场调查资料分组工作。

实训内容：选择某一老少皆宜的日常消费品，由学生设计问卷对本市不同年龄段的受访者进行调查，然后按年龄段将调查所得资料进行分组，尝试总结出自己的调查结论。

□**实训组织：**学生分小组，根据特定目的，讨论并对数据资料进行分组；讨论市场调查资料分组的合理性与科学性，以及对于揭示市场调查目的的意义。

实训总结：学生小组交流对调查数据资料分组的结果，教师根据讨论报告、PPT 演示、讨论分享中的表现分别给每组进行评价打分。

□**实训 2：初步认识市场调查资料分析工作**

实训目的：初步认识市场调查资料分析。

实训内容：(1) 设定某一调查主题，如本校、本班级同学智能手机、计算机等购买使用情况的调查。围绕这一主题，尝试在班内进行模拟市场调查。(2) 讨论分析调查结果，并将调查结果用图表的方式进行展示。

实训组织：学生分小组，进行模拟调查；汇总、整理数据资料，并用图表的形式将数据进行展示。

实训总结：学生小组交流对调查资料图表展示的认知结果，教师根据讨论报告、PPT 演示、讨论分享中的表现分别给每组评价打分。

□实训 3：市场调查资料描述分析认知

实训目的：认识市场调查资料描述分析工作。

实训内容：（1）设定某一调查主题，如本校、本班级同学智能手机、计算机等购买使用情况的调查。围绕这一主题，尝试在班内进行模拟市场调查。（2）讨论分析调查结果，并分析调查数据的集中趋势。

实训组织：学生分小组进行模拟调查；汇总、整理数据资料，并对这些数据进行集中趋势分析，说明其意义。

实训总结：学生小组交流对调查资料集中趋势分析的认知结果，教师根据讨论报告、PPT 演示、讨论分享中的表现分别给每组评价打分。

学生自我学习总结

通过任务 8 的学习，我能做如下总结：

一、主要知识点

从任务 8 中，我获取的知识点有： （1） （2）

二、主要技能

从任务 8 中，我获取的技能有： （1） （2）

三、主要原理

调查资料处理在市场调查活动中的地位与作用是： （1） （2）

四、相关知识点

任务 8 涉及的主要知识点有： （1）调查资料整理与调查结果的关系是： （2）调查资料图表分析的意义有： （3）调查资料数据的集中趋势说明的特定问题有：

五、学习成果检验

完成任务 8 学习的成果：

（1）完成任务 8 学习的意义有：

（2）我学到的知识有：

（3）我学到的技能有：

（4）我对市场调查资料处理的初步印象是：

任务 9

市场发展趋势预测

知识目标

(1) 认识市场预测的含义。
(2) 认知市场预测的种类。
(3) 认知市场预测的内容。
(4) 认知市场预测的原则。

能力目标

(1) 能说明定性预测方法。
(2) 能说明定量预测方法。
(3) 能初步运用市场预测方法。

任务描述

经过数据资料的整理与分析后，市场调查人员根据分析结果，可以总结市场的历史状况和现实情形。如果还想对市场发展的未来趋势做出展望，得出符合逻辑的结论和活动过程，则必须借助于专门的市场预测技术，在市场调查结论的基础上，对市场发展进行测算、判断。

任务解析

根据市场调查职业工作活动顺序和职业能力分担原则，“市场发展趋势预测”学习任务可以分解为以下子任务。

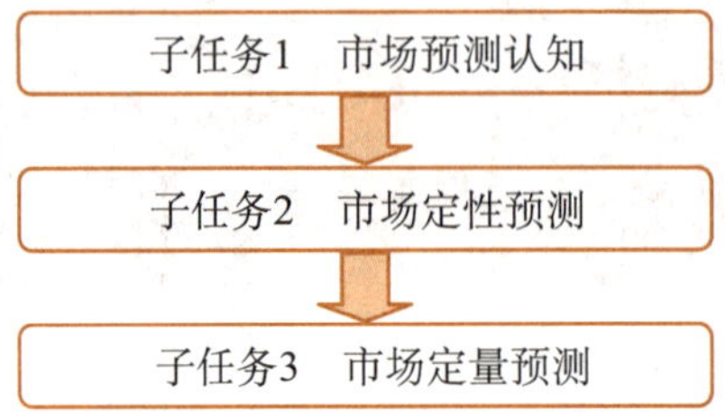

调查故事

《三国演义》上所描述的赤壁之战中，诸葛亮借东风火烧曹军战船，孙刘联军以弱胜强，大败曹军，三国鼎立之势由此确立。人们不禁要问，诸葛亮真能借东风吗？

其实，由于诸葛亮家住赤壁不远的南阳（今湖北襄阳附近），对赤壁一带天气、气候规律的认识比曹操、周瑜两人更深刻、更具体。西北风只是气候现象，在气候背景下可以出现东风，这是天气现象。在军事气象上，除了必须考虑气候规律之外，还须考虑天气规律作为补充。当时，诸葛亮根据自己对天气变化的分析，已准确地预测出了出现偏东风的时间。

在市场营销活动中，市场预测的作用也非常重要。有一年，市场预测表明，该年的苹果将供大于求，这使众多苹果供应商和营销商暗暗叫苦，他们似乎都已认定自己必将蒙受损失！可就在大家为即将到来的损失长吁短叹的时候，聪明的A却想出了绝招。他想：如果能让苹果上出现表示喜庆与祝福的字样，如“喜”“福”等字，就准能卖个好价钱！于是，当苹果还长在树上时，他就把提前剪好的纸样贴在了苹果朝阳的一面，如“喜”“福”“吉”“寿”等。果然，由于贴了纸的地方阳光照不到，苹果上也就留下了痕迹。这样的苹果的确前所未有，这样的创意也的确领先于人，最终他的苹果在该年度的苹果大战中独领风骚，他赚了一大笔钱。

感悟：市场调查预测工作建立在对信息充分掌握的基础之上，一切凭空的想象、臆测不是科学的预测，自然也不能促成营销目标的实现。

子任务 1

市场预测认知

任务提示：认识市场预测的基本概念，特别是从市场调查活动实践意义的角度认识市场预测的重要作用及特点，在此基础上，认识市场预测工作的具体内容，并理解市场预测的意义。

提到预测，我们首先会想到我国历史上神机妙算的诸葛亮、刘伯温等先贤智者。2010 年南非世界杯时，一只名叫保罗的小章鱼因为准确预测了德国队从小组赛到 1/4 决赛的全部胜负，成为家喻户晓的明星。在市场营销活动中，市场发展趋势预测也是一项重要工作。

市场预测是指在科学的理论指导下，通过广泛调查取得第一手资料或第二手资料，再运用定性分析和定量分析的方法，对市场今后的发展变化做出质的描述和量的估计。

市场预测与市场调查的区别在于，前者是人们对市场的未来的认识，后者是人们对市场的过去和现在的认识。市场预测能帮助经营者制订适应市场的行动方案，使自己在市场竞争中处于主动地位。与市场调查一样，作为市场研究的重要手段，市场预测本身不是目的，而是服从于营销活动，并且是营销活动的一个有机组成部分。

一、市场预测的含义

据 1899 年在安阳小屯出土的甲骨文记载，远在三千多年前的商代，人们就通过占卜展望未来，做出行动的决策。公元前 5 世纪的春秋末年，越国的大夫范蠡便指出："旱则资舟，水则资车""论其有余不足，则知贵贱，贵上极则反贱，贱下极则反贵"。公元前 6 世纪，希腊哲学家塞利斯通过对气象条件的研究，预测到油橄榄将大丰收，便控制榨油机，到时以出租榨油机而获利。这些虽然只是凭个人的才智、知识和经验所进行的简单预测与决策，但已具有现代市场调查与预测的雏形。

（一）市场预测的概念

预测是根据调研所获得的经过整理的信息、数据、资料以及过去的经验，运用软件程序和决策模型等对事物未来的发展趋势做出客观的估计和科学的判断的过程。

重要概念 9-1　市场预测

市场预测是指在市场调研的基础上，运用预测理论与方法，预先对所关心的市场未来变化趋势与可能的水平做出估计与测算的活动过程。

市场预测能够帮助企业决策者掌握市场未来发展趋势，寻找并把握市场机会，做出科学的经营决策。如对企业未来一段时间的生产和销售做出预测等。但市场预测也有其局限性，它只能描述未来事物变化发展的轨迹，因为影响事物发展的因素错综复杂，有些甚至是不可预测的，同时由于人的客观知识和主观经验具有局限性，预测也存在难以控制的风险。

（二）市场预测的类型

市场预测的种类很多，根据不同的标准大致可以分为以下几类。

1. 宏观市场预测和微观市场预测

市场预测按范围大小的不同，可分为宏观市场预测和微观市场预测。

宏观市场预测是把整个行业发展的总体情况作为研究对象，研究企业生产经营过程中相关宏观环境因素。如政治、经济、文化、技术、法律等因素的发展变化趋势及对本企业经营方向和过程的影响，如整体市场供需量的预测等。

例 9-1　2015 年的新闻发布会上，中国汽车工业协会预测 2016 年全年汽车需求量约为 2 385 万辆至 2 429 万辆（全年汽车市场需求量＝总销量－出口量＋进口量），全年汽车销量为 2 374 万辆至 2 418 万辆，增长率为 8%～10%。

微观市场预测是从单个企业角度出发，研究预测市场竞争者地位、企业市场销售量、产品在市场上的占有率等各个要素。

例 9-2　吉利汽车公司 2015 年汽车的销量为 50.98 万辆，比上一年增长 14%，好过行业增长水平。据预测，2016 年内地汽车业增长为 6%～8%，公司亦将年销量目标定为 58 万辆，年增长 6%，但增幅较去年放缓。

宏观市场预测与微观市场预测密不可分，宏观市场预测要以微观市场预测为基础，微观市场预测要以宏观市场预测作指导，只有将两者很好地结合起来，才能进行科学预测。

2. 长期预测、中期预测和短期预测

市场预测按时间长短的不同，可分为长期预测、中期预测和短期预测。

长期预测一般是指对 5 年以上的市场发展前景进行预测，如通货膨胀趋势、原料和能源供应的变化对企业及所处经营环境的影响。

例 9-3　欧佩克在其 2012 年的展望报告中预测：当前国际原油市场的供给基本稳定，能够满足市场需求，供需基本平衡。从长期来看，至 2035 年，全球原油需求将增长至每天 10 730 万桶，较 2011 年的预测下调了 200 万桶。全球超过 90%的需求增长将来自亚洲。

中期预测一般是指对 1 年到 5 年期间的市场发展变化的预测，介于长期预测与短期预测之间。

例 9-4　2014 年 4 月 16 日，美联储公开市场委员会预测，美国失业率将在 2016 年底降至 5.2%～5.6%，通胀率将升至 1.7%～2%。

短期预测的预测时间一般在1年以下，如季度、月份或者几天内的变化情况。

3. 定性预测和定量预测

市场预测按预测方法性质的不同，可分为定性预测和定量预测。

定性预测分析是对预测对象的性质，运用相关技术进行的分析预测，包括已知现象总结、确定概念、判断其未来的发展。它主要是依靠个人主观经验和直觉进行分析，对事物的性质、市场发展前途进行估计和预测。

定量分析预测主要是根据市场调查阶段所收集的相关数据信息资料，通过建立适当的数学模型分析过去和现在市场变化情况，并预测未来市场变化趋势。

4. 国际市场预测和国内市场预测

市场预测按预测地域大小的不同，可分为国际市场预测和国内市场预测。

国际市场预测是指以世界范围内市场的发展趋势为对象的市场预测。国际市场预测可以是综合性的，也可以是专题性的；可以是对整个世界市场的预测，也可以是对具体国际区域市场的预测，甚至是国别市场的预测。

国内市场预测是以全国范围的市场状况为预测对象的市场预测。国内市场预测可以是综合市场预测，也可以是专题市场预测。

5. 专题市场预测和综合性市场预测

市场预测按预测内容繁简的不同，可分为专题市场预测和综合性市场预测。

专题市场预测是指市场预测主体为解决某个具体问题而进行的对部分市场状况的预测。比如，对市场上某种商品的需求进行预测。

综合性市场预测是指市场预测主体为全面了解市场的发展趋势而对市场的各个方面进行的全面预测。相对于专题预测而言，综合预测涉及市场的各个方面，组织实施相当困难，不但需要投入相当多的人力物力，费时费钱，对预测人员的要求也相对较高。

任务资讯 9-1

市场预测的原理

(1) 连续性原理。连续性原理又称惯性原理，是指任何事物都会沿着一定的轨迹运动，其发展在时间上都具有连续性，表现为特有的过去、现在和未来这样一个过程。因此，人们可以从事物的历史和现状推演出事物的未来。市场作为客观经济事物，在时间上，它的发展过程也遵循着惯性原理，过去和现在的情况会影响到市场未来的发展状况，因此，企业在进行市场预测时，必须从收集市场的历史资料和现实资料入手，然后推测出未来市场的发展变化趋势。时间序列预测法的应用就是基于这一基本原理。

(2) 类推原理。许多事物相互之间在结构、模式、性质、发展趋势等方面客观上存在类似之处，根据这种类似性，人们可以根据预测对象与已知相似事物在时间上的先后顺序，用已知相似事物的发展历程，通过类推的方法推演出预测对象未来可能的发展趋势。对比分析法就是基于此原理提出的。

(3) 相关性原理。相关性原理又称因果原理，是指任何事物都不可能是孤立存在的，都是与周围的各种事物有着或大或小、或直接或间接的联系，这为市场预测带来了一定的科学根据。据此，我们可以在市场预测中，利用市场因素之间相互联系、相互依赖、相互影响的关系来判断事物的未来发展方向。事物间的这种相关关系，在具体事物之间常常表现为变化上的因果关系和时间上的先后关系。

例如，预测生活消费品市场需求量时，可以先预测消费者的收入水平、购买习惯、商品的价格、需求弹性等因素的变化，再预测生活消费品的市场需求量。回归分析预测法就是这一基本原理的应用。

(4) 概率推测原理。人们在充分认识事物之前，只知道其中有些因素是确定的，有些因素是不确定的，即存在偶然性因素。市场在发展过程中也存在一定的必然性和一定的偶然性，而且，在偶然性中隐藏着必然性。通过对市场发展偶然性的分析，揭示其内部隐藏着的必然性，可以推测市场发展的未来。从偶然性中发现必然性是通过概率论和数理统计方法，求出随机事件出现各种状态的概率，然后根据概率去推测或预测对象的未来状态。

二、市场预测的内容

市场预测的内容非常广泛，主要包括市场环境预测、市场需求预测、市场供给预测等。

(一) 市场环境预测

市场环境预测是在市场环境调研的基础上，运用因果性原理和定性与定量分析相结合的方法，预测国际国内的社会、经济、政治、法律、政策、文化、人口、科技、自然等环境因素的变化对特定的市场或企业的生产经营活动会带来什么样的影响（包括威胁和机会），并寻找适应环境的对策。如人口总量和人口结构的变化对产品的需求会带来什么样的影响、人口老龄化意味着什么样的商机等。

例 9-5 根据现有资料预测，中国老龄人口到 2025 年将超过 3 亿人；2045 年将达到 4 亿人；到 2050 年将达到总人口的 1/3。我国老龄产业产值约 10 000 亿元，其中每年仅老年服饰消费潜力至少有 2 000 亿元，目前市场需求大，供给少，供求关系不平衡，亟需专营老年用品的生产销售企业出现。相关人士预测，到 2030 年，有望形成老龄、少儿、成人产业三分天下的格局。

(二) 市场需求预测

市场需求预测是在市场需求调研的基础上，运用定性与定量分析相结合的方法，对特定区域和特定时期内的某类市场或全部市场的需求走向、需求潜力、需求规模、需求水平、需求结构、需求变动等因素进行分析预测。由于市场需求的大小决定着市场规模的大小，对企业的投资决策、资源配置和战略研发具有直接的重要影响，因此，市场需求预测是市场预测的重点。市场需求预测既包括对现有市场需求潜力的估计，也包括对未来市场需求潜力的测定。

(三) 市场供给预测

市场供给预测是指对一定时期和一定范围的市场供应量、供应结构、供应变动因素等进行分析预测。由于市场供给的大小能够反映市场供应能力的大小，因而它是决定市场供求状态的重要变量。

日本尿布大王的市场预测

日本尼西奇公司原是一家生产雨伞的小企业。一次偶然的机会，董事长多博川看到了一份最近的人口普查报告，从中获悉日本每年有 250 万婴儿出生，他立即意识到尿布这个小商品有着巨大的发展潜力，按每个婴儿每年最低消费 2 条计算，一年就是 500 万条，再加上广阔的国际市场，潜力是巨大的。于是他立即决定转产被大企业不屑一顾的尿布，结果畅销全国并走向世界。如今，该公司的尿布销量已占世界的 1/3，多博川本人也因此成为享誉世界的“尿布大王”。

启示：多博川从一份人口普查报告中预测到了巨大的商机，从而取得了成功，这得益于他对市场的敏锐观察力。快速变化的市场要求商家要善于根据新情况、新问题，及时预测市场走向，采取相应的对策，做到市场变我也变。

三、市场预测的方法

市场预测的方法有很多，一般复杂的方法涉及许多专门的技术。对于企业营销管理人员来说，应该了解和掌握的市场预测方法主要有定性预测法和定量预测法。

（一）定性预测法

企业经营和管理者在多数情况下不可能很清楚地掌握预测对象的历史或现实的资料，且影响预测对象的因素复杂多变，以致对一些重要的影响因素有时难以进行定量分析。有时要求企业的经营和管理者在很短时间内迅速做出预测和决策，这也迫使人们利用经验和直觉进行预测，以期快速反应，抓住商机。

定性预测侧重于在事物发展的性质、原则和方向上进行判定。在实际运用中，常用的定性预测法有专家意见法、集体经验判断法、专家预测法等。

（二）定量预测法

定量预测技术是建立在现代数理统计技术之上的应用性很强的学科，它通过建立数学和统计学模型使预测更加精确，预测依据客观真实，可靠性更高，在中短期预测中有着非常明显的优势。常用的定量预测法有时间序列预测法、指数平滑预测法、趋势外推法、季节变动法和回归预测法等。

四、市场预测的步骤

不同主题的市场预测项目在内容、方法等方面会有一定的差异。市场预测的一般步骤如图 9－1 所示。

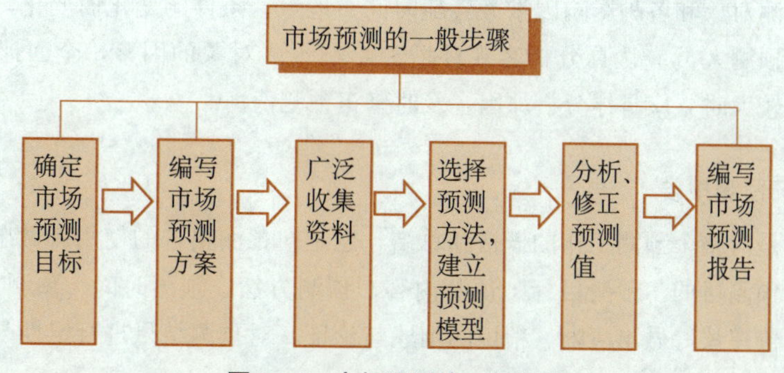

图 9－1　市场预测的一般步骤

（一）确定市场预测目标

确定市场预测目标是进行市场预测的首要问题，只有确定了预测目标，才能知道市场预测所要解决的问题是什么，以便有针对性地开展预测工作，具体界定预测对象的内容，科学选择预测的方法，确定必要的调查资料，分析预测环境，预算预测经费，编制预测工作进程，合理调配资源，组织实施预测工作计划，以期获得预测结果。

（二）编写市场预测方案

为确保市场预测工作能够有序、如期地完成，需要根据市场预测目标的要求，对如何组建预测工作机构、配备工作人员、确定预测对象的范围与时间、选择预测方法、预算预测经费、控制预测误差和公告预测结果等一系列问题进行全面的思考与谋划，这个过程就是预测方案策划。

（三）广泛收集资料

预测资料的数量与质量直接关系到预测结果的质量，因此，资料的收集整理既是市场预测的基础性工作，也是市场预测中一个十分重要的步骤。为做好资料的收集整理工作，预测人员应广泛、系统地收集预测目标所需要的历史和现实数据与资料，并对这些数据与资料认真核实和审查，采用科学的方法进行加工处理，使之条理化、系统化，得到有价值的资料。

（四）选择预测方法，建立预测模型

市场预测的方法可划分为定性预测方法和定量预测方法两大类，各大类又可细分为多种方法。在选择预测方法时，要根据市场预测目标、占有的预测资料及其可靠程度加以确定，一般应同时采取两种以上的预测方法进行预测，以比较与鉴别预测结果的可信度。在可选用定量预测方法预测时，要以有关的经济理论为指导，根据所采用的预测方法建立数学模型，以反映预测目标同各影响因素之间的关系，进而用数学方法确定预测值。

（五）分析、修正预测值

预测人员在预测中无论采用何种适合的预测方法和预测模型，无论如何精心计算预测值，预测值与实际值之间仍很难达到完全一致，这是由于预测方法和预测模型不可能包括所有影响预测对象的因素，更何况预测对象和各种影响因素又会随时间、地点、条件的变化而变化，一切均处于动态发展之中。因此，预测人员应认真分析客观环境和影响预测对象的因素，全面评价预测值的可信度。如果预测误差较大时，应具体分析原因，及时修正预测值。

（六）编写市场预测报告

市场预测报告是对整个预测工作的概括和总结，也是向预测报告的使用者做出的汇报。在市场预测报告中，要对预测目的、预测目标、预测内容、预测方法、预测时间、预测人员、预测结果，以及资料来源、评价建议等做出清晰、精炼的阐述与论证，对预测结果进行定性与定量相结合的分析，避免数据堆砌。

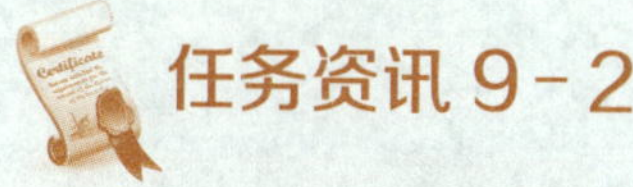

任务资讯 9-2

市场预测的原则

(1) 客观性原则。市场预测是一种客观的市场研究活动，但这种研究是通过人的主观活动完成的。因此，预测工作不能主观随意地“想当然”，更不能弄虚作假。

(2) 全面性原则。影响市场活动的因素，除经济活动本身外，还有政治的、社会的、科学技术的因素。这些因素的作用使市场呈现纷繁复杂的局面。预测人员应具有广博的经验和知识，能从各个角度归纳和概括市场的变化，避免出现以偏概全的现象。当然，全面性也是相对的，无边无际的市场预测既不可能，也无必要。

(3) 及时性原则。信息无处不在，任何信息对经营者来说，既是机会，又是风险。为了帮助企业经营者不失时机地做出决策，就要求市场预测快速提供必要的信息。过时的信息是毫无价值的。信息越及时，不能预料的因素就越少，预测的误差就越小。

(4) 科学性原则。预测所采用的资料必须经过去粗取精、去伪存真的筛选过程，这样才能反映预测对象的客观规律。运用资料时，应遵循近期资料影响大、远期资料影响小的规则。预测模型也应精心挑选，必要时还需要先进行试验，找出最能代表事物本质的模型，以减少预测误差。

(5) 持续性原则。市场的变化是连续不断的，不可能停留在某一个时点上。相应的，市场预测需要不间断地持续进行。在实际工作中，一旦市场预测有了初步结果，就应当将预测结果与实际情况相比较，及时纠正预测误差，使市场预测保持较高的动态准确性。

(6) 经济性原则。市场预测是要耗费资源的。有些预测项目，由于预测所需时间长，对预测的影响因素又较多，往往需要投入大量的人力、物力和财力，这就要求预测工作本身必须量力而行，讲求经济效益。如果耗费过大，效益不高，将使市场预测声誉扫地。如果企业自己预测所需成本太高时，可委托专门机构或咨询公司进行预测。

课堂测评

测评要素	表现要求	已达要求	未达要求
知识点	能掌握市场预测的含义、内容		
技能点	能初步认识市场预测技术的分类		
任务内容整体认识程度	能概述并认识市场预测的基本原理		
与职业实践的联系程度	能描述市场预测的实践意义		
其他	能联系其他课程、职业活动等		

子任务 2

市场定性预测

任务提示： 认识市场定性预测的基本概念，特别是从市场调查活动实践意义的角度认识市场定性预测的重要作用及特点，在此基础上，认识市场定性预测工作的具体内容，并理解市场定性预测的意义。

在市场营销活动中，对市场发展趋势进行预测时，调查人员有时很难获取一些真正有用的数据。此时，必须依靠人的经验以及分析能力做出一些比较粗略的数量估计。这就属于定性预测的范畴。

一、定性预测认知

在商品经济欠发达时代，市场相对狭小，信息闭塞，商品交换比较简单，商人和小生产者主要依靠自己的经验对未来市场的行情做出预测。在今天，这种方法也在不断地完善，已经突破了传统定性预测方法的局限，而发展成为现代意义上的定性预测方法。

（一）定性预测的概念

定性预测也称意向预测，是对事物性质和规定性的预测。它并不是基于数量模型，而是依靠经验、知识、技能、判断和直觉来做出预测的一种方法。

重要概念 9－2　定性预测

定性预测是指预测者依靠熟悉专门知识、具有丰富经验和综合分析能力的人员、专家，根据已掌握的历史资料和直观材料，运用个人的经验和分析判断能力，对事物的未来发展做出性质和方向上的判断，然后，再通过一定的形式综合各方面的意见，对现象的未来做出预测。

（二）定性预测的特点

定性预测最大的特点在于它主要凭借人的经验以及分析能力，着重对事物发展的性质、趋势、方向和重大转折点进行预测。其优缺点主要表现如下。

1. 定性预测的优点

定性预测是一种非常实用的预测方法，特别是在对预测对象的历史资料掌握不多或影响因素复杂、难以分清主次的情况下，定性预测几乎是唯一可行的方法。定性预测具有较大的灵活性，易于充分发挥人的主观能动作用，且简单迅速，省时省费用。

2. 定性预测的局限

（1）受制于预测者的经验与能力。定性预测强调对问题质的方向做出判断，手段是凭借预测者的经验、知识和技能，因此只能得到对问题性质的判断结果。

（2）易受主观因素影响。定性预测容易受到一些主观因素的影响，由于它比较注重人的经验和主观判断能力，从而易受到预测者的知识、经验的多少和能力大小的制约。

（3）缺乏量的精确性。用此方法得到的结果主要是质的描述，尽管也可以得到数量的信息，但很难确定其结果的可信度，也无法估计其误差大小。

课堂思考：为什么说定性预测简单迅速、省时省费用？

二、个人经验判断预测法

定性分析预测法是“有判断力的方法”，一般由专家或专业人士进行预测。由于其主要依赖人的经验、分析能力，因此定性预测的基本方法主要指的是个人经验判断预测法。

（一）个人经验判断预测法的含义

个人经验是指由实践得来的知识或技能。个人经验判断预测法就是利用预测者的经验对所要预测的事物的未来发展做出推断。个人经验判断预测法是最常见的定性预测方法，在实际中有着非常广泛的运用。

重要概念 9-3　个人经验判断预测法

个人经验判断预测法是依赖于预测人员的经验和知识以及综合分析能力，对预测对象的未来发展前景做出性质和程度上的估计和推测的预测方法。

（二）个人经验判断预测法的具体应用

个人经验判断预测法常用的形式包括类比法、关联推断预测法、比例关系法、逻辑判断法、产品生命周期预测法等。

1. 类比法

类比法的基本原理是“由此及彼”。如果把“此”看作前提，“彼”看作结论，那么类比思维的过程就是一个推理过程。在现实预测活动中，当预测的变量没有历史数据时，可寻找一个历史信息可以完全掌握，且其主要性质特点与所要预测的事物相似的事物作为类比物。这一方法的优点在于，它提供了一种成本不高但较为全面的预测，且对市场营销和经营的人员有较强的实用性。

例 9-6　人们喜欢吃水果，有的日用化工厂生产了水果香型牙膏；男女老幼都喜欢吃各式巧克力糖，有的厂家把牙膏也制成巧克力香型，结果销路很好。

2. 关联推断预测法

关联推断预测法是根据一些已知事物的关联指标（或现象）的发展变化趋势，来判断预测事物未来发展趋势的一种预测方法。已知事物的关联指标（或现象）与欲预测的事物在时间上和变动方向上都有一定的关联关系，这种关系表现为二者的发生变化有三种情况：先行发生、同时发生和滞后发生，人们可根据其发生先后的不同，将这些指标称为先行指标、平行指标和后行指标。

例 9－7 据中国汽车工业协会统计分析，我国 2013 年汽车产销 2 211.68 万辆和 2 198.41 万辆，机动车保有量持续高速增长，与此相伴的是汽车用油的消耗量也呈快速大幅增加，两者表现为平行变化，且正相关；而汽车、电动车等代步工具的销量增长，使摩托车和自行车的销售量不断下降，许多原先生产自行车的企业进入电动车行业，一些原先生产摩托车的厂家则加入汽车的生产行列中。

3. 逻辑判断预测法

经验通常会随着人们的实践活动的增加自然而然地增长，但并不是所有的人都能拥有与预测目标相应的经验，即使有这种经验，也不一定能很好地利用这种经验做出准确预测。人们只有经过科学的逻辑思维之后，才能把以往的经验综合起来做出判断和预测。常用的逻辑思维方法主要是归纳法和演绎法，以及分析和综合法。

4. 产品生命周期预测法

产品生命周期是指产品开始投放市场直到被市场淘汰的全过程，可以说，没有一种产品是长盛不衰的，只是生命周期长短不同而已。产品在其生命周期的不同阶段有不同的特点，只要了解了这些特点，企业就会有针对性地制定相应的市场营销策略。

三、集体经验判断预测法

在判断预测过程中，一个人的经验和知识往往是不够的，如果把多个人的经验和常识综合在一起，就会形成“三个臭皮匠，顶个诸葛亮”的效果。这就是集体经验判断预测法。

（一）集体经验判断预测法的含义

集体经验判断预测法是由经过挑选的多个预测者组成一个预测小组，通过个体间讨论及相互交流，最后对所要预测的对象做出评价，从而得出预测结果的一种方法。

（二）集体经验判断预测法操作流程

集体经验判断预测法的操作流程如图 9－2 所示。

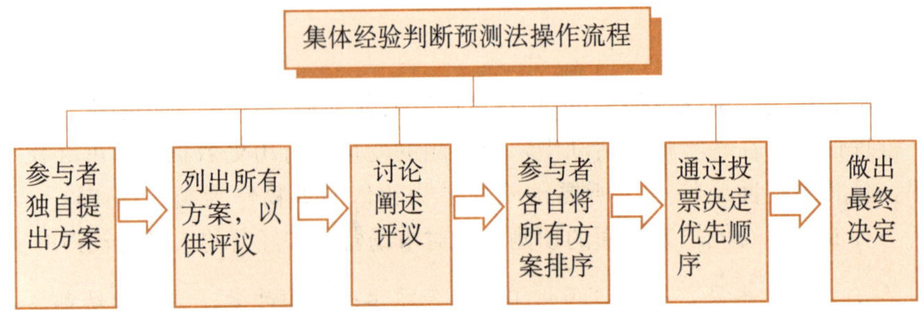

图 9－2　集体经验判断预测法操作流程

(三) 集体经验判断预测法的种类

1. 意见交换法

意见交换法是指参加预测的人员通过座谈讨论，相互交换意见，当场提出个人主观的估计预测值，然后由预测主持者集中各方面的意见，综合形成一种或几种预测结果。

2. 意见汇总法

意见汇总法是指在对某事物进行预测时，由企业内部所属各个部门分别进行预测，然后把各部门的预测意见加以汇总，形成集体的预测意见的一种判断预测法。

3. 消费者意向调查法

消费者意向调查法是指通过调查消费者或用户在未来某个时间段内购买某种商品意向，对商品需求量或销售量做出量的推断的方法。这种方法可以用消费者或用户购买商品的决策经验来反映他们未来对商品的需求状况。

4. 意见测验法

意见测验法是指向企业外部的有关人员（如消费者或用户）征求意见，然后经过综合分析做出预测推断的一种方法。经常采用的具体方法有消费者或用户现场投票法、发放调查表征求意见法、商品试销或试用征求意见法。

四、其他定性预测法

(一) 专家意见集合法

专家意见集合法也称专家会议法，顾名思义，就是根据市场预测的目的和要求，聘请一些专家成立预测小组，企业自身不参加预测，只承担管理和组织工作。企业为专家组提供相关的背景资料，由专家自行预测，并以座谈讨论会的形式对预测对象及其前景的预测结果进行评价。最后，在经过综合专业分析判断的基础上，得出大家认可的市场发展趋势预测结果。常用的具体方法有专家会议法、座谈讨论法、直接头脑风暴法和间接头脑风暴法。

课堂思考： 专家意见集合法是否要控制人数？是不是专家越多，发表意见越充分，预测就越准确？

(二) 德尔菲法

德尔菲法实际上就是专家小组法，或称专家意见征询法。这种方法是按一定的程序，采用背对背反复征询的方式，征询专家小组成员的意见，经过几轮的征询与反馈，使各种不同意见渐趋一致，经汇总和用数理统计方法进行收敛，得出一个比较合理的预测结果供决策者参考。

这一方法是美国兰德公司在 20 世纪 40 年代首创和使用的，最先运用于科技预测，后来在市场预测中也得到广泛应用。

课堂思考：德尔菲法为什么要采取匿名函询的方式？

（三）类推法

类推即类比推理，是由特殊（局部、个别）到特殊的分析推理。类推法与演绎推理、归纳推理并列为三大推理分析方法。类推原理就是根据事物及其环境因素的相似性，从一个已知事物的发展变化情况，推测其他类似事物变化的趋势。

类推法可分为产品类推法、行业类推法、地区类推法和国际类推法等几种方法。这样的分法主要是从实用角度出发，本身并不严谨。

1. 产品类推法

产品类推法是指依据产品之间在功能、构造、原材料、规格等方面的相似性，推测产品市场的发展也可能会出现某些相似性。

例 9-8 在中国的合资汽车企业中，新产品开发的重点不在于自主创新，而在于把在国外热销的车型引入中国，这种做法大多数都取得了较好的市场效果。如北京现代曾引进“伊兰特”车型，销量长期处于前列。

2. 行业类推法

有不少产品的发展是从某一个行业开始，然后逐步向其他行业推广。每进入一个新行业，往往要对原来的产品做一些改进和创新，以适应新行业的市场需要。

例 9-9 随着科技发展和人们受教育程度的提高，计算机开始贴近普通民众的日常生活，成为普通家电。于是企业在预测计算机的销售时，就不再把它看成高科技工具，而按家电进行处理，于是很多家电销售企业也开始经销计算机，甚至一些企业把专业服务也省略掉了，做起了直销，取得了长足的发展。

3. 地区类推法

同类产品的市场不仅在同行业之间存在时差，而且在不同地区之间也存在这种时差。这种空间和时间上的传递也有一定的规律，找出领先和滞后的地区，并分析出时差程度，就可以很方便地预测许多事物的趋势。

例 9-10 法国时装领导着世界服装的潮流，而这种国际潮流一般先传到欧美，然后是日韩，接着传递到我国港台地区，进入东南沿海一段时期后，才会向中西部延伸。当然，还有许多流行的事物也沿着这条路径传递。

4. 国际类推法

国际类推法是地区类推法的另一种形式，即根据领先国家的市场发展情况类推滞后国家的市场发展趋势。这里要考虑的影响因素有很多，既有宏观的，又有微观的，非常复杂。预测主要是了解大体的情况，不苛求精准。

就世界范围来看，近现代国家的形成有其历史原因，其现状是西方物质文明和科学文化领先东方，这也是进行类推的前提和基础。

课堂测评

测评要素	表现要求	已达要求	未达要求
知识点	能掌握市场定性预测的含义、意义		
技能点	能初步认识定性预测的方法要求		
任务内容整体认识程度	能概述并认识市场定性预测的过程		
与职业实践的联系程度	能描述市场定性预测的实践意义		
其他	能联系其他课程、职业活动等		

子任务3

市场定量预测

任务提示：认识市场定量预测的基本概念，特别是从市场调查活动实践意义的角度认识市场定量预测的重要作用及特点，在此基础上，认识市场定量预测工作的具体内容，并理解市场定量预测的意义。

在市场预测活动中，人们通常会觉得定性调查比较模糊、抽象，而需要对市场发展进行数量上的精确描述，这就必须借助于定量预测。

一、定量预测认知

定量预测法也称统计预测法，其主要原理是利用统计资料和数学模型进行预测。然而，这并不意味着定量方法完全排除主观因素，相反，主观判断在定量方法中仍起重要的作用，只不过与定性预测方法相比，各种主观因素所起的作用小一些罢了。

（一）定量预测的概念

定量预测是使用历史数据或因素变量来预测需求的数学模型。

重要概念9-4　定量预测法

定量预测法是根据比较完备的历史和现状统计资料，运用数学方法对资料进行科学的分析、处理，找出预测目标与其他因素的规律性联系，进而对事物的发展变化进行量化推断的预测方法。

（二）定量预测的特点

定量预测的优点是：偏重于数量方面的分析，重视预测对象的变化程度，能从数量的角度对变化程度进行准确描述；主要把历史统计数据和客观实际资料作为预测的依据，运用数学方法进行处理分析，受主观因素的影响较小；可以利用现代化的计算方法进行大量的计算工作和数据处理，求出适应工程进展的最佳数据曲线。

定量预测的缺点是：比较机械，不易灵活掌握；对信息资料质量要求较高；进行定量预测时，通常需要积累和掌握历史统计数据。

（三）定量预测的类型

定量预测的类型主要包括时间序列预测和因果分析预测。

1. 时间序列预测

时间序列预测是以一个指标本身的历史数据的变化趋势，去寻找市场的演变规律，作为预测的依据，即把未来作为过去历史的延伸。时序预测用到的具体方法包括平均平滑法、趋势外推法、季节变动预测法等。

时间序列中每一时期的数值，都是很多不同因素同时发生作用后的综合反映。总的来说，这些因素可分为以下三大类：

（1）长期趋势。这是时间序列变量在较长时间内的总势态，即在长时间内连续不断地增长或下降的变动势态。它反映预测对象在长时期内的变动总趋势，这种变动趋势可能表现为向上发展，如劳动生产率提高，也可能表现为向下发展，如物料消耗的降低，也可能表现为向上发展转为向下发展，如物价变化。长期趋势往往是市场变化情况在数量上的反映，因此它是进行分析和预测的重点。

（2）季节变动。这是指一再发生于每年特定时期内的周期波动。即这种变动上次出现后，每隔一年又再次出现。简单来说，每年重复出现的循环变动，就叫季节变动。

（3）不规则变动。不规则变动又称随机变动，其变化无规则可循。这种变动都是由偶然事件引起的，如自然灾害、政治运动、政策改变等影响经济活动的变动。不规则变动幅度往往较大，而且无法预测。

2. 因果分析预测

因果分析预测是指根据事物之间的因果关系来预测事物的发展和变化，通过分析对需求预测目标有直接或间接影响的因素，找出事物变化的规律，并根据这种变化规律来确定预测值。如华为手机的销量与其广告预算、价格、竞争对手的价格等影响因素有关。这里，手机的销量称为因变量，其他变量则称为自变量。

因果分析预测的常用方法有回归分析预测，这是因果分析法中很重要的一种，它从一个指标与其他指标的历史和现实变化的相互关系中，探索它们之间的规律性联系，以此作为预测未来的依据。

二、定量预测的运用

（一）时间序列预测法的运用

在市场定量预测方法中，最普遍使用的预测技术便是平均数预测法。在市场预测实践中主要有以下几种具体方法。

1. 简单算术平均法

简单算术平均法的公式为：

$$\overline{X}=\frac{\sum_{t=1}^{n}X_t}{n}\ (t=1,\ 2,\ \cdots,\ n) \tag{9-1}$$

式中，$\overline{X}$ 表示观察值时间序列平均数；n 表示观察时期数；x_t 表示时间序列各组观察值。

例9-11 某企业2015年1—6月的销售额分别如表9-1所示，要求预测7月份销售额。

表9-1 某企业销售额统计表 单位：万元

月份	1月	2月	3月	4月	5月	6月	合计
销售额	260	270	240	280	260	250	1 560

$$解：\overline{X}=\frac{\sum_{t=1}^{n}X_t}{n}=\frac{260+270+240+280+260+250}{6}=260\ (万元)$$

因此，预测值可以用过去历史资料的算术平均值代替，即7月预计销售260万元。

运用简单算术平均法预测较为简便，但是，由于它将预测对象的波动忽略了，不能反映出预测对象的变动趋势，所以，它只适用于那些相对波动不大的市场现象预测。

2. 加权算术平均法

在进行信息资料处理时，一个重要的因素是考虑时间的影响。信息发生越接近预测时的时间，它的影响就越大，重要性就越强，可靠性就越高。体现信息这种特性的方法有很多，如：可以利用不同时期所对应的权数的不同来体现由于时间差异而取得的信息的不同重要性。当多个预测者提供的预测结果不同时，可以根据预测者能力大小的不同或历史效果记录，也可以利用加权法，来体现其重要性的区别。

其公式是：

$$\overline{X}=\frac{\sum_{t=1}^{n}W_tX_t}{\sum_{t=1}^{n}W_t} \tag{9-2}$$

例9-12 以例9-11中的资料为例，考虑到信息与现在越接近，影响越大，给每个月加上权数，如表9-2所示。

表9-2 某企业销售额统计权数表 单位：万元

月份	1月	2月	3月	4月	5月	6月	合计
权数	1	2	3	4	5	6	21
销售额	260	270	240	280	260	250	1 560

$$\overline{X}=\frac{\sum_{t=1}^{n}W_tX_t}{\sum_{t=1}^{n}W_t}=\frac{260\times1+270\times2+240\times3+280\times4+260\times5+250\times6}{1+2+3+4+5+6}$$

$$\overline{X}=\frac{\sum_{t=1}^{n}W_tX_t}{\sum_{t=1}^{n}W_t}=\frac{5\ 440}{21}=259\text{（万元）}$$

3. 移动平均法

移动平均法是通过逐项推移，依次计算包含一定项数的时序平均数，以反映时间序列的长期趋势的方法。由于移动平均法具有较好的修匀历史数据、消除数据因随机波动而出现高点或低点的影响，从而能较好地揭示经济现象发展的趋势，因而在市场预测中得到广泛应用。移动平均法包括一次移动平均法、移动加权平均法和二次移动平均法，本节只讨论一次移动平均法。一次移动平均法通常又称简单移动平均法。

设时间序列为 $Y_1, Y_2, Y_3 \cdots, Y_t$；以 N 为移动时期数（$N \leqslant$ 观察时期数 n），则简单移动平均数 M_t 的计算公式为

$$M_t=\frac{Y_t+Y_{t-1}+\cdots+Y_{t-N+1}}{N} \tag{9-3}$$

通过整理得：

$$M_t=\frac{(Y_{t-1}+\cdots+Y_{t-N+1}+Y_{t-n})-Y_{t-N}+Y_t}{N}$$

$$=M_{t-1}+\frac{Y_N-Y_{t-n}}{N} \tag{9-4}$$

利用递推公式 9－4 来计算移动平均数可以减少计算量。

在计算移动平均数时，每向前移动一个时期就增加一期新的观察值，去掉一个远期观察值，得到一个新的平均数，由于它不断地移动，不断吐故纳新，故称为移动平均法。

移动平均数与算术平均数的区别在于，算术平均数只是一个数字，而移动平均数却不只是一个数，而是一系列数字，每一个数字都代表一个平均数。这个平均数数列可以平滑数据，消除周期变动和不规则变动的影响，使长期趋势显露出来。在调查报告对数据有较高要求时，一般都会用到这种方法，所以移动平均法的应用非常广泛。

例 9－13 某市 2015 年 1—11 月食用油消费统计情况如表 9－3 所示，预测 12 月的消费量。

表 9－3 **食用油消费统计表** 单位：吨

月份（t）	食油消费量（Y_t）	移动平均观察值（$\hat{Y}_t$）	
		n=3	n=5
1	195	—	—
2	220	—	—
3	200	—	—
4	195	205	—
5	185	205	—
6	180	193.3	199
7	185	186.7	196
8	180	183.3	189
9	190	181.7	185
10	230	185	184
11	210	200	193
12	—	210	199

分别取 $n=3$ 和 $n=5$。

当 $n=3$ 时，$M_3=\frac{Y_3+Y_2+Y_1}{3}=\frac{195+220+200}{3}=205$（吨）

当 $n=5$ 时，$M_5=\frac{Y_5+Y_4+Y_3+Y_2+Y_1}{5}=\frac{195+220+200+195+185}{5}=199$（吨）

（二）回归分析预测法的运用

回归分析预测法是对具有相关关系的变量，在固定一个变量数值的基础上，利用回归方程测算另一个变量取值的平均数。它是在相关分析的基础上，建立相当于函数关系式的回归方程，用以反映或预测相关关系变量的数量关系及数值。因此，回归分析与相关分析统称为相关分析。

1. 回归分析预测的程序

回归分析预测应遵循以下程序：

（1）根据预测目标，确定自变量和因变量。明确了预测的具体目标，也就确定了因变量。如预测具体目标是下一年度的销售量，那么销售量就是因变量。通过市场调查和查阅资料，寻找与预测目标的相关影响因素，即自变量，并从中选出主要的影响因素。

（2）建立回归预测模型。依据自变量和因变量的历史统计资料进行计算，在此基础上建立回归分析方程，即回归分析预测模型。线性回归的一般表达式为 $y=a+b_1x_1+b_2x_2+b_3x_3+\cdots+b_nx_n$。通常我们所研究的回归问题是一个因变量与一个自变量之间的关系，称为简单线性回归。其公式为 $y=a+bx$ 。

（3）进行相关分析。回归分析是对具有因果关系的影响因素（自变量）和预测对象（因变量）所进行的数理统计分析处理。只有当变量与因变量确实存在某种关系时，建立的回归方程才有意义。因此，作为自变量的因素与作为因变量的预测对象是否有关，相关程度如何，以及判断这种相关程度的把握性有多大，就成为进行回归分析必须要解决的问题。进行相关分析，一般要求出相关系数，以相关系数的大小来判断自变量和因变量的相关程度。

（4）检验回归预测模型，计算预测误差。回归预测模型是否可用于实际预测，取决于对回归预测模型的检验和对预测误差的计算。回归方程只有通过各种检验，且预测误差较小，才能将回归方程作为预测模型进行预测。

（5）计算并确定预测值。即利用回归预测模型计算预测值，并对预测值进行综合分析，确定最后的预测值。

2. 回归分析预测的运用

在回归分析预测中，我们主要以一元线性回归预测法为例进行说明。这是因为多数市场和经济现象都可近似看作是线性变化的，同时，此方法计算简单，适应面较广。

（1）一元回归模型。当影响市场变化的诸因素中有一个基本的和起决定作用的因素，且自变量与变量之间的数据分布呈线性趋势时，就可以运用一元线性回归方程 $y=a+bx$ 进行预测。其中 y 是因变量，x 为自变量，a、b 均为参数（b 又称回归系数），其表示当 x 每增加一个单位时，y 的平均值的增加量。

（2）模型参数的估计。通过最小二乘法，估计一元回归方程中的参数 a、b，求解 a、b 的标准方程为

$$\begin{cases}\sum y_i=na+b\sum x_i\\ \sum x_iy_i=a\sum x_i+b\sum x_i^2\end{cases}\qquad(9-5)$$

解得 $\begin{cases} b = \dfrac{n\sum x_i y_i - \sum x_i \sum y_i}{n\sum x_i^2 - (\sum x_i)^2} \\ a = \bar{y} - b\bar{x} \end{cases}$

此式可改为 $\begin{cases} a = \bar{y} - b\bar{x} \\ b = \dfrac{\sum (x_i - \bar{x})(y_i - \bar{y})}{\sum (x_i - \bar{x})^2} \end{cases}$

例 9-14 在调查商店周围的交通流量与商店的销售量的影响与关系时，为排除无关因素或个别特殊因素的干扰，调查者分析了广场大小、停车场数量和周边人口特征等相当的 20 家商店进行调查和观察记录，收集到的各商店的平均交通流量和年销售量数据如表 9-4 所示。

表 9-4　交通流量与商店销售量的关系

商店	日均交通流量 x（千辆）	年销售量 x（万元）	xy	x^2
1	62	112.1	6 950.2	3 844
2	35	76.6	2 681	1 225
3	36	70.1	2 523.6	1 296
4	72	130.4	9 388.8	5 184
5	41	83.2	3 411.2	1 681
6	39	78.2	3 049.8	1 521
7	49	97.7	4 787.3	2 401
8	25	50.3	1 257.5	625
9	41	77.3	3 169.3	1 681
10	39	83.9	3 272.1	1 521
11	35	89.3	3 125.5	1 225
12	27	58.8	1 587.6	729
13	55	95.7	5 263.5	3 025
14	38	70.3	2 671.4	1 444
15	24	49.7	1 192.8	576
16	28	65.7	1 839.6	784
17	53	120.9	6 407.7	2 809
18	55	99.7	5 483.5	3 025
19	33	88.4	2 917.2	1 089
20	29	88.3	2 560.7	841
平均值	40.8	84.33	—	—

此问题可通过回归分析来解决，先计算 $\sum x_i y_i$，$\sum x_i^2$，$\bar{x}$ 和 $\bar{y}$ 如下：

$\sum x_i y_i = 73\ 540.30$

$\sum x_i^2 = 36\ 526$

$\bar{x} = 40.80$

$\bar{y} = 84.33$

将这些数据代入回归方程中，得：

$$b=\frac{n\sum x_iy_i-\sum x_i\sum y_i}{n\sum x_i^2-\left(\sum x_i\right)^2}=\frac{73\ 540.3-20\times 40.8\times 84.33}{36\ 526-20\times 40.8^2}=1.46$$

$$a=\bar{y}-b\bar{x}=84.33-1.46\times 40.8=24.68$$

于是得出年销售量与交通量的关系如下：

$$\hat{y}=24.76+1.46x$$

课堂测评

测评要素	表现要求	已达要求	未达要求
知识点	能掌握市场定量预测的含义、意义		
技能点	能初步认识定量预测的方法要求		
任务内容整体认识程度	能概述并认识市场定量预测过程		
与职业实践的联系程度	能描述市场定量预测的实践意义		
其他	能联系其他课程、职业活动等		

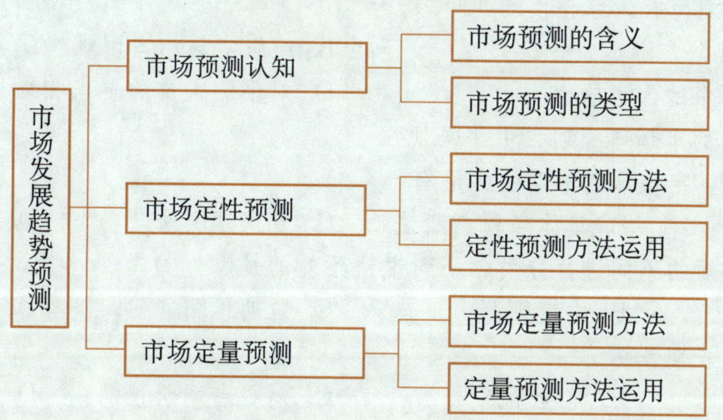

教学做一体化训练

重要概念

市场预测　定性预测　经验判断预测　定量预测

课后自测

□单项选择

1. 长期预测是指(　　)以上的预测。

A. 1 年　　B. 3 年　　C. 5 年　　D. 1 月

2. 定性预测主要是依靠个人的(　　)进行分析，对事物的性质、市场发展前途进行估计和预测。

A. 科学知识　　B. 客观经验　　C. 主观经验与直觉　　D. 实践经验

3. 定性预测也称(　　)，是对事物性质和规定性的预测。

A. 主观预测　　B. 意向预测　　C. 目标预测　　D. 意见预测

4. 定量预测通过建立(　　)，使预测更加精确，预测依据客观真实，可靠性更高。

A. 调查假设　　B. 数学和统计模型　　C. 操作程序　　D. 长期趋势预测

5. 德尔菲法预测的关键环节是(　　)。

A. 组织严密　　B. 选择合适的专家

C. 咨询次数的多少　　D. 专家的独立性和保密性

6. 时间序列预测法是以一个指标本身的(　　)的变化趋势，去寻找市场的演变规律，作为预测的依据(　　)。

A. 权数　　B. 指数　　C. 系数　　D. 历史数据

□多项选择

1. 相对于专题预测而言，综合预测(　　)。

A. 涉及市场的各个方面　　B. 组织实施相当困难

C. 需要投入相当多的人力物力　　D. 对预测人员的要求相对要高

E. 通常只在大型的市场研究项目中才采用

2. 在实际运用中，定性预测常用的方法有(　　)。

A. 专家意见法　　B. 集体经验判断法　　C. 专家预测法　　D. 时间序列法

3. 预测按时间长短的不同进行分类，下列说法不对的是(　　)。

A. 长期预测　　B. 中期预测　　C. 短期预测　　D. 定性预测

4. (　　)适合做长期预测。

A. 定量预测　　B. 定性预测　　C. 消费者调研预测　　D. 计算机预测

5. 移动平均数是(　　)。

A. 一个数字　　B. 一组数列　　C. 一组拟合的数字　　D. 算术平均数

6. 下列有关简单算术平均法的说法，正确的是(　　)。

A. 当时间序列因素影响较大时使用　　B. 当预测者重要程度不同时使用

C. 操作简单，预测便捷快速，费用低　　D. 可作长期趋势预测

□判断

1. 市场预测是市场调查的基础。(　　)

2. 在市场预测中，信息越及时，不可预料的因素就越少，预测的误差也就越小。(　　)

3. 市场之所以可以被预测，是因为人们通过长期积累的丰富经验，逐步掌握了市场变化规律。(　　)

4. 定量预测要比定性预测科学、精确。(　　)

5. 定性预测方法比定量预测方法更容易掌握，不需要预测者较系统掌握数理和统计分析方面的知识和技能。（　　）

6. 在实际预测中，采用的方法不同，对信息资料的要求也可能不同。（　　）

□简答

1. 市场预测的作用是什么？

2. 什么是定性预测？

3. 德尔菲法中的专家是如何界定和选取的？

4. 时间序列预测法的平均法有哪几种？各适用于什么情况下的预测？

5. 什么是回归分析预测？

案例分析

案例：2016 年中国汽车后市场发展预测

电商的繁荣注定店商的衰落。过去几个月，笔者一直在拜访和接待各地汽车后市场从业者，既有 4S 店和维修厂投资人，也有后市场互联网创业者，总体感觉是：行业竞争在加剧，盈利下滑，苦苦支撑者占绝大多数。从 2016 年开始，汽车后市场行业将出现更严重的关门失业潮。原因主要表现在以下几个方面：

(1) 大型保险公司会严控理赔风险，将主动大幅减少合作维修厂的数量。

(2) 服务效率更高的维修、保养、钣喷连锁企业不断涌现，1 家连锁型单店可以取代 3～5 家传统维修店的产能。

(3) 互联网消费习惯一旦建立，会导致 20%的店铺获得 80%的网络订单，即使完成电商运营，80%的维修店依然度日艰难。

从美国的车险理赔整体规模看，目前每年 1 500 亿美元的规模，其中一半赔车，一半赔“人”。赔车这部分，一半赔给维修，1/3 赔给全损车，剩下 15%左右是理赔成本。这意味着，美国事故车维修行业的市场规模大约是 2 000 多亿元人民币。

这是什么概念呢？目前中国车险市场规模大约是 5 000 亿元，其中用于理赔的大约 60%，即 3 000 亿元，大约 2/3 赔车，1/3 赔人（也包括赔鸡鸭牛羊等），由于目前全损车市场规模并不大，这意味着大约 2 000 亿元是用来修车的，其中 1 000 亿元赔工时，1 000 亿元赔配件。

美国一年 1 800 万辆事故车，维修费用是 2 000 亿美元，这意味着单车维修费用接近 1 万元人民币，国内是 8 000 万辆事故车，平均每辆车的维修费用约 2 500 元人民币。

这意味着在国内修车的客单价基本上是美国同行的 1/4。这个基本可以理解，目前国内喷漆工人的月收入是 5 000～10 000 元人民币，美国同行大约是 30 000 元人民币，我们的喷漆工人大约是美国同行收入的 1/4——收入和成本基本成比例。

美国大约有 4 万多家汽修厂，考虑到 1 800 万辆事故车，意味着平均一家汽修厂每天只修 1 辆车——在美国遇到交通事故，交车时间通常是论周计算的，国内则按天计算。

如果按照相同的维修效率，我们需要 4 倍的汽修厂，那意味着需要有 16 万家汽修厂，但实际上，目前 4S 店的事故车交车台次平均每天在 5～10 台车，大约是美国同行的 5 倍。考虑到维修效率的优势，即使国内真有 8 000 万台次的事故车，真实需要的汽修厂也应该基本和美国的数量相当——中国最多只需要 4 万家汽修厂。

目前国内有多少家汽修厂呢？2.7 万家 4S 店肯定都有钣喷车间，这些车间目前处于大规模闲置状态，如果4S店单纯修自己品类的事故车，这种闲置会是常态，只交房租地租而不产生收益，最终拖垮自己会是大概率事件。

至于一二类综合汽修厂，包括没有资质直接干活的汽修厂，至少有10万家，能有30%处于正常盈利状态已经不错了。

从美国最大的几家保险公司的生态系统看，即使是全国性的保险公司，其合作的修理厂也不足1万家，多数不足5 000家。目前平安、人保、太平洋几家保险公司的合作修理厂都在几万家，这导致对汽修厂的风险管控难度极大，缩减合作汽修厂是保险公司的必然选择。

可以预见的是，未来的互联网保险公司必然会从管控风险的角度尽可能减少合作汽修厂的数量，通过互联网信息化管理的手段，以优胜劣汰的方式，把维修资源集中在能够更好地管控维修风险的汽修厂。

随着类似“人、太、平”这类综合金融服务商的涌现，未来无论是4S店还是一般汽修厂，在诚信理赔方面一旦被保险公司发现，势必会在企业的征信记录上涂上污点，这会导致骗保的汽修厂不仅经济上受损，企业声誉也会受损。

无论是美国的经验还是中国的现实计划，大型保险公司的合作汽修厂数量不会超过1万家，未来的互联保险公司只可能从传统保险公司的合作汽修厂体系里筛选合作厂家。

这意味着，如果不能进入“人、太、平”三家保险合作汽修厂的范围，汽修厂基本没有可能再拿到保险公司的维修资源——没有事故车维修支撑，汽修厂很难生存。

如果按照1万家估计，这意味着现有合作汽修厂有2/3的淘汰率。目前，生存状况尚可的汽修厂最多只有30%，未来几年还将有2/3的会倒闭，也就是说，未来只有10%的大型汽修厂能够长期活下去，假设以40万家计算，这意味着只有大约4万家大型汽修厂能够比较好地活下去。

对于从业者而言，珍惜现有的工作机会是关键。

资料来源：http://auto.chinaso.com/detail/20160103/1000200032893901451786953642606954_1.html.

阅读材料，回答以下问题：

1. 市场预测的原理在这里得到了怎样的体现？

2. 从分类看，这属于市场预测中的哪一种类？分别用到了哪些方法？

同步实训

□实训1：市场发展趋势预测认知

实训目的：初步认识市场预测工作。

实训内容：学生分组，寻找一些非常著名的预测案例，讨论并分析其中的一些细节，看是否体现了市场预测的原理。如果发现预测失败，试分析在预测过程中出现了哪些纰漏。

实训组织：学生分小组，根据特定目的，讨论并对案例经过进行分析；讨论案例中预测过程的科学性、资料来源以及结果的合理性。

实训总结：学生小组交流对预测案例的分析讨论结果，教师根据讨论报告、PPT演示、讨论分享中的表现分别给每组进行评价打分。

□实训2：定性预测认知

实训目的：初步认识短期市场预测工作。

实训内容：（1）通过网络收集我国成品油定价的形成机制，关注这一机制中影响因素的变化，自己尝试对成品油价格的变化做出预测估计；（2）讨论分析预测结果，并将预测结果进行分享。

实训组织：学生分小组，收集相关信息；可以运用集体讨论的方式得出每个小组的预测结果。

实训总结：学生小组交流对所观察经济现象变化的预测结果，教师根据讨论报告、PPT 演示、讨论分享中的表现分别给每组进行评价打分。

学生自我学习总结

通过任务 9 的学习，我能做如下总结：

一、主要知识点

从任务 9 中，我获取的知识点有：
(1)
(2)

二、主要技能

从任务 9 中，我获取的技能有：
(1)
(2)

三、主要原理

市场发展趋势预测在市场调查活动中的地位与作用是：
(1)
(2)

四、相关知识点

任务 9 涉及的主要知识点有：
(1) 市场预测与市场调查的关系是：
(2) 定性预测主要解决的特定问题有：
(3) 定量预测主要解决的特定问题有：

五、学习成果检验

完成任务 9 学习的成果：
(1) 完成任务 9 学习的意义有：
(2) 我学到的知识有：
(3) 我学到的技能有：
(4) 我对市场发展趋势预测的初步印象是：

任务10

市场调查报告编写

知识目标

（1）认识市场调查报告的作用。
（2）认识市场调查报告的特征。
（3）认识市场调查报告的结构。
（4）熟悉市场调查报告的内容。

能力目标

（1）能掌握市场调查报告的编写要求。
（2）能掌握口头调查报告的技巧。
（3）能编写简单的市场调查报告。

任务描述

市场调查报告是整个调查任务成果的体现，报告本身有着结构、内容、文法等方面的要求，市场调查人员在充分准备的基础上，根据调查目标要求，去粗取精，去伪存真，编写出高质量的调查报告，提交委托方。

任务解析

根据市场调查职业工作活动顺序和职业能力分担原则，“市场调查报告编写”学习任务可以分解为以下子任务。

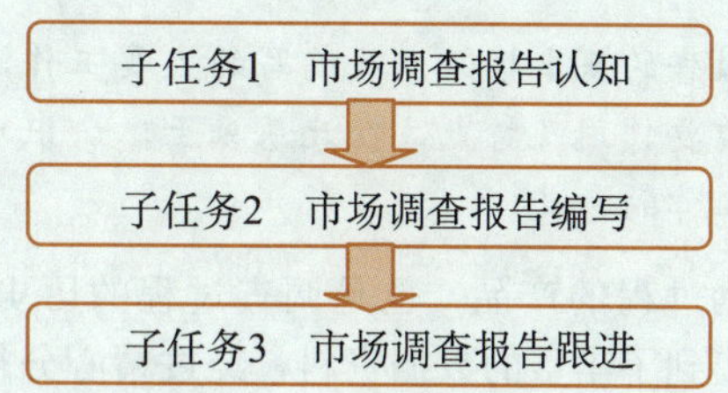

调查故事

战国时期，有一个叫公明仪的音乐家，他能作曲也能演奏，七弦琴弹得优美动听，很多人都喜欢听他弹琴，人们很敬重他。

公明仪不但在室内弹琴，若遇上好天气，他还会带着琴到郊外弹奏。有一天，他来到郊外，春风徐徐吹着，垂柳轻轻动着，一头老黄牛正在草地上低头吃草。公明仪一时来了兴致，他摆上琴，拨动琴弦，就给这头牛弹起了最高雅的乐曲《清角之操》。老黄牛在那里却无动于衷，仍然一个劲地低头吃草。

公明仪想，这支曲子可能太高雅了，应该换个曲调，弹弹小曲。可老黄牛仍然毫无反应，继续悠闲地吃草。公明仪拿出自己的全部本领，弹奏最拿手的曲子。这回呢，老黄牛偶尔甩甩尾巴，赶着牛虻，仍然低头吃草。

最后，老黄牛慢悠悠地换个地方去吃草了。

公明仪见老黄牛始终无动于衷，很是失望。人们对他说：“你不要生气了！不是你弹的曲子不好听，是你弹的曲子不对牛的耳朵啊！”最后，公明仪也只好叹口气，抱着琴回去了。

我们知道这就是成语“对牛弹琴”的由来。人们用“对牛弹琴”来比喻对愚蠢的人讲深刻的道理，或对外行人说内行话，白白浪费时间；现在也用来讥笑人说话不看对象。

感悟：在编写市场调查与预测报告时，要注意以下事实：第一，大多数经理人员很忙；第二，他们大多不太精通调查与预测的某些技术和术语；第三，如果存在多个阅读和使用者，通常他们之间存在需要和兴趣方面的差异；第四，经理人员通常都不喜欢那种冗长、乏味、呆板的文字。

子任务 1

市场调查报告认知

任务提示：认识市场调查报告的基本框架以及编写的主要工作，特别是从市场调查活动实践意义的角度认识市场调查报告的重要作用及特点，在此基础上，认识市场调查报告编写工作的具体内容，并理解市场调查报告编写工作的意义。

市场调查报告既是调查活动过程的产品，也是调查过程的历史记录和总结。在市场调查过程中，调查人员运用多种方法收集到了丰富的数据资料，经过精心分析，得出相关结论，最终还要撰写成文，形成调查报告。

一、市场调查报告的含义

提到市场调查报告，我们都知道这是一种记录调查结论的应用文体。那么，规范的市场调查报告的概念是什么呢？

（一）市场调查报告的概念

简单来讲，市场调查报告就是市场调查人员的最终工作成果。它从确定调查目标、制订调查方案，一直到实施调查收集资料，经过整理分析后形成阶段性结论，并在去粗取精的基础上形成总体结论。

重要概念 10－1　市场调查报告

市场调查报告就是在对调查得到的资料进行分析整理、筛选加工的基础上，记述和反映市场调查成果的一种文书。市场调查报告是市场调查项目最终成果的主要表现。它可以有多种形式，可以是书面形式，也可以是口头形式，或者同时使用书面和口头形式，还可以是电子形式。

（二）市场调查报告的作用

一般来说，市场调查报告的作用有以下三点。

1. 市场调查报告是调查结果的表述

调查者通过调查策划、收集市场信息，并对所收集到的市场信息进行处理，最终形成某种结果。市场调查报告就是记录这一过程的相关信息以及结果的一种载体。

2. 市场调查报告是委托方希望获取的结果

通常情况下，市场调查的委托方对一个市场调查项目最为关心的就是调查报告。从某种意义上讲，市场调查项目的委托方提出项目的直接目的，就是为了获得满意的市场调查报告，为将来的经营决策提供有价值的参考。

3. 市场调查报告是市场调查项目质量的标志

尽管市场调查策划所采用的方法、技术、组织过程、资料处理等也是衡量市场调查质量的重要方面，但市场调查报告无疑是最重要的方面。市场调查报告是调查活动的有形产品。当一项市场调查项目完成以后，调查报告就成为该项目的少数历史记录和证据之一。作为历史资料，它还有可能被重复使用，从而大大提高其存在的价值。

（三）市场调查报告的特点

市场调查报告具有以下特点。

1. 市场调查报告具有针对性

这里所讲的针对性，包括调查报告选题上的针对性和阅读对象的针对性两个方面。紧扣调查目的展开的调查，才可能形成具有较多实践意义的市场调查报告；阅读对象不同，所关注的问题自然也不同。根据不同的阅读对象，调查报告的重点也有所不同。

2. 市场调查报告具有时效性

这里所指的时效性也包含两方面的意思：第一，调查活动开展的时效性和调查报告出具的时效性。市场调查活动滞后，原定的调查目的就会失去其意义。第二，市场调查报告的出具拖延，会使其本应有的决策参考价值丧失。

课堂思考：为什么要强调市场调查报告的时效性？

3. 市场调查报告具有科学性

市场调查报告作为决策的重要依据，它可能成为一个价值巨大的参考文件，关系到企业经营的成败，这就需要报告的编写者除了掌握科学收集、整理资料的方法外，还应该会利用科学的分析方法得出科学的结论，使阅读者能感受到调查人员对整个调查项目的重视程度和对调查质量的控制程度。

4. 市场调查报告具有创新性

市场调查报告的创新性也包含两个方面：首先，它是指市场调查报告的内容要求。调查者应该具有创新意识，调查报告应从全新的角度去发现问题。其次，它是指市场调查报告的形式应该做到创新。

市场调查报告的编写应该注意语言的使用，以唤起阅读者的兴趣；结构紧凑、逻辑严谨，以增强阅读者的信任等。

二、市场调查报告的结构与内容

市场调查报告最终的服务对象是阅读者，为了能够将信息及时、准确和简洁地传递给受众，在报告本身的结构安排、写作手法上应该有一个大致的标准。

（一）市场调查报告的结构

一般来说，书面调查报告的结构、内容以及风格等在很大程度上取决于调查的性质，项目的特点，撰写人和参与者的性格、背景、专长和责任。但是，一个标准的调查报告都应有相对固定的结构与内容组成，即包括介绍、正文和附件三大部分，各个部分又各有章节、细目。

1. 介绍部分

介绍部分是向读者说明报告主要内容的部分，对于不需要深入研究报告的人员来说，看介绍部分即可了解到调查的概况。同时，介绍部分也提供了深入阅读全文的检索方法和主要提示。调查报告的介绍部分应包括五个部分：封面、目录、摘要、调查概况和主要结论。

2. 正文部分

正文是调查报告的核心部分，一般由开头、主体、结束语三部分组成。这是市场调查报告中的主要内容，是表现调查报告的主体部分。这一部分的写作直接决定调查报告的质量高低和作用大小。正文部分要客观、全面阐述市场调查所获得的材料、数据，用它们来说明有关问题，得出有关结论；对有些问题、现象要做深入分析、评论等。总之，正文部分要善于运用材料，来表现调查的主题。

3. 附件部分

附件是指调查报告正文包含不了或没有提及，但与正文有关且必须附加说明的部分。它是对正文报告的补充或更详尽的说明。附件主要包括调研方案、抽样技术方案、调查问卷、数据整理表格、数据分析表格和其他支持性材料。

（二）市场调查报告的内容

市场调查报告一般包括封面，摘要，报告目录，引言，调查技术与样本描述，调查结论、建议与局限，附件等内容。

1. 封面

封面部分一般包括项目名称（标题），调查单位名称、地址、电话号码、网址和 E-mail，报告接受人或组织，报告提出日期等。

一般来说，封面是书面文件的“第一印象”，市场调查报告也不例外。市场调查报告封面的设计一定要与调查项目所涉及的领域、主题相吻合，体现出鲜明的专业形象，这样才能够引发阅读者的兴趣和好奇心。报告标题语言使用应该简洁明了，标题内容必须清楚地说明是关于什么的报告。如果属于机密，一定要在封面某处注明，同时要标明档案号或成果号，以方便管理或查阅。

标题的写法一般有以下三种形式：

（1）直叙式标题。它是指反映调查意向或指出调查地点、调查项目的标题。例如“北京市居民海外旅游消费情况的调查”等。

（2）总结式标题。它也称表明观点式标题，是指直接阐明作者的观点、看法，或对事物做出判断、评价的标题。如“当前我国煤炭行业产能过剩不容忽视”。

（3）提问式标题。它是指以设问、反问等形式，突出问题的焦点和尖锐性，吸引读者阅读、思考。如“城市居民为什么热衷于出国旅游消费”。

2015 年北京市居民旅游消费情况
调 查 报 告

调查单位
通信地址
电话
E-mail
报告提出日期
报告主送单位

2. 摘要

摘要主要是为没有大量时间充分阅读整个报告的经理主管人员准备的，它在整个报告中的地位非常重要。另外，也有一些阅读者不具备太多专业知识，同时对复杂的论证过程也不太关注，他们只想尽快见到调查报告的主要结论，以及知道应该进行怎样的市场操作。所以，摘要的书写也是非常重要的一环。一般来说，摘要书写有以下要求：从内容来讲，要做到清楚、简洁和高度概括，其目的是让阅读者通过阅读摘要不但能了解本项目调查的全貌，同时对调查结论也有一个概括性的了解。从语言文字来讲，摘要应该通俗、精练，尽量避免用生僻的字句或专业性、技术性过强的术语。摘要是市场调查报告中的内容提要。

摘要包括的内容主要有为什么要调查；如何开展调查；有什么发现；其意义是什么；如果可能，应在管理上采取什么措施等。摘要不仅为报告的其余部分规定了方向，同时也使得管理者在评审调查的结果与建议时有一个大致的参考。

扩展阅读

中药在瑞士的市场前景调查报告摘要

本报告描述的是一个关于中药在瑞士市场的前景调查的结果，我们组织的这次调查从以下几个方面对市场前景做出分析。

1. 市场容量

瑞士是一个仅有700万人口的小国，人口数量虽少，但医疗卫生和社会保险体系非常发达，作为一个高工资、高福利的国家，瑞士在医药卫生方面的开支相对较高，且20年来一直持续上升。瑞士人口老龄化严重（65岁以上人口占总人口的15%），从整个社会的情况来看，多数老年人生活优越，因此，除一般的治疗型药物外，对各类保健型药物有着长期稳定的需求。瑞士本身是一个医药生产大国，拥有世界领先的医药化学技术和诺华、罗氏等著名医药化工生产企业，药品种类相对集中于特定领域，如抗病毒药、呼吸系统疾病药物、头孢类抗生素、皮肤病药、骨科病药、心血管病药等，这些药品生产企业的主要导向是出口。据统计，瑞士十大化工医药企业的产品总量中仅3%供应瑞士市场，其他均出口到世界各大洲。而瑞士市场上外国进口药占据着很大比例，主要是美国和欧洲产品。

2. 市场前景

瑞士药品市场容量不大，竞争非常激烈。那么，传统中药品种即使在瑞士成功注册，最终又能否为瑞士人所接受认同而进一步推广呢？对于这一点，也必须先期做出市场预测。随着东西方文化、科学交流的增多，中药的疗效已开始为越来越多的西方人所认同。例如在瑞士，人们对人参已不陌生，包括制药业巨子罗氏公司在内的数家瑞士制药企业均已研制生产出人参胶囊，市场销售情况良好。早在1969年，瑞士就创办了“瑞士针灸及中医协会”，该协会由瑞士一批对中国传统医学感兴趣的医药界人士发起和组织，目的在于研究和推广中国医术、针灸等。另外，在瑞士的数家药店中，已有中药在长期销售。

3. 产品价格

瑞士物价总水平高，药品亦不例外，相同品质同类西药的售价通常比中国市场上高出数倍。所以，中国药品一旦进入瑞士市场，可望获得充足的利润空间，同时也有助于提高中国对瑞士出口产品的附加值。

3. 报告目录

跟我们的教材一样，市场调查报告也需要有一个非常清晰的目录，目的也是方便阅读和资料查询。市场调查报告的目录应该包含调查活动的各项内容，通常要求列出各项内容的标题、副标题及页码。市场调查报告的结论部分内容较多，又非常重要，为了方便阅读，可将其分项编排到目录中。整个目录的篇幅不宜过长，以一页为宜。

有些报告为了适应不同的阅读者，会应用大量的图表、附录、索引等，可以单独为这些内容编制一页目录，做法和前面的目录相似，列出图表号、名称及在报告中所在的页码。

拓展阅读

2016 年户外运动调查报告（目录）

4. 引言

调查报告的引言也称“序言”，是书面报告正文的开始，这一部分内容主要是说明问题的性质，简述调查目标和具体调查问题，并对报告的组织结构进行概括。其作用是向报告阅读者提供进行市场研究的背景资料及相关信息，如企业背景、企业面临的市场营销问题、产品市场现状、调查目的等，使阅读者能够大致了解进行该项市场调查的原因和需要解决的问题，以及必要性和重要性。

引言部分的内容可能会与调查报告中的其他部分出现重复，一般来说，编写时要注意详略得当。引言部分要尽量高度概括，其他部分可以展开详细描述。

拓展阅读

关于中国羊绒制品市场前景调查报告（引言）

中国是世界最大的羊绒生产国，产量占世界的 2/3 以上。1980 年中国羊绒产量为 4 005 吨，2001 年为 10 968 吨。2001 年羊绒产量为 1980 年 2.74 倍，年平均增长 4.4%。中国质量最好的羊绒产自内蒙古西部的鄂尔多斯草原和乌拉特草原，这是内蒙古羊绒主产区之一。

多年来，国内羊绒原料及制成品的出口量一般占销售总量的 60%以上，但是，出口量波动大，出口价格差别也很大，1997 年羊绒平均出口价为每千克 67 美元，1998 年降为每千克 52 美元，1999 年降为每千克 47 美元，2000 年升为每千克 80 美元，2001 年有所回落，为每千克 77 美元。中国年出口羊绒衫 800 多万件，价值近 6 亿美元，平均每件 62.5 美元，折合人民币 517 元，低于目前国内市场中高档羊绒衫的价格。

羊绒的主要进口国和地区是美国、日本、欧盟。因国际市场波动较大，羊绒制品的外销订单预期不会有大幅增长。受全球宏观经济趋紧的影响，加之 1999 年和 2000 年国内羊绒制成品出口量较多，超过了国际市场正常的需求量，致使外商形成库存。此外，部分企业将含绒量较低的劣质羊绒制品出口到国外，引发多起退货索赔事件，导致外商进货十分谨慎……

目前国际市场上的羊绒衫有 3/4 是中国产品，但真正挂中国品牌的不到 20%。中国有资源优势、产品优势，却没有品牌优势。更为严重的是，国内羊绒企业几乎完全依靠代理商出口，形成多头出口，以量取胜，压价竞销，使中国羊绒制品在国际市场上的售价一直高不起来，羊绒制品的价格仅仅是英国苹果牌羊绒制品的 1/4，是意大利劳罗皮亚娜牌羊绒制品的 1/3。一些中国企业将利润水平压到了最低，有时不得不亏本履约，而外商则坐收渔人之利。

5. 调查技术与样本描述

在调查技术与样本描述部分，阅读者应该能大致了解到调查目的是如何逐步实现的。本部分主要在对整体方案概括的基础上，对调查方案实施中所采用的方法及样本抽取过程进行翔实、客观、公正的记录。具体内容包括调查所需信息的性质、原始资料和二手资料的收集方案、问卷设计、标尺技术、问卷的预检验和修正技术、抽样技术、信息的收集、整理和分析、应采用的统计技术以及缺省值的处理方法等。考虑到阅读者的情况，报告的撰写者应当尽量将这些内容以一种非专业性的、易理解的文字表述出来，如果有非常专业的内容，则应放在附录中。

这个部分可以包括对二手资料收集过程的描述，主要目的是描述获得原始资料的方法，并说明采用这些方法的必要性，比如为什么要采用焦点小组方法。如果信息的收集用到抽样调查，应该说明实施的是概率抽样还是非概率抽样，为什么采用这种抽样方式，目标总体的定义（地区、年龄、性别等）是什么，采用的抽样框是什么。总之，要有足够的信息使阅读者判断样本资料的准确性和代表性。

拓展阅读

调查技术与样本描述举例

此次《中国最具影响力的科技领袖》调查共发出选票 135 张，收回有效选票 110 张，选票回收率 81.5%。

候选人：本次调查的候选人名单由本刊编辑部与业内学者、专家共同推荐，60位候选人为2001年至2002年度国内著名科技企业的最高领导者。

评选人：此次填写有效选票的评选人来自四个领域，包括IT企业的中高层管理人员、工程技术人员；业界人力资源专家，高等院校知名学者、教授；证券投资分析师；国内主要财经、IT媒体总编、主编和首席记者。

参与本次调查的部分企业：IBM（中国）、联想、网通、清华同方、思科（中国）、爱立信、神州数码、SAP、趋势科技、三星电子、环球资源。

参与本次调查的部分专家学者来自：北京大学光华管理学院、中国人民大学金融系、中央财经大学。

参与本次调查的国内主要财经类媒体高层来自：《中国经营报》《21世纪经济报道》《经济观察报》《三联生活周刊》和北京电视台。

选票计算：候选人总得票数由四个分项提名次数相加得出，每个分项中候选人的提名先后顺序权重相同，四个分项指标权重相等，由此统计计算出得票最高的前20位科技领袖。四个分项指标的统计也由提名次数相加得出，由此计算出每一项得票最高者。

6. 调查结论、建议与局限

这一部分是调查报告的主要内容，也是阅读者最为关注的部分。在这里，调查人员要说明调查获得了哪些重要结论，根据调查的结论应该采取什么措施。结论和建议应当采用简明扼要的语言，使读者明确题旨，加深认识，能够启发读者思考和联想。

调查结论与建议一般有以下几种表现形式：(1) 说明。即经过层层剖析后，综合说明调查报告的主要观点。(2) 推论。即在对真实资料进行深入细致的科学分析的基础上，得出报告的结论。(3) 建议。即通过分析，形成对事物的看法，在此基础上，提出建议和可行性方案。(4) 展望。即通过调查分析展望未来前景。

调查结论与建议部分包含的内容可能有市场规模、市场份额和市场趋势，也可能是一些只限于形象或态度的资料。为了使结论的表现更加鲜活，更能吸引阅读者的注意，市场调查报告要有一定程度的一般化概括，可以借鉴数据图表资料以及相关的文字说明，同时对图表中数据资料所隐含的趋势、关系或规律也应该加以客观描述和分析。对于一些重点内容，可以引用一些权威资料，以增加市场调查结论的可靠性与科学性。

结论有时可与调查结果合并在一起，但要视调查项目的大小而定。一般来说，如果调查项目小、结果简单，可以直接与调查结果合并成一部分来写。如果项目比较大、内容多，则应分开写。

重要概念 10-2　市场调查的局限性

市场调查的局限性是指在市场调查活动中，由于调查时间、调查组织及调查实施上的种种限制，可能会使调查结论存在一定的误差，有些误差可能较小，有些可能比较严重。

作为市场调查报告的编写人员，一定要将局限性考虑充分，并进行详细披露。这样做，一方面可以降低自己的职业风险，另一方面也可起到提醒管理决策人员注意不要过分地依赖调查结果，或将结果用于其他项目。

课堂思考：调查局限性的说明在报告中是可有可无的吗？

7. 附件

调查报告附件一般是指报告正文中没有提及，但与正文有关、必须加以说明的部分，主要体现为资料的列示，如市场调查活动中的所有技术性细节，也可包括信息来源、统计方法、描述和定义以及相关的参考文献等。

任务资讯 10－1

市场调查报告编写中经常出现的问题

（1）篇幅过长。报告篇幅过长会导致“信息超载”，使阅读者很难有信心阅读下去。

（2）解释不充分。调查者只是简单重复一些图表中的数字，而不进行解释。

（3）偏离目标。报告中堆满了大量与调查目标无关的资料。

（4）过度使用定量技术。过度使用统计技术资料常常会引发阅读者对调查报告质量的怀疑。

（5）虚假的准确性。在一些小样本中，将引用数字保留两位以上小数，造成阅读者对准确性的错觉。

（6）调查数据单一。调查重点集中在单一数据上，并以此回答客户的决策问题。

（7）资料解释不准确。调查者在进行资料解释时出现错误。

（8）虚张声势的图表。一些艺术化的图表尽管引人注目，但却不能履行它的使命。

资料来源：小卡尔·迈克丹尼尔．当代市场调研［M］．范秀成，等，译．北京：机械工业出版社，2000.

课堂测评

测评要素	表现要求	已达要求	未达要求
知识点	能掌握市场调查报告的含义		
技能点	能初步认识市场报告的结构与内容		
任务内容整体认识程度	能概述并认识市场调查报告的框架		
与职业实践的联系程度	能描述市场调查报告的实践意义		
其他	能联系其他课程、职业活动等		

子任务 2

市场调查报告编写

任务提示：认识市场调查报告的编写要领以及编写工作的基本要求，特别是从市场调查活动实践意义的角度认识市场调查报告编写的注意事项，在此基础上，认识市场调查报告编写工作的原则要求，并理解市场调查报告编写工作的步骤。

在编写调查报告之前，调查人员应该与项目委托人进行良好的沟通，以了解其对调查报告的预期，如报告的形式，项目委托人最希望获取哪些信息，最期待的结论是什么，最不想看到的结论是什么，等等。只有掌握了这些信息，调查人员在编写报告时才有可能最大限度地满足项目委托人的要求。但是，这并不意味着调查人员一定要迎合项目委托方的要求而放弃职业操守。对于项目委托方关注的问题要重点叙述，相关内容也不应该遗漏或忽视；对于项目委托方最不愿意看到的结论，调查人员一定要严格遵守职业道德，如实披露，但可在文字处理上讲究策略，采取谨慎的态度，使项目委托人能够接受。

一、调查报告编写原则认知

市场调查报告编写应遵循以下原则。

（一）客户导向

市场调查报告为客户而写，为客户服务，替客户解决实际问题，通过报告实现市场调查与客户间的有效沟通，满足客户的咨询需求。

（二）实事求是

市场调查报告必须符合客观实际，以客户价值为第一目标，坚持科学调查，科学分析，得出结论。不能为迎合客户而专挑客户喜欢的材料写，或者为获得其他商业利益而弄虚作假。

（三）突出重点

市场调查报告要在全面、系统反映客观事物的前提下突出重点，尤其是要突出调查目的，实现报告的针对性、适用性，提高报告的价值。

（四）精心安排

整个市场调查报告要精心组织，妥善安排其结构和内容，从而给人留下完整的印象，同时做到报告内容简明、写作风格有趣、图表数字表达准确。

二、调查报告编写步骤认知

市场调查报告的编写工作主要有以下几个步骤。

（一）明确市场调查的目的、方法和实施情况

这是撰写市场调查报告的第一步。每一个市场调查报告都有明确的撰写目的和针对性，即反映情况、指出原因、提出建议，从而为社会或企业的决策部门制定或调整某项决策服务。而市场调查报告撰写的目的，其依据或实质就是市场调查的目的，两者具有一致性。因此，在撰写市场调查报告前，只有明确市场调查目的，市场调查报告才能紧扣主题，揭示出的内容才真正符合需要。

除了明确市场调查目的外，一份完整的市场调查报告还必须交代该项市场调查所采用的方法，如选样、资料收集、统计整理是如何进行的，等等；还必须陈述该项市场调查具体的实施情况，如有效样本数量及分布、操作进程，等等。因此，在撰写市场调查报告前，掌握市场调查的方法以及实施情况也是必不可少的。

（二）落实写作材料

一份市场调查报告是否具有较高的决策参考价值，很大程度上取决于它在写作时拥有材料的数量及质量。

在编写调查报告时，要认真整理与本次调查有关的一手资料和二手资料，对所取得的各种相关资料加以初步鉴别、筛选、整理以及必要的补充，从质量上把好关，争取使撰写材料具有客观性、针对性、全面性和时效性。

对难以解释的数据，要结合其他方面的知识进行研究，必要时可针对有关问题找专家咨询或进一步召开小范围的调查座谈会。

值得指出的是，准备落实材料时，切忌以下两方面：第一，忽视对反面材料的收集。在各类调查尤其是产业调查、销售渠道调查及消费者调查中，不注意听取反面意见而导致决策失误的教训是很多的。对于客观存在的反面意见，如果不注意听取，这种市场调查所取得的材料不仅是不全面的，而且是虚假的，其危害程度比不进行调查还要严重。第二，只重视经营活动的微观材料，忽视经济背景的宏观材料。市场调查涉及的内容，一般是围绕一类或一种产品或某一市场营销活动进行的微观调查。通过微观调查得出的结论，尤其是其中对产品市场或对该营销活动的预测性意见，如果不根据经济背景的宏观材料进行检验或校正，往往会出现偏差。

（三）确定报告类型及阅读对象

调查报告有多种类型，如一般性报告、专题报告、研究性报告、说明性报告等。一般性报告就是对一般调查所写的报告，要求内容简单明了，对调查方法、资料分析整理过程、资料目录等进行简单说明，结论和建议可适当多一些；专题性报告是为特定目的进行调查后写的报告，要求报告详细、明确，中心突出，对调查任务中所提出的问题做出回答；研究性报告是指针对某一方面问题进行研究所写的报告，要求详细收集资料并进行分析，澄清事实真相，判明问题的原因与性质，并提出解决办法；说明性报告是指针对某一事物进行说明的报告。这种报告是以正在发生、发展的一些

现实生活为对象进行调查后所形成的，人们可以通过它了解和认识事物的客观情况。

为企业所做调查而形成的报告大部分是一般性报告和说明性报告。

此外，编写调查报告还必须明确阅读对象。阅读对象不同，阅读者要求和所关心的问题的侧重点也不同。比如调查报告的阅读者是公司的总经理，那么他主要关心的是调查的结论和建议部分，而不是大量的数字分析等。但如果阅读的对象是市场研究人员，他所要了解的是这些结论是怎么得来的，是否科学、合理，他更关心的就是调查所采用的方式、方法及数据的来源等方面的问题。所以，在撰写报告前，要根据具体的目的和要求来决定报告的风格、内容和长短。

（四）构思报告

撰写市场调查报告与其他报告或写作一样，在动笔前必须有一个构思过程，也就是借助调查所收集的资料，初步认识调查对象，经过判断推理，提炼出报告主题。在此基础上，确立观点，列出论点和论据，考虑文章的内容与结构层次，拟定提纲。

1. 借助调查所收集的资料，初步认识调查对象

报告编写人员需要通过调查所获得的客观的数据信息以及其他相关材料，初步认识调查对象。在此基础上，经过对调查对象多侧面、多层次的深入研究，把握调查对象的一般规律。

2. 提炼报告主题

报告编写人员要在认识调查对象的前提下确立主题，即报告的主基调。主题的提炼是构思阶段异常重要的一环，其准确与否直接关系到最终报告的方向性。因此，主题的提炼应力求准确，在此基础上还应该深刻、富有创见性。

3. 确立观点，列出论点和论据

在主题确立后，报告编写人员要对收集到的大量资料进行分析研究，逐渐消化、吸收，形成概念，再通过判断、推理，把感性认识提高到理性认识，然后列出论点、论据，得出结论。

4. 考虑文章的内容与结构层次

在以上环节完成之后，构思基本上就有了一个基本的框架。在此基础上，考虑报告正文的大致结构与内容。一般来说，应考虑的基本内容包括调查出的问题及所要解决的问题；调查采用的方法与技术；调查所获得的主要数据或信息以及这些数据及信息说明什么问题，理由是什么；解决问题的建议及理由。与此相对应，考虑相应的文章结构层次。报告一般分为三个层次，即基本情况介绍、综合分析、结论与建议。

（五）选择材料

市场调查报告的材料可分为两种：一种是从调查中获得，但还未经整理、鉴别、筛选的材料，这是素材；另一种是通过整理、鉴别、筛选后写进文章的材料，这是题材。

应当指出的是，市场调查报告的材料同一般文章尤其是文学作品的材料不同。市场调查报告的题材是对素材进行审核鉴定、整理统计、分析综合而成，绝不允许做“艺术加工”。市场调查报告材料的选择应十分严格，特别要注意以下几点。

1. 材料的真实性

对写进调查报告的材料必须进行去粗取精、去伪存真的选择。

2. 数据的准确性和精确性

市场调查报告往往是从数据中得出观点，由数据来证实观点，因此数据的差错或不精确，必然影响到观点的正确性。

3. 材料要有个性

写进调查报告的材料，应当是所调查项目在调查中发现的有价值的材料。如果材料缺乏个性，调查报告也就失去了应有的价值。

（六）编写市场调查报告

报告编写人员要在落实材料的基础上，编写市场调查报告，并组织报告附件。

任务资讯 10-2

调查报告编写技巧

（1）行文立场。调查人员的道德风险是报告行文立场的一个重要影响因素，所以，在编写调查报告时，调查人员要有严格的职业操守，尊重事实，反映事实。

（2）语言要求。调查报告的语言应该精确、简洁，任何不必要的东西都应该省略。报告中使用的文字和语句必须清晰、贴切、通俗、流畅。

（3）文法要求。市场调查报告主要用概括叙述，将调查过程和情况概略地陈述，不需要对事件的细枝末节详加铺陈。市场调查报告的叙述主体是写报告的单位，叙述中用第一人称。为行文简便，叙述主体一般在开头部分出现后，以后各部分中可省略。

（4）形式要求。为了加强调查报告的可读性，可以在报告中适当地插入图、表及其他可视性较强的表现形式，但是数量不宜过多，否则会出现喧宾夺主的情形。

（5）逻辑要求。调查报告应该结构合理、逻辑性强。报告的书写顺序应该按照调查活动展开的逻辑顺序进行，做到环环相扣、前后呼应。

（6）外观要求。调查报告的外在视觉效果也是吸引阅读者兴趣的关键所在。报告中所用字体、字号、颜色、字间距等应该细心地选择和设计，文章的编排要大方、美观，有助于阅读。另外，报告应该使用质地良好的纸张打印、装订，封面应选择专门的封面用纸。

三、市场调查报告的提交

市场调查报告征得各方意见并进行修改后就可以定稿并提交。提交方式主要包括书面提交与口头提交。

（一）书面提交

调查人员将定稿后的调查报告打印为正式文稿后提交。如果市场调查项目是由客户委托的，就要在报告的目录前面附上提交信（即一封致客户的提交函）和委托书（即在项目正式开始之前客户写给调查者的委托函）。一般来说，提交信中可大概阐述一下调查者承担并实施的项目的大致过程和体会（但不提及调查的结果），也可确认委托方未来需要采取的行动（如需要注意的问题或需要进一步做的调查工作等）。有时候，提交信还会说明委托情况。

（二）口头提交

绝大多数市场调查项目在准备和递交书面报告之前或之后都要做口头陈述，它可以简化为在使用者组织的地点与经理人员进行的一次简短会议，也可以正式到向董事会作报告。不管如何安排，有效的口头陈述均应以听众为中心，充分了解听众的身份、兴趣爱好、教育背景和时间等，精心安排口头陈述的内容，将其写成书面形式，也可以使用图表协助表达，还可以借助投影仪、幻灯片等辅助工具，尽可能“直观地”向全体目标听众进行传达，以求取得良好的效果。

如有可能，应从市场调查人员当中抽选数人同时进行传达，各人可根据不同的重点轮流发言，避免重复和单调。此外，还应留出一些时间，让听众有机会提出问题。

课堂测评

测评要素	表现要求	已达要求	未达要求
知识点	能掌握市场调查报告编写的原则		
技能点	能初步认识市场调查报告编写的步骤		
任务内容整体认识程度	能概述并认识市场调查报告编写的基本技巧		
与职业实践的联系程度	能描述市场调查报告编写的实践意义		
其他	能联系其他课程、职业活动等		

子任务 3

市场调查报告跟进

任务提示：认识市场调查报告跟进工作的具体内容，特别是从市场调查活动实践意义的角度认识市场调查报告跟进的重要作用及特点，在此基础上，认识市场调查报告跟进工作的具体要求，并理解市场调查报告跟进工作的意义。

对于专业从事市场调查的公司来说，当完成调查报告的编写后，还需要做好市场调查报告的跟进工作。

对于专业从事市场调查的公司来说，在服务的过程中会与客户大量接触。签约仅仅代表客户关系的开始，如果不能保障良好的后续服务，就很难留住客户。为客户服务的第一要务就是做好市场调查报告的跟进工作，主要包括市场调查报告自评、市场调查报告完善、市场调查报告解释等工作。

一、市场调查报告自评

（一）评价报告的由来和背景

调查报告中应该写明项目提出的由来和理由、项目的提出者和委托者、项目的承担者等。对这一部分的评价主要包括的内容如表 10－1 所示。

表 10-1 项目背景评价表

项目名称： 年 月 日 委托单位：

序号	评价项目	问 题	评价结果
1	项目由来	报告是否清楚描述了项目的提出和委托者？	
2	项目目的	报告是否清楚描述了项目的目的和应该完成的任务？	
3	项目执行	报告是否对项目的承担者做了清楚的描述？	
4	……		
5			

（二）评价报告中市场调查设计

调查报告中应清楚地描述市场调查的规划、所用的方法，市场调查的对象和样本、分析技术等。这些设计内容应该是与调查目标相适应的。评价这一部分时应注意的主要问题如表 10-2 所示。

表 10-2 市场调查设计的评价

项目名称： 年 月 日 委托单位：

序号	评价项目	问 题	评价
1	总体	是否有一个完整的、描述清楚的调查设计？	
2	目的	调查设计是否与市场调查项目的目的相一致？	
3	设计技术	调查设计中是否存在会导致产生偏差的地方？	
4	设计技术	是否存在为了迎合赞助人而导致产生偏差的地方？	
5	设计技术	调查设计是否已对那些可能影响市场调查结果的各种外部因素进行控制？	
6	设计技术	被调查对象能否准确地回答调查设计所提出的有关问题？	
7	设计技术	调查设计中是否对该市场调查项目的市场调查对象做了精确的描述？	
8	设计技术	设计的调查样本结构是否能有效地代表该项目的市场调查对象？	
9	设计技术	调查报告是否具体阐明了所用样本的类别以及样本选择的方法？	
10	设计技术	市场调查报告是否具体描述了数据分析的方法？	
11	设计技术	报告的附件中是否已经包括了调查询问表、现场调查指导、抽样指导及其他一些能反映市场调查设计和实施过程的材料？	
……	……	……	

（三）评价市场调查过程的实施

评价这部分内容的主要操作是看各种信息是否由合格的人员，运用与市场调查目的相适应的、合适的方法，仔细地收集汇总。

评价这部分内容的主要问题有：市场调查报告是否清楚地描述了资料收集过程？是否包括了“质量控制”过程？市场调查报告是否详细说明了收集资料的样本部分？具体的调查人员在收集资料的过程中是否采取措施，尽量降低可能发生的偏差？

（四）评价市场调查报告的可靠性和适用性

评价报告的可靠性要看样本规模是否已在报告中解释。样本规模应该足够大，以便使收集的资料具有可靠性。可靠性评价问题如表 10-3 所示。

表 10-3　　　　市场调查报告的可靠性评价

项目名称：　　　　　　年　月　日　　　　　　委托单位：

序号	评价项目	问　题	评价
1	样本规模	样本规模是否大到使所收集的资料具有较高的代表性和可靠性？	
2	误差控制	选样中可能产生的偏差是否已加以限制？	
3	误差说明	抽样过程中的误差是否得到说明？	
4	误差来源	报告中所列的误差允许值是否直接基于市场调查所得的数据分析？	
5	资料时间	市场调查报告是否明确说明资料是什么时候收集的？	
6	结果运用	市场调查报告是否明确说明除了那些直接的资料，市场调查结果可供应用？	
7	对象代表程度	市场调查报告所提供的资料中，是否说明了有些对象未被充分代表？	
8	调查限制	如果市场调查结果的使用有所限制，那么在报告中是否明确说明，或者什么事情、在什么时候、在什么条件下可供使用？	
……	……	……	

（五）评价解释和结论

评价这部分内容主要看调查报告中所涉及的所有假设、判断、结论、建议等是否做到了明确说明。评价这部分时，应该注意的主要问题有：市场调查报告中所包含的内容是否采用简单明确、直接的语言给予说明？报告中使用的测量方法是否合理？是否把市场调查所得的各种真实资料同那些基于这些资料所作的解释给予公开和公正说明？在分析某些事物产生的原因和预测发展趋势时，是否严格按照事实根据，客观公正地进行？

（六）评价报告的公正性

评价市场调查报告的公正性主要看报告是否对市场调查过程和结果进行诚实、公开、完整的叙述。评价这部分时，应该注意的主要问题有：调查报告是否对市场调查的过程进行了充分、直率的描述？所有相关的资料或结果是否都得到了反映？

二、市场调查报告完善

通过对市场调查过程与结论的评价，我们要注意反馈回来的信息。这种反馈应该是多方面的和多向的，即：不仅要反馈成绩，而且要反馈存在的问题；不仅要反馈市场调查实施过程中的情况，也要反馈结果出来后的情况；不仅要反馈总体方面的情况，也要反馈各局部的情况。

（一）接受企业的反馈

当专业调查公司向客户解释了调查结果后，应该由市场开发部与项目负责人一起倾听收集客户的反馈意见。项目负责人汇总整理客户的反馈意见后，把用户的意见反馈给项目具体实施者。通过对项目结果的评价和反馈，使调查本身得到完善，也使整个市场调查工作动态优化。

（二）将自评结果反馈给调查结果使用者

作为客户企业，对调查结果的反馈会传达给调查公司内调查项目的具体实施者，而作为市场调查公司，也应该由项目执行者把有关情况反馈给使用者。通过反馈，一方面可使有关各方对情况加深了解，互相之间加深理解和友谊；另一方面，可使调查者增加知识和经验，同时也有利于委托企业更好地应用调查结论，为其做好经营决策、指导经营活动提供条件。

三、市场调查报告解释

市场调查人员在向委托方管理人员解释市场调查报告时，应做好以下工作。

（一）报告解释准备

1. 了解报告听众

在进行报告解释之前，市场调查公司负责报告解释的小组必须认真分析和了解听取报告对象的特点，既要掌握听众们的身份、文化水平、兴趣爱好，更要了解和掌握听众们的关注点，以及他们对市场调查问题的熟悉程度、对决策的参与程度等，从而为确定解释的内容、重点、形式等提供依据。

2. 精心准备解释报告的内容

解释市场调查报告要以市场调查的结果为基础，以准确解释有关情况为基本出发点。但是具体说来，针对不同的听众及其不同的要求，解释的内容、侧重点应该有所不同。

3. 编写解释内容大纲

在进行报告解释之前，应将解释的内容写成一个书面材料，并要有一个汇报大纲。这样，就能事先周密准备好汇报的内容，哪些是该解释的，哪些是不该解释的，能有充分的时间思考。有了书面材料，也能防止口头解释时忙中出错，使解释人心中有底，准备书面材料时，还可以对有些内容进行补充和进一步加工，使汇报更加完善。有时，口头解释用的书面材料也可以散发给听众，散发的时间可以在解释之前、之中，也可以在解释之后，应视具体情况灵活处理。

4. 进行解释前演练

在正式解释之前最好进行演练。演练是一种很好的准备过程，它不但能使解释人员熟悉汇报的内容，而且可以完善汇报的内容、形式。演练一定要看成和正式汇报一样，可以邀请部分专业人士对演练情况进行评估，也可以借用现代化的设备，如录像机、录音机等，把演练情况录下来，仔细进行分析，并不断改进和完善。

（二）选择调查报告解释教具

经验表明，人们在听取市场调查报告解释时，借助某些直观教具的效果明显比不用直观教具的效果好。

1. 选择字板

在解释地点树立一块用粉笔书写的黑板，解释人员在解释过程中随时书写一些重要的、疑难的，或数字型的材料，使听众能够直观地了解市场调查报告。这是一种简单易用、采用较多的辅助手段。此外，磁性板或粘贴板也较多地被选用。它们的共同特点是能快速地把事先准备好的材料吸附或粘贴在板上演示出来，但使用的灵活程度不如黑板。

2. 选择翻板

设计由一定数量组成的、能自如灵活地一页一页翻转的、用特制的支架支撑的硬板纸子，事先把在解释过程中欲向听众展示的材料写或画在纸上，并按解释时的先后顺序排列好，在解释时，翻转到合适的页，即可向听众展示相应的辅助材料。为了让听众加深印象，可以在某些地方做一些彩色的记号，也可以在做某些解释时，让翻板出现空白的纸页，便于听众的注意力集中于解释者，也给解释者以发挥的机会。

3. 选择投影仪

在解释报告时，可利用投影仪把预先准备好的 PPT 演示文稿适时地在屏幕或墙上显示出来。所准备的内容可以是文字、图表，也可以是复杂的画面。随着科学技术的发展，多媒体技术越来越普及，采用多媒体辅助解释被广泛地应用，其使用效果将更好。

4. 选择幻灯

把需要在解释时向听众展示的有关内容用照相机拍摄下来，制成幻灯片，在向听众作报告时用幻灯机投影出来，具有较好的效果。其不足之处是制作相对复杂，且不能在解释的同时像投影仪那样当场写下并投影出来。

5. 选择录放设备

摄录和放像设备的逐渐普及，使录放设备开始成为重要的直观教具。在进行报告解释时，可以把需要向听众显示的有关内容摄制下来，解释时进行放映。这种手段比幻灯片又大大进步了，效果也更好。不过，其制作要更复杂一些。

（三）解释报告的注意事项

1. 选择解释现场

要注意对解释现场的选择、布置。现场的大小应与出席人数相适应，过大或过小的场所均不利于取得好的效果。现场的温度、光线都应提前考虑好。解释人的位置、听众的位置应布置得当。

2. 注意与听众的交流互动

解释人在作解释时，切不可照本宣读。解释人的眼睛要始终保持与听众的接触和交流。要学会抓住听众的注意力，语言要生动，注意声调、快慢、停顿等技巧的应用，还应该允许听众提问。

3. 合理运用肢体语言

解释报告时要注意表情和形体语言的运用。表情要丰富，要恰当地应用各种肢体语言，既配合口头的解释，使听众更好地理解有关信息，又能使解释生动有趣。

4. 注意结尾的完美

为了取得好的效果，要注意有一个强有力的结尾。

5. 调查报告负面结果的解释

在市场调查活动中，调查结果可能与委托方的预期正好相反，这时，就出现了负面结果的解释。市场调查人员应该采取不回避负面结果、客观公正的立场，如实汇报调查的负面结论。同时，只要有可能，在解释汇报时，也应列举一些正面的事实，避免使市场调查报告成为完全负面的结果。此外，还要强调指出应采取哪些措施和对策预防或减弱那些可能出现的问题。

课堂思考： 调查报告解释人员回避了负面结果会有什么样的后果？

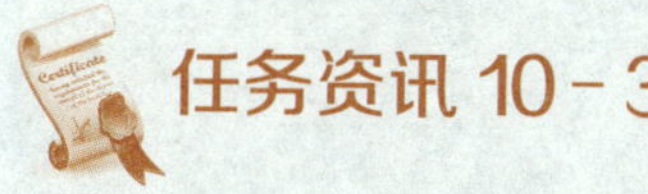

任务资讯 10－3

解释市场调查报告的意义

绝大多数市场调查项目要求市场调查者对其结果进行解释。

解释可以起到辅助理解书面报告的作用，帮助客户加深理解书面报告的内容，解释某些无法用书面语言阐述清楚的内容，回答客户心中的疑虑以及阅读书面报告后仍存在的问题。在仅采取口头报告形式作为市场调查结果的情况下，口头报告是否有效决定了整个项目的效果。

不管在何种形式下，解释均具有十分重要的作用，许多客户的经营管理人员主要依据听取解释所获得的信息做出决断。所以，专业调查公司必须对解释报告给予充分的重视。在西方发达国家，人们在开展市场调查时，项目的委托方和承担方都十分重视对项目结果的解释这一环节，这是值得我们借鉴的。

课堂测评

测评要素	表现要求	已达要求	未达要求
知识点	能掌握市场调查报告解释的含义		
技能点	能初步认识市场调查报告解释的准备		
任务内容整体认识程度	能概述并认识市场调查报告解释工作		
与职业实践的联系程度	能描述市场调查报告解释的实践意义		
其他	能联系其他课程、职业活动等		

任务10小结

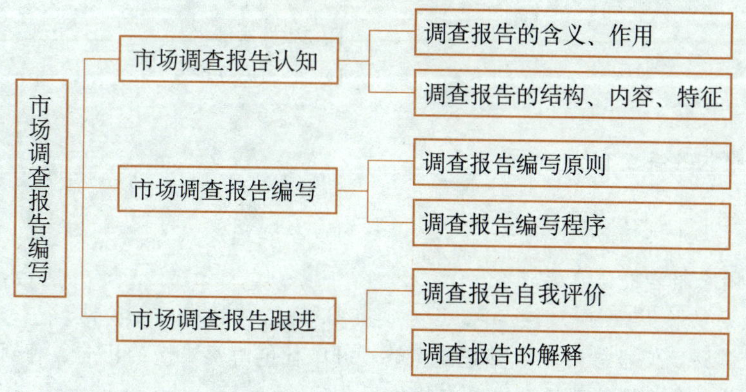

教学做一体化训练

重要概念

市场调查报告　市场调查的局限性

课后自测

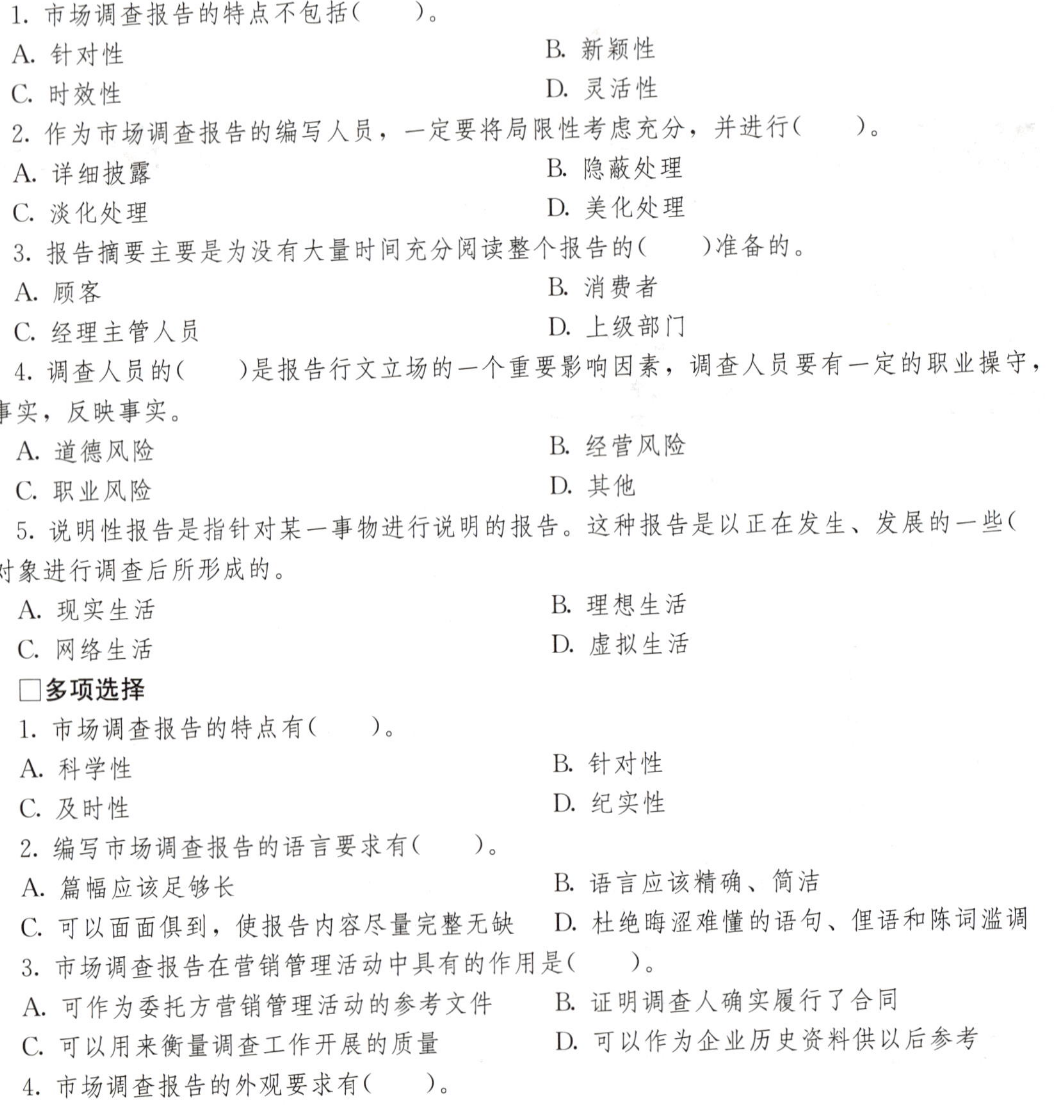

□**单项选择**

1. 市场调查报告的特点不包括（　　）。

A. 针对性　　B. 新颖性

C. 时效性　　D. 灵活性

2. 作为市场调查报告的编写人员，一定要将局限性考虑充分，并进行（　　）。

A. 详细披露　　B. 隐蔽处理

C. 淡化处理　　D. 美化处理

3. 报告摘要主要是为没有大量时间充分阅读整个报告的（　　）准备的。

A. 顾客　　B. 消费者

C. 经理主管人员　　D. 上级部门

4. 调查人员的（　　）是报告行文立场的一个重要影响因素，调查人员要有一定的职业操守，尊重事实，反映事实。

A. 道德风险　　B. 经营风险

C. 职业风险　　D. 其他

5. 说明性报告是指针对某一事物进行说明的报告。这种报告是以正在发生、发展的一些（　　）为对象进行调查后所形成的。

A. 现实生活　　B. 理想生活

C. 网络生活　　D. 虚拟生活

□**多项选择**

1. 市场调查报告的特点有（　　）。

A. 科学性　　B. 针对性

C. 及时性　　D. 纪实性

2. 编写市场调查报告的语言要求有（　　）。

A. 篇幅应该足够长　　B. 语言应该精确、简洁

C. 可以面面俱到，使报告内容尽量完整无缺　　D. 杜绝晦涩难懂的语句、俚语和陈词滥调

3. 市场调查报告在营销管理活动中具有的作用是（　　）。

A. 可作为委托方营销管理活动的参考文件　　B. 证明调查人确实履行了合同

C. 可以用来衡量调查工作开展的质量　　D. 可以作为企业历史资料供以后参考

4. 市场调查报告的外观要求有（　　）。

A. 所用字体、字号、颜色、字间距等应该细心地选择和设计

B. 文章的编排要大方、美观，有助于阅读

C. 封面选择专门的封面用纸

D. 报告的外观应当是专业化的

5. 市场调查报告的类型有(　　)。

A. 专题性报告　　B. 一般性报告

C. 研究性报告　　D. 说明性报告

□判断

1. 市场调查报告中限制性或局限性的存在会影响其信任度，所以报告中尽量不要披露。(　　)

2. 市场调查报告必须能像一个参考文件一样发挥作用。(　　)

3. 市场调查报告中一些无关紧要的信息被称作“噪音超载”。(　　)

4. 市场调查报告的结论是能够把研究结果有效地传达给读者的某一种或某一系列的陈述，而不是一定经过统计分析得出的数字。(　　)

5. 市场调查报告中可以用大量的图表来代替文字性的说明。(　　)

6. 市场调查报告的提交过程就是沟通的过程。(　　)

□简答

1. 简述市场调查报告的含义。

2. 为什么说市场调查报告是衡量一项市场调查项目质量水平的重要标志？

3. 如何理解市场调查报告的时效性和可以作为历史资料的说法？

4. 为什么说市场调查报告的编写要求较高？

5. 委托单位决定使用一份调查报告作为决策依据时，应该考虑哪些问题？

案例分析

大学生职业生涯规划调查报告

一、引言

2015年4月，我们学院市场调查公司与新浪网联合进行了“当代大学生第一份工作现状调查”。结果表明：在找到第一份工作后，有50%的大学生选择在一年内更换工作；两年内，流失率接近75%。33%的大学生“先就业后择业”，第一份工作仅仅是由学校到社会的跳板；16.3%的人“没有太多考虑”就“跟着感觉走”地选择了第一份工作。仅有17.5%的人在择业的同时考虑了兴趣和未来的发展空间。

一方面是大学毕业生就业难，另一方面却是如此之高的流动率。这些都促使我们深入思考：造成这种状况的内在原因是什么？我们能够为解决这一问题做些什么？

基于对这些问题的关注，学院调查公司与新浪网共同设计了《2015年度大学生职业生涯规划现状调查》问卷，希望借此了解当前大学生的职业规划现状，在此基础上探索性地分析造成大学生职业生涯规划现状的原因，希望能引发公众对大学生职业生涯规划方法和意义的深入思考与广泛探讨，同时希望调查结果可以帮助高校更好地建立针对学生的职业生涯规划课程体系。

二、调查设计基本情况

根据调查目的，调查公司设计了《2015年度大学生职业生涯规划现状调查》问卷。问卷由25

道题目组成，分为 3 个部分。

第一部分为“大学生职业生涯规划满意度”，有 8 个问题，用于评估学生对自身职业生涯规划的满意状况和满意要素。

第二部分为“就业中心职业发展服务满意度”，有 7 个问题，用于评估学生对就业中心提供的职业辅导服务的满意状况和满意要素。

第三部分为“大学生对职业生涯规划意向性调查”，共 10 个问题，用于评估学生对职业规划的投资意向。

本次调查以“网络在线问卷”的形式进行，参与者匿名作答。对于每个问题，程序要求答题者必须选择一个答案（或以上）才能提交。

本次调查从 2015 年 4 月 28 日开始，2015 年 6 月 7 日结束，共收集答卷 2 987 份，其中有效问卷 2 627 份。虽然调查没有指定样本群体，但从参与人数与人员背景结构分析，具有足够的代表性和统计意义。

三、参与调查人群分析

从参与调查人群的学历结构看，包括在校非应届大学生、硕士生、博士生、应届毕业生及毕业超过一年者等典型人群。通过人群间的分值差异性，可以有效地分析他们的职业规划情况。

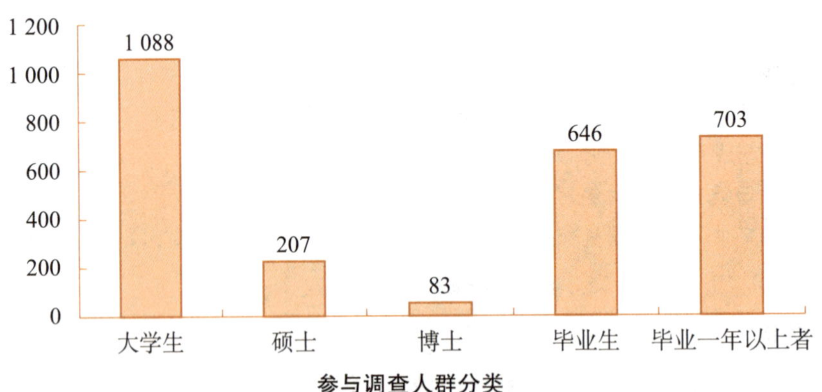

参与调查人群分类

参加本次调查的人群中，男性约占 65%，女性占 35%，考虑目前男女大学生比例接近 1∶1，这个比例与第十三次 CNNIC 调查结果（男性网民 61%，女性网民 39%）基本吻合。

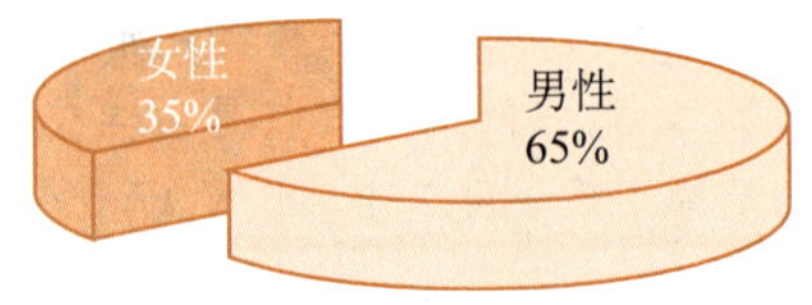

参与调查人群性别分类

四、调查结果分析

1. 大学生职业生涯规划满意度分析

（1）满意度整体分析。

从下面的个人职业生涯规划满意度分析图可以看出，参与调查者的个人职业生涯规划各项满意度最高没有超过 3.6 分，对自己的职业生涯规划满意度单项分最低，说明个人职业生涯规划满意度整体水平不高。其中对“职业生涯规划现状”的满意度最低，对“清楚了解自己的个性”满意度最高，这说明大学生对外界的不满大于对自己认知的不满，这可能是因为目前就业形势严峻，大学生更容易将工作不合适、职业发展不顺利的原因归为外部。

排在前三位的因素是："清楚了解自己的个性""清楚自己的优势和劣势"及"了解自己喜欢与不喜欢的职业"，这三点均属于个人对自己的了解，它们处在一个中等偏上的水平，说明大家对自我的把握处于相对较高的水平上。

"清楚自己将从事职业的具体内容"排在第六位，这是属于信息了解的因素，说明大学生对工作信息缺乏了解。排在第四、第五、第七位的"清楚三到五年的职业发展计划""自己的职业抉择""自己的求职方法和技巧"，在职业生涯规划中属于具体方法与技巧方面的因素，说明大学生对具体的职业生涯规划方法掌握不多。

可以看出，相对于排在前三位的因素，"自己的求职方法和技巧"和"清楚自己将从事职业的具体内容"是指向外部世界的两个因素，说明大学生在了解外部世界信息和具体应对技巧方面更为欠缺。了解自己的满意度高于职业生涯规划的满意度，说明参与调查者在结合自己的特点与优势，合理规划职业生涯方面是欠缺的，这也是导致职业生涯规划现状满意度较低的一个主要因素。

以上数据分析表明，大学生在对个人职业生涯规划满意度不高，对外部世界的信息、具体应对技巧和具体的职业生涯规划方法相对欠缺，可能是因为了解外部世界、学习具体方法需要利用较多的外部资源，比如相关信息渠道是否畅通、是否有足够多的专业机构可以帮助大学生进行职业生涯规划、大学生是否有良好的能力（沟通的、经济的）能够获得专业帮助；另一方面，也可能是大学生对了解外部信息和具体方法不重视。引导大学生进行职业生涯规划是一个社会问题，需要就业中心、专业机构的共同努力。

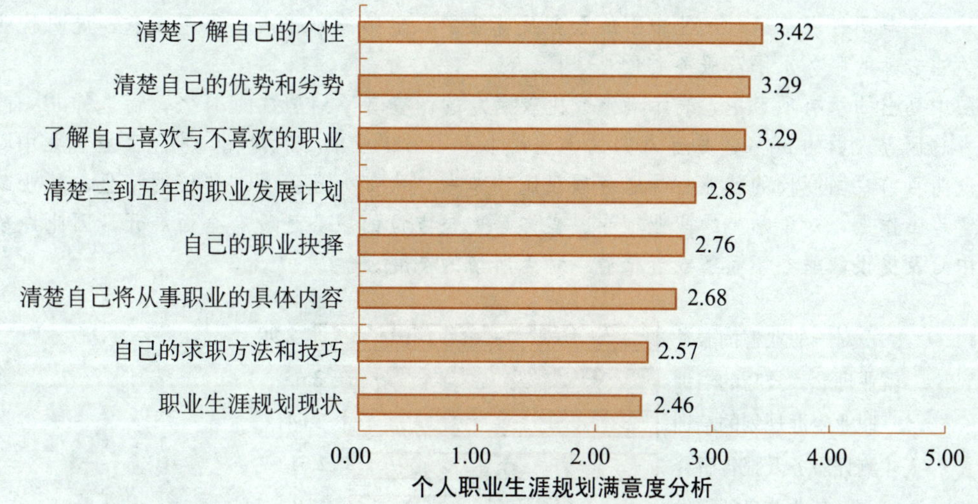

个人职业生涯规划满意度分析

（2）性别差异性分析。

由性别差异性分析图可见，男性对个人职业生涯规划的各个层面的满意度均优于女性。这些可能性产生的原因如下：

第一，现实中女性的职业生涯规划确实不如男性。如果是这个原因，值得我们思考的是：在从小到大接受同等的学校教育的情况下，为什么女性的职业生涯规划会从各个方面低于男性？

第二，女性对自己的职业生涯规划期望过高，从而导致满意度相对较低。这种可能性比第一种小，但并不排除。

无论哪种情况成立，均表明职业生涯规划中的女性更需要引导，这需要引起社会和职业生涯规划工作人员的普遍关注。

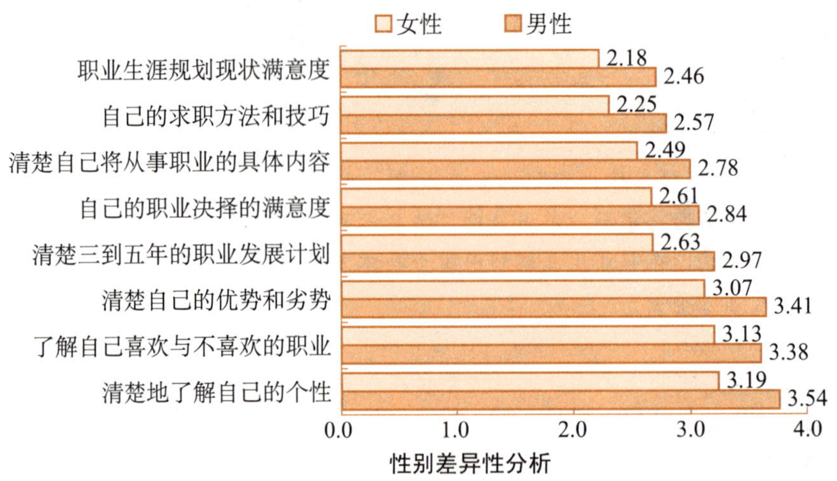

性别差异性分析

2. 就业中心的满意度分析

(1) 就业中心满意度整体分析。

从平均水平来看，受调查者对就业中心的满意度呈现普遍较低的水平。

从就业中心服务满意度分析图可以看出，表示满意的比例不超过20%，对就业中心整体服务表示满意的仅占8.8%。相当多的调查者（大约30%）表示就业中心没有提供所涉及的服务，说明就业中心的服务项目和方式尚待进一步提升。

另外，参与调查者普遍对就业中心的服务及就业中心老师的水平表示了不满意，说明就业中心更需要关注老师的服务水平及服务质量。

在图中列出的所有项目中，表示满意或比较满意的调查者不到总数的15%，而选择“一般”的调查者占总调查人数的30%，另有30%的学生根本不了解就业中心的情况，也不了解就业中心的服务，这说明目前我国高校的就业指导服务项目比较单一，大部分还停留在传统的招生、就业政策咨询、派遣等工作上，对于学生的职业辅导、咨询等更全方位的服务还没有全面展开，因此许多学生对就业中心及提供的服务不了解或者抱着一种无所谓的态度。

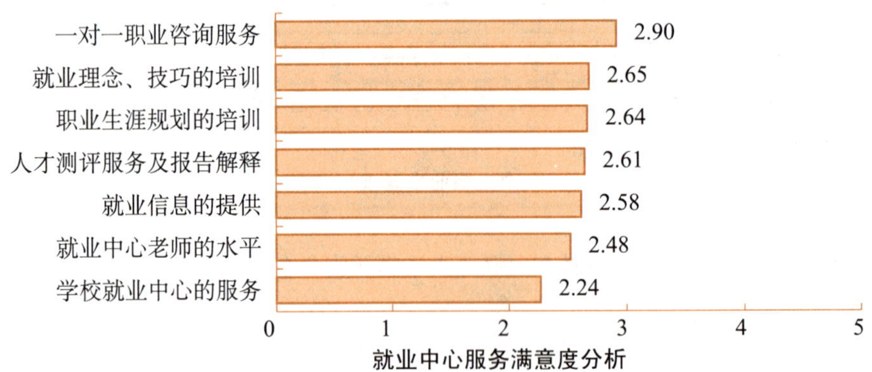

就业中心服务满意度分析

(2) 性别差异性分析。

从男女生的对比分析可以发现，女生对就业中心服务的满意度较男生低，相反，对于就业中心提供的培训及咨询服务，女生的满意度均比男生高。这表明，职业咨询、培训或其他辅导方式可以更好地提高女生的满意度。

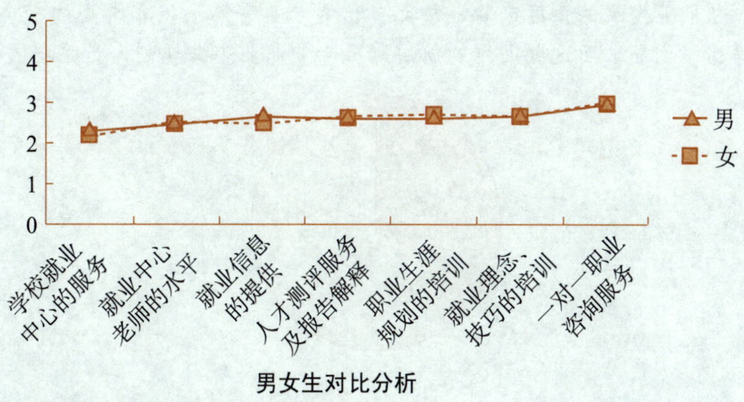

男女生对比分析

3. 职业生涯规划市场的意向性调查结果分析

(1) 职业规划市场的成熟程度。

从调查的结果来看，曾经接受过系统职业生涯规划服务的群体仅占5.20%，这说明学校就业中心尚没有提供完善的职业生涯规划服务或服务体系并不完善，社会层面也缺少相应的服务机构或组织。

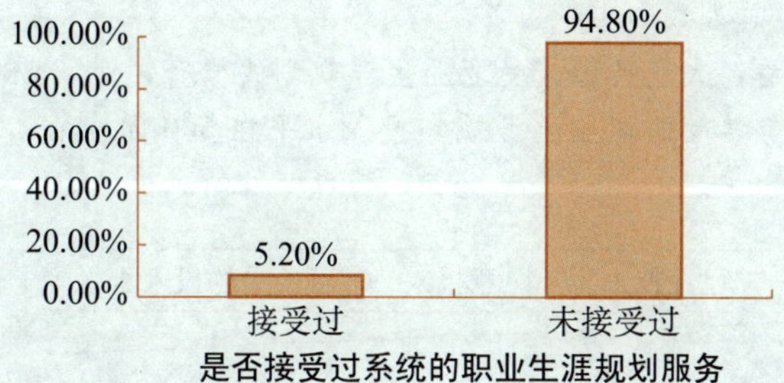

是否接受过系统的职业生涯规划服务

(2) 学生对专业机构或就业中心的认同程度。

从统计结果来看，被调查者目前对专业机构的认可程度不是很高，仅有一半的被调查者表示愿意接受专业机构的职业生涯规划服务，这充分说明职业生涯规划市场的发展尚不完善，专业机构有待用户的进一步检验。

相反，被调查者中有82%的人表示愿意接受就业中心的职业生涯规划服务，这说明学生对就业中心的忠诚度较高，比较信任就业中心的服务。同时也说明在未来的职业指导中，就业中心肩负的责任非常重。

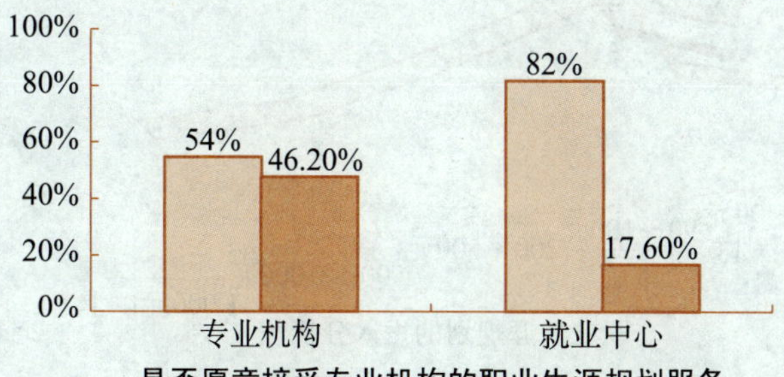

是否愿意接受专业机构的职业生涯规划服务

(3) 专业方向与就业意向的相关性结果。

调查结果显示，有40%的人群不愿意从事与自己专业相一致的工作，这充分反映了目前高考选择志愿的盲目性。从职业发展的角度来看，放弃自己的专业需要承担非常高的机会成本，同时也会带来心理、家庭等诸多问题，而这些问题的解决需要专业职业生涯规划人员系统的服务。

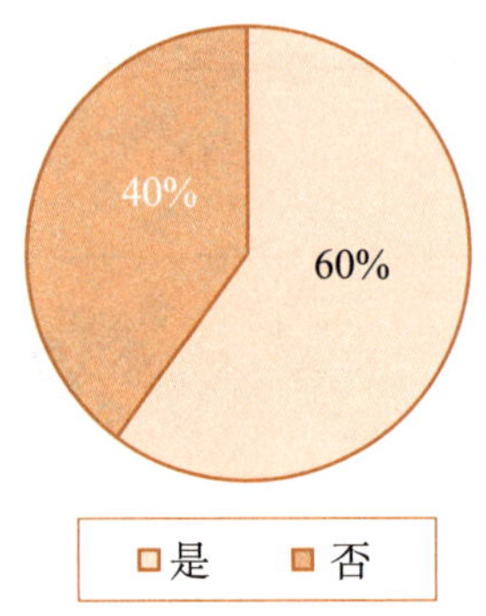

专业方向与就业意向的相关性

(4) 对职业规划的预期投入倾向。

被调查者对于职业规划服务的投入，也表现出了一定的倾向性。

据统计，有45%的人在职业生涯规划方面的投入为零。在职业生涯规划方面投入超过500元(一双鞋子的价格)的仅占总人数的15%。

但从调查者的意愿来看，大众已经接受职业生涯规划的概念，对职业生涯规划的投入也有明显的倾向性，但大部分人能够接受的职业生涯规划投入水平在500元左右，超过1 000元的投入已明显超出了大家的心理承受水平。

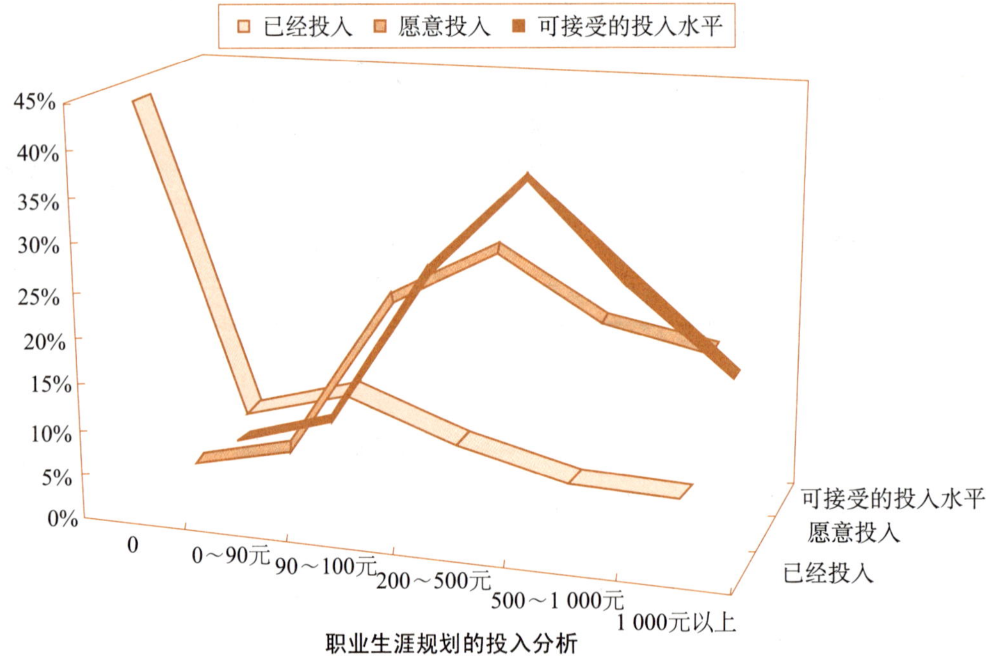

职业生涯规划的投入分析

五、小结

从此次调查结果可以看出：大学生对职业生涯规划的概念已经有了初步的了解和一定程度的接

受，他们对自己的职业期望与职业生涯设计也趋于理性。但国内的商业机构、高校职业指导体系能够提供的服务非常有限，难以满足他们的要求。学校就业中心的服务存在较大的可提升空间。

资料来源：http://edu.sina.com.cn/l/2004-08-10/79018.html，有改编.

阅读材料，回答以下问题：

1. 讨论报告的几个组成部分。
2. 试着对每个部分做出评价。
3. 如果你觉得报告的结构与内容存在不当，你会修改哪些地方？

同步实训

□实训 1：市场调查报告内容认知

实训目的：初步认识市场调查报告的结构与内容。

实训内容：学生分组，从网络上寻找一些成文的市场调查报告，讨论并分析其中的一些结构与内容方面的细节，讨论分析报告是否体现了其特点和实践意义。

实训组织：学生分小组，根据不同的市场调查报告，讨论并对这些报告的结构与内容进行分析；讨论这些报告的优缺点，并尝试提出改进建议。

实训总结：学生小组交流对调查报告的分析讨论结果，教师根据讨论报告、PPT 演示、讨论分享中的表现分别对每组进行评价打分。

□实训 2：市场调查报告编写认知

实训目的：初步认识市场调查报告的编写技巧。

实训内容：学生分组，根据前期安排的小型调查，尝试编写一份市场调查报告，讨论并分析其中的一些结构安排技术与核心内容确定的细节，讨论分析对报告编写的满意度。

实训组织：学生分小组，根据不同的市场调查目标及资料情况，讨论并整理，形成一份规范的市场调查报告；讨论这些报告的优缺点，并在各组之间分享。

实训总结：学生小组交流调查报告编写结果，教师根据讨论报告、PPT 演示、讨论分享中的表现分别对每组进行评价打分。

□实训 3：市场调查报告解释认知

实训目的：初步认识市场调查报告的解释技巧。

实训内容：学生分组，根据前期安排的小型调查，尝试编写一份市场调查报告；讨论并分析这一报告解释的重点与技术要求，并尝试为全体同学讲解这一报告。

实训组织：学生分小组，根据自己小组市场调查报告编写的情况，对报告解释的环境要求进行设计；讨论这些报告解释的要点，并在各组之间分享。

实训总结：学生小组交流调查报告解释表现，教师根据讨论报告、PPT 演示、讨论分享中的表现分别对每组进行评价打分。

通过任务 10 的学习，我能做如下总结：

一、主要知识点

从任务 10 中，我获取的知识点有：
(1)
(2)

二、主要技能

从任务 10 中，我获取的技能有：
(1)
(2)

三、主要原理

市场调查报告编写在市场调查活动中的地位与作用是：
(1)
(2)

四、相关知识点

任务 10 涉及的主要知识点有：
(1) 市场调查报告与市场调查活动的关系是：
(2) 报告编写技巧主要解决的特定问题有：
(3) 报告解释主要解决的特定问题有：

五、学习成果检验

完成任务 10 学习的成果：
(1) 完成任务 10 学习的意义有：
(2) 我学到的知识有：
(3) 我学到的技能有：
(4) 我对市场调查报告编写的初步印象是：

参考文献

［1］小卡尔·迈克丹尼尔．当代市场调研［M］．范秀成，等，译．北京：机械工业出版社，2000.
［2］托尼·普罗克特．营销调研精要［M］．吴冠之，等，译．北京：机械工业出版社，2004.
［3］阿尔文·C. 伯恩斯，罗纳德．营销调研［M］．梅清豪，等，译．北京：中国人民大学出版社，2005.
［4］V. 库马尔．国际营销调研［M］．陈宝明，译．北京：中国人民大学出版社，2005.
［5］赵铁，韩建东．市场调查与预测［M］．北京：清华大学出版社，2007.
［6］赵铁．市场调查与预测［M］．2 版．北京：清华大学出版社，2011.
［7］赵铁．现代市场调查与预测［M］．北京：高等教育出版社，2012.
［8］赵铁．市场调查与分析［M］．北京：清华大学出版社，2011.
［9］赵铁．高职财经管理类专业工作过程导向课程开发［M］．北京：高等教育出版社，2009.
［10］魏炳麟．市场调查与预测［M］．大连：东北财经大学出版社，2002.
［11］李国强，苗杰．市场调查与市场分析［M］．北京：中国人民大学出版社，2005.
［12］龚曙明．市场调查与预测［M］．北京：清华大学出版社，北京交通大学出版社，2005.
［13］陈启杰．市场调研与预测［M］．上海：上海财经大学出版社，2007.
［14］酒井隆．图解市场调查指南［M］．郑文艺，等，译．广州：中山大学出版社，2008.
［15］石井荣造．市场调研［M］．陈晶晶，译．北京：科学出版社，2006.

图书在版编目（CIP）数据

现代市场调查与预测：理论、实务与技能实训/赵铁编著．—北京：中国人民大学出版社，2017.1
21 世纪高职高专规划教材．市场营销系列
ISBN 978-7-300-23765-7

Ⅰ.①现… Ⅱ.①赵… Ⅲ.①市场调查-高等职业教育-教材②市场预测-高等职业教育-教材
Ⅳ.①F713.52

中国版本图书馆 CIP 数据核字（2016）第 312478 号

21 世纪高职高专规划教材·市场营销系列
职业院校基于工学结合“理实一体化”规划教材
现代市场调查与预测：理论、实务与技能实训
赵 铁 编著
Xiandai Shichang Diaocha yu Yuce：Lilun、Shiwu yu Jineng Shixun

出版发行	中国人民大学出版社		
社　　址	北京中关村大街 31 号	**邮政编码**	100080
电　　话	010－62511242（总编室）		010－62511770（质管部）
	010－82501766（邮购部）		010－62514148（门市部）
	010－62515195（发行公司）		010－62515275（盗版举报）
网　　址	http：//www.crup.com.cn		
	http：//www.ttrnet.com（人大教研网）		
经　　销	新华书店		
印　　刷	中煤（北京）印务有限公司		
规　　格	185 mm×260 mm　16 开本	**版　　次**	2017 年 1 月第 1 版
印　　张	17.25	**印　　次**	2019 年 8 月第 3 次印刷
字　　数	460 000	**定　　价**	39.00 元